非 暴 力 的 呼 声 : 演 讲 与 箴 言

梵澄译丛·主编闻中

非暴力的呼声
演讲与箴言

[印]莫罕达斯·卡拉姆昌德·甘地　著

文明超　译

GUANGXI NORMAL UNIVERSITY PRESS
广西师范大学出版社
·桂林·

目 录

第一部分 一些著名的演讲

1. 在贝拿勒斯印度教大学的

   演讲 \ 003

2. 1922 年大审判中的声明 \ 013

3. 在历史性"丹迪进军"

   前夕 \ 023

4. 在圆桌会议上的讲话 \ 027

5. "退出印度"演讲 \ 045

6. 在亚洲关系会议上的演讲 \ 071

7. 最后绝食前夜的演讲 \ 075

第二部分 文选

第一节 真理、世界与人 \ 082

1. 真理与造物主 \ 082

2. 生命与造物主 \ 093

3. 大自然中的造物主 \ 095

4. 人及其命运 \ 096

5. 自律 \ 101

6. 一个理想的人 \ 127

第二节 手段与目的 \ 132

7. 手段与目的 \ 132

8. 非暴力的意义 \ 136

9. 人类的法则 \ 139

10. 非暴力的力量 \ 145

11. 非暴力主义者的品格 \ 148

12. 非暴力与怯懦 \ 159

13. 什么是萨提亚格拉哈 \ 162

14. 萨提亚格拉哈战士的资格

   与训练 \ 170

15. 不合作 \ 183

16. 文明不服从 \ 187

17. 萨提亚格拉哈中的绝食 \ 194

18. 萨提亚格拉哈战士的

领袖 \ 197

19. 面对暴乱与侵犯的萨提亚格

拉哈 \ 200

第三节　意识形态比较 \ 206

20. 关于萨沃达亚 \ 206

21. 论社会主义 \ 209

22. 论马克思 \ 214

第四节　一个世界 \ 217

23. 民族主义与国际主义 \ 217

24. 不同种族是同树异枝 \ 219

25. 原子弹 \ 223

26. 裁军 \ 226

27. 世界联邦 \ 228

28. 明天的世界 \ 230

第五节　宗教与文化 \ 233

29. 所有宗教本质上的

一体性 \ 233

30. 文明与文化 \ 245

第六节　艺术、文学与科学 \ 255

31. 论艺术 \ 255

32. 论文学与报刊 \ 269

33. 论科学 \ 280

第七节　经济思想 \ 284

34. 经济学与伦理学 \ 284

35. 人的至上性：充分就业 \ 286

36. 简朴生活与高尚思想 \ 290

37. 劳动的尊严：生计劳动 \ 294

38. 司瓦德西 \ 299

39. 经济平等 \ 302

40. 分权化的经济 \ 305

41. 乡村共同体 \ 306

42. 自给自足 \ 309

43. 合作 \ 312

44. 托管制 \ 323

45. 工业主义的罪恶 \ 332

46. 机器的地位 \ 335

47. 土布与手工纺纱 \ 340

48. 乡村产业 \ 350

第八节　劳动关系 \ 357

49. 理想的劳动关系 \ 357

50. 工人的权利与责任 \ 360

51. 罢工 \ 362

52. 地主与佃农 \ 373

53. 阶级斗争是不可避免

的吗？\ 377

第九节　政治思想 \ 384

54. 政治与宗教 \ 384

55. 开明的无政府状态 \ 385

56. 个人是至高的 \ 387

57. 司瓦拉吉 \ 389

58. 真正的民主 \ 396

59. 分权 \ 399

60. 乡村潘查雅特 \ 400

61. 议会民主 \ 402

62. 特权与投票者 \ 404

63. 真正权力的席位 \ 405

64. 立法机构 \ 406

65. 多数与少数 \ 409

66. 地方长官与部长的行为

规范 \ 411

67. 平民部长 \ 414

68. 警察、犯罪与监狱 \ 417

第十节　社会思想 \ 419

69. 社会理想 \ 419

70. 社会的四重划分与生命的四个

阶段 \ 420

71. 妇女的角色与地位 \ 426

72. 理想的婚姻 \ 435

73. 儿童 \ 441

74. 生育控制 \ 442

第十一节　基础教育与学生 \ 449

75. 基础教育 \ 449

76. 教育的媒介 \ 468

77. 致学生 \ 471

第十二节　给那后来的 \ 476

78. 给那后来的 \ 476

79. 阿迪瓦希斯 \ 479

80. 无地农民与哈里真 \ 480

译后记 \ 485

第一部分　一些著名的演讲

1. 在贝拿勒斯印度教大学的演讲

（1916 年 2 月 4 日）

在贝拿勒斯印度教大学①的开学典礼上，潘迪特·马拉维亚②邀请甘地吉致辞。印度总督查尔斯·哈定基③勋爵特地前来参加大学奠基仪式。为了保护总督的人身安全，警察采取了特别的防护措施。警察无处不在，并且沿途两边的所有房子都有人守卫。可以说，贝拿勒斯处于一个被包围的状态中。

印度各地的名流都纷纷赶来，他们中很多人还发表了演说。1916 年 2 月 4 日，轮到甘地吉给会众演讲，听众之中大部分是敏感冲动的年轻人。一群珠光宝气的王公贵族坐在主席台上。达尔班加王公（Maharaja of Darbhanga）担任主席。

---

① 贝拿勒斯印度教大学（Benaras Hindu University），位于印度北方邦瓦拉纳西圣城的公立大学，成立于 1916 年，其建立的初衷是研究印度宗教、传统文化和科学技术。——译者注
以下注释除特殊标明外皆为译者注，不再一一标出。

② 潘迪特·马拉维亚（Pandit Malaviya，1861—1946），律师，政治家，印度独立运动的领导者，曾经担任印度国民大会主席，他是贝拿勒斯印度教大学建校的提议者与创建者，甘地在自传中对他有很高评价。

③ 查尔斯·哈定基（Charles Hardinge，1858—1944），英国外交官，1910—1916 年担任印度总督。

甘地吉穿着一件短的粗布拖地①裤，披着卡提瓦半岛斗篷，戴着头巾上台演讲。警察的布防以及周围的奢侈品使甘地吉深感痛心。甘地吉转向听众，他说他将思无不言、言无不尽。

　　我想为拖延了很长时间才能来到这里演讲致以深切的歉意。并且，当我告诉你们这并不是我的责任，也不是任何人的责任时，你们也许会乐意接受这个道歉。事实上，我就像一个要登台表演的动物，而我的看护人由于过分善良，他们总是力图回避生命中一些不可避免的事情，也就是纯粹意外的事件。在这种情况下，他们不想让一些意外事件发生在我们——我、我的看护人、车夫身上。因此，才拖延至此。

　　朋友们，在刚就座的贝桑特夫人②无可比拟的雄辩口才的影响下，我恳求你们，不要认为我们的大学已经取得完美的成果，并且不要认为那些想到这所百废待兴的大学学习的年轻人，在离开学校的时候会成为大英帝国的完美公民。千万不要带着这样的印象离开这里。同学们，作为今晚我所关注的听众，你们如果有一丝想法认为精神生活——这个国家最独特且无可匹敌的东西，能够通过言语传达，那请相信我，你们错了。你们不可能仅仅通过嘴唇就能够把我希望将来某天印度传达给世界的信息表达出来。我本人一直以来是厌恶演讲与讲座的。不过，我得把前两天在这里举办的系列讲座排除在外，因为它

---

① 拖地（Dhoti），印度男人的一种穿着，把一块很长的布当作裤子来穿。——原注
② 贝桑特夫人，即安妮·贝桑特（Annie Besant, 1847—1933），英国社会主义者、女权主义者，后来加入印度国大党。她支持印度自治，也是贝拿勒斯印度教大学的创建者之一。

们是非常必要的。但是，我还是要斗胆提醒你们，我们几乎用尽所有的资源来举办讲座，然而仅仅满足我们的耳目之欲是不够的，我们的心灵必须被触动，我们的手和脚必须去行动。

过去两天的讲座一再告诉我们，如果我们要保持印度人的纯朴特性，那手脚与心灵的协调行动是非常必要的。但这只是一个开始。我想说的是，今晚在这个伟大学院，在这座神圣的城市，我被迫使用一种自己陌生的语言为我的同胞演讲，这是我们莫大的耻辱。我知道，如果我被任命为主考官，就这两天的系列讲座内容来考一考聆听这些演讲的人，那么大多数人将会不及格。为什么？因为他们的心并没有被触动。

我出席了 12 月份的国民大会党[①]的会议。那里的听众比现在多得多。然而，如果我告诉你们唯一能够在孟买触动庞大听众的演讲是用印地语发表的，你们相信吗？在孟买（请注意，不是在贝拿勒斯）每个人都说印地语。但是，在孟买地区的方言与印地语之间，不像英语与印度各姊妹语言之间，存在着如此巨大的差距。并且，国大党会议的听众更容易听懂印地语的发言。我希望这所大学能够注意，让来这里学习的年轻人能够以他们的本土语言获得指导。语言是我们自身的反映。如果你跟我说，我们的语言过于贫乏以至于无法表达最好的思想，这其实相当于抹杀自己的存在。是否有人梦想着英语永远成为印度的官方语言？为什么这会阻碍国家的发展？让我们稍微思考一下就会明白，我们的年轻人不得不跟英国的年轻人进行一场多么不平等

---

① 国民大会党（Indian National Congress），简称国大党，印度第一个全国性的政党，由英殖民官吏休谟于 1885 年在孟买创立。甘地所说的这次会议是在 1915 年，甘地从南非回到印度后，前往孟买参加了国大党的会议。

的竞赛。

　　我很荣幸与浦那[1]的一些教授进行过一次深入交谈。他们以令人信服的口吻告诉我，每个印度青年，由于他要通过英语获取知识，所以至少会失去人生中的六年宝贵时光。如果乘以我们的学校培养出来的学生数量，你就会知道我们民族损失了多少个千年的时间。我们常被指责缺乏进取精神，但是如果我们要付出生命中宝贵的几年时间来掌握一门外语，怎么可能会有任何进取精神？我们的这种努力也同样失败了。在昨天与今天的演讲者中，哪个能够像希金波坦（Higginbotham）先生那样打动他的听众？不能打动听众并不是先前这些演讲者的错。他们的演讲有真才实学，但无法打动我们的心。我曾听有人这样说，不管怎样，正是这些受过英语教育的印度人在领导着这个民族，并且在为这个民族做所有的事情。不这样才怪呢，我们接受的唯一教育就是英语教育。我们当然会在某些方面表现出英语教育的结果。但是，假如我们在过去五十年里，一直通过我们的本土语言接受教育，我们今天会拥有什么？我们将拥有一个自由的印度，我们将拥有自己的饱学之士，他们也不会像外国人一样生活在自己的土地上，而是对这个民族倾心吐意。他们将与穷人中的赤贫者一起工作，并且无论他们在过去这五十年中获得的是什么，都将成为这个民族的遗产。今天，我们甚至无法与妻子分享我们最好的思想。看看玻

---

[1]　浦那（Poona），印度马哈拉施特拉邦的一座城市，是印度第八大城市，印度几个最早的工程学院都位于此。

色^①教授和雷^②教授及其出色的研究吧。他们的研究无法成为大众的公共财富,这难道不是一种羞耻吗?

现在让我们转向另一个话题。

国大党已经通过一项关于自治的解决方案。我相信国大党全印委员会(The All-India Congress Committee)和穆斯林联盟^③将会承担他们的责任,并提出一些切实的主张。但是对我个人而言,我必须坦诚地承认,相对于他们提供的方案,我更关心学生界提供的或民众要做的事情。纸上谈兵永远不会给我们带来自治,再多的演讲也不会使我们做好自治的准备,只有行动我们才能实现它。那么,我们将如何努力做到自治呢?

今天晚上,对这个问题我想到什么就说什么,我并不想做一个正式的讲座,并且如果你们觉得我今天晚上直言不讳,我恳求你们权且当作正在和一个毫不隐藏想法的人一起分享他的思想。如果你们觉得我僭越了礼貌的界线,请你们原谅我失礼的地方。昨天晚上,我去了一趟湿婆神庙^④。当我沿着小路一直走的时候,一些想法触动了我。假如一个陌生人从天而降,正好掉在这座伟大的神庙上面,并且他要留心观察我们印度教徒是什么样的人,他难道没有理由责备我们吗?这

---

① 指当时印度著名物理学家 J. C. 玻色(Jagadis Chandra Bose),他被称为"印度的伽利略"。

② 指当时印度著名化学家 P. C. 雷(P. C.Ray),他被认为是印度科学技术发展的先驱,享有很高声望。

③ 指印度穆斯林联盟(India Muslim League),1906 年 12 月成立,其宗旨最初主要是保护印度穆斯林的利益。1913 年,它确定了以争取"印度自治"为奋斗目标,1916 年开始与国大党合作。

④ 湿婆(Shiva),印度教三大神之一。甘地所说的这个神庙是印度非常有名的神庙,据说有三千多年的历史。

个神庙不正是我们自身品行的一种反映吗？作为一个印度教徒，有些话我不吐不快。我们神庙的小路如此肮脏，这样对吗？人们随意在路边建造房子，这条路因此变得曲折而狭窄。如果连我们的神庙都无法成为广阔、干净的典范，我们的自治会变成什么样？当英国人撤离印度之后，我们的神庙是变成神圣、清洁、平安之地，还是会彻底成为人们随心所欲之地呢？

我完全赞同国大党主席的意见，即我们在考虑自治之前，必须先踏实做好必要的工作。每一个城市都被划分成两部分，兵站与城市本部。城市很大程度上像一个恶臭的洞穴。我们是一个不习惯城市生活的民族。但是如果我们想要城市生活，就无法再造和谐的乡村生活。人们走在印度孟买的大街上，心里却一直害怕高层建筑的居民向他们吐口水，想到这样的情况就会不舒服。我常坐火车旅行，我见过三等车厢乘客的困境。但他们的糟糕环境并非铁路行政部门造成的。我们不懂得清洁卫生的基本法则，在车厢地板上到处吐痰，从不考虑那是人们通常要睡觉的地方。我们从没想过应如何共同使用车厢，结果车厢里肮脏得令人难以言表。那些所谓更高等级车厢的乘客去威吓那些不如他们幸运的同胞。我看到他们中也有学生，但他们有时候做得也好不到哪里去。他们会说英语，穿着诺福克夹克衫，声称他们有权利强行上车并要求座位。

我已经打开天窗说亮话，既然你们给我这样一个机会为你们演讲，我就要坦诚相告。当然，我们必须在争取自治的过程中纠正这些事情。现在，我向你们介绍另一个情况。王公殿下昨天主持我们的讨论时谈到了印度的贫困，其他演讲者也极力强调这一点。但是，我们在总督主持的奠基仪式的大棚里看到了什么呢？当然是一场豪华盛会、一次珠宝展览，那些来自巴黎的最好珠宝让人们大饱眼福。我将那些珠光宝气的王公贵族与无数的穷人进行对比。然后，我想对这些王公贵族说："除非你们摘下身上这些珠宝，并将自己奉献给你们的印度同胞，否则印度就没救了。"我相信国王或哈定基勋爵并不想让我们为了显示对国王最真挚的忠诚，而把我们的珠宝盒倒空，并且用珠宝从头到脚装饰一遍。我愿用生命来打赌，从乔治国王[①]那里给你们带来口信——他并不希望这样。

先生们，每当我听说一座宏大的官邸要在印度某个大城市中兴建的时候，无论是在英属印度，还是在我们自己官员统治下的印度，我都会立刻变得嫉妒起来，并且说："哦，那些钱是从农民身上来的。"印度超过百分之七十五的人口是农民，并且希金波坦先生昨晚以其恰当的语言告诉我们，他们是在一棵小草生长的地方种植两棵小草的人。但是，如果我们夺走或允许其他人夺走他们的几乎全部劳动成果，就没有什么自治精神可言。拯救我们的印度只能靠农民。无论是律师，还是医生，或者是富裕的地主，都不会保护它。

现在，最后一点，也是非常重要的一点，我有责任谈谈这两三天来搅动我们心绪的事情。当总督走过贝拿勒斯的那些街道时，我们所有人都感到不安。因为很多地方都布有密探，我们受到了恫吓。我们问自己："为何这样不信任我们？"这样做不是让哈定基勋爵活受罪吗？但是，作为最高权威的代表，他却不这样想。他会发现这是必要的，即便是活受罪。但为什么要强行安排这些探子来监控我们？我们可能会愤怒，可能会烦躁，可能会怨恨，但是我们不要忘记，如今印

---

① 乔治国王，当时的英国国王乔治五世（1865—1936）。

度已经在它的焦躁中产生一支无政府主义者大军。我自己就是一个无政府主义者，不过是另一种类型而已。我们中存在着一个无政府主义者阶层，如果我能够去他们中，就会告诉他们无政府主义在印度没有任何空间，如果印度要打败征服者的话。这是一种恐惧的表现。如果我们相信并敬畏真理，就不应该害怕任何人，不害怕王公、总督、密探，甚至乔治国王。

我敬重无政府主义者对祖国的热爱，我钦佩他愿为祖国而死的勇气。但是我要问他——杀人值得尊敬吗？行凶的匕首能够作为光荣牺牲的象征吗？我的回答是否定的。在任何宗教典籍中，都找不到这些手段的正当理由。如果我发现为了拯救印度，英国人必须撤离，他们必须被驱逐，那我将毫不犹豫地宣布他们必须离开。并且，我将准备为这种信念而死。在我看来，这样才算光荣牺牲。那些投放炸弹的人策划阴谋，害怕公开露面，当他们被抓到时就会因他们错误的狂热行动而受到惩罚。

有人跟我说："如果我们不这样做，如果没有人投放炸弹，我们将永远不会得到分治运动带给我们的东西。"（贝桑特夫人阻止道："请不要说下去了！"）这是我在孟加拉时，在莱恩（Lyon）先生主持的会议上说的话。我认为我说的东西是必要的，如果有人要我停止，我会服从，（转向主席）我等着您的命令。如果您根据我所说的话，认为我没有服从国家与帝国的话，那么我就应该停止。（人群中发出叫喊声："继续！"主席说道："请解释您说这些话的目的。"）我只是……（又一次被打断）我的朋友们，请不要为这次打断而愤怒。如果贝桑特夫人今晚建议我停止演讲，那是因为她非常热爱印度。并且，她认为我在你们这些年轻人面前想到什么就讲什么是错误的。但即便如此，我说这些话，也不过是想清除印度各方互相怀疑的氛围，如果我们想要实现我们的目标的话。我们应当拥有一个以互爱、互信为基础的帝国。在这所大学里谈论这些事情，难道不比我们在家里不负责任地谈论更好吗？我认为公开地讨论这些事情要好得多。在此之前我这种做法已经取得很好的效果。我知道，学生没有什么不讨论的，没有什么是他们不知道的。因此，我将反省的目光转向自己。我将我的祖国的名誉视为至宝，因此我与你们交流这些想法，并告诉你们在印度无政府主义是没有机会的。让我们开诚布公地对我们的统治者说出任何想说的话，如果我们所说的使他们不高兴，也要面对相应的后果。但是，我们不要滥用暴力。

有一天，我与政府部门的一位职员交谈。我与他们并没有多少共同点。但我不得不对他说话的态度产生敬意。他说："甘地先生，你是否认为我们所有公务人员都是一群坏蛋，想压迫那些我们管理的人？""不。"我说。"那么，如果你有机会，请为名声狼藉的行政部门说一句好话。"现在，我就要为他们说一句好话。确实，印度行政部门的许多成员大多数时候都是傲慢专断的。他们是专横的，有时也是轻率的。还有许多其他词或许可以形容他们。我承认所有这些事情，也承认在印度生活了许多年之后，他们之中有些人变得堕落了。但这表明了什么呢？在他们来这里之前他们是绅士，因此如果他们失去了某些道德因素，那正是我们印度人应该自我反省的一个问题。

你思考就会发现，如果一个人昨天是好人，在他与我交谈之后变坏了，是他还是我应当对他的道德恶化负责呢？奉承的风气及身边的各种谎言，使他们刚到印度就道德败坏了，我们也会这样。有些时候接受谴责是有益处的。如果我们要获得自治，就不得不接受这种谴责。我们也许永远不会被赋予自治。看一看英帝国与不列颠民族的历史吧，像他们那样热爱自由的民族，不会把自由赋予一个不想自己争取自由的民族。如果你们愿意的话，可以从布尔战争①中学到这个教训。几年之前他们是帝国的敌人，现在却已经成为朋友……

（就在这时，演讲再次被打断，讲台上的人群开始离开。演讲因此被迫结束。）

《圣雄》，1960 年，第 179—184 页

---

① 布尔战争（Boer War, 1899—1902），这里指第二次布尔战争。荷兰、葡萄牙、法国殖民者在南非的后裔被称为布尔人。1899 年，英国殖民者发动战争，但是遭到布尔人的顽强抵抗，这是英国复兴史上最长的战争。

2. 1922 年大审判中的声明 [①]

（1922 年 3 月 18 日）

　　这是一次历史性的审判。《青年印度》编辑圣雄甘地与印刷出版人商卡拉尔·格拉海·班克 [②] 先生被指控违反印度刑法 124A 节。该审判于 1922 年 3 月 18 日星期六在艾哈迈达巴德举行。法官是地方法院法官布伦菲尔德先生。

　　检控官斯特朗格曼（J. T. Strangman）爵士与艾哈迈达巴德 [③] 的公共检察官劳·巴哈德·吉尔达布哈·乌坦拉姆（Rao Bahadur Girdharlal Uttamram）代表国王出席。司法局的官员 A. C. 瓦尔德先生也出席了这次审判。甘地与商卡拉尔·格拉海·班克先生没有辩护律师。

---

① 这次审判的历史背景：1922 年初，甘地开始在一些地方尝试小规模的非暴力不合作运动，但以失败告终。其中 1922 年 2 月，印度联合省的乔里乔拉村民在受到警察羞辱与压制后，愤怒地冲击了当地警察局，杀死二十二名警察。甘地闻讯后急忙制止。2 月 12 日，国大党通过巴多利决议，谴责群众"越轨"行为，决定无限期地停止非暴力不合作运动。3 月 10 日，甘地被捕入狱，八天后进行了审判。

② 商卡拉尔·格拉海·班克（Shankarlal Ghelabhai Banker），甘地的坚定支持者，与甘地一起主编《青年印度》。

③ 艾哈迈达巴德，印度古吉拉特邦主要商业城市，印度的重要商埠。

在场的公众人物中，有嘉斯杜白·甘地①、沙罗珍妮·奈杜②、潘迪特·马拉维亚、N. C. K.克尔卡先生、J. B.贝迪特夫人及安那苏亚巴亨·沙罗白夫人。

中午12点法官宣布开庭。他说在指控的罪名中存在一个小错误，他已做了纠正。然后，法庭书记员宣读了指控罪名。这些罪名包括"引导或试图引导对英属印度以法律为基础的国王陛下政府的仇恨或不满，并因此违反了印度刑法124A节涉及的罪行"。违反这个规定的是《青年印度》刊登的三篇文章，分别刊登于1921年9月29日、12月15日及1922年2月23日。这三篇文章随后被宣读，第一篇是《调和忠诚》，第二篇是《困惑及其解决》，第三篇是《摇动灵魂》。

法官指出，根据法律要求，不仅要宣读罪名指控，还要对其进行解释。但在这个案件中，他没有必要多费口舌解释。对每个人的指控罪名都是"引导或试图引导对国王政府的仇恨或蔑视，煽动或试图煽动对建立在英属印度法律之上的政府的不满"。两个被告都被指控在这三篇文章中违反了印度刑法124A节，文章内容已宣读过，是由甘地撰写、班克先生印刷的。

指控宣读后，法官要求被告针对指控辩护。他问甘地是认罪还是尝试为自己辩护。

甘地说："对于所有的指控我都认罪。我注意到国王的名字在指控当中被遗漏，且被完全忽略了。"

---

① 甘地的夫人。

② 沙罗珍妮·奈杜（Sarojini Naidu，1879—1949），印度著名女诗人，女权主义者，甘地的支持者，曾担任国大党主席。

法官问班克先生同样的问题，他也同样愿意认罪。

甘地认罪之后，法官想马上做出判决。但是斯特朗格曼爵士坚持走完整个程序。检控官要求法官考虑到"发生在孟买、马拉巴尔及乔里乔拉村骚乱与凶杀的情况"。他承认："在这些文章中，你会发现非暴力是作为一种运动的内容与信条而被坚持的。"但是，他又说："如果你不断地宣传对政府的不满并埋下鼓动其他人推翻政府的种子，坚持非暴力又有什么意义呢？"这就是他要求法官宣判时考虑的情况。

至于第二被告班克先生，罪行较轻。他没有写这些文章，只是负责出版。斯特朗格曼爵士的指示是，班克先生只是一个工具。他要求法庭除了监禁之外，还要施加实质性的罚款，给予惩戒。

法官："甘地先生，你对这个判决有什么要说的吗？"

甘地："我想做一个声明。"

法官："你可以把稿件给我吗？我要把它记录在案。"

甘地："我一读完就交给您。"

甘地于是发表了以下口头声明，接着又宣读了一份书面声明。

在我宣读这份声明之前，我想表明，我完全赞同这位学识渊博的检控官对我这个卑微之人的评论。我认为他对我的评判是完全公正的，因为它是真实的。而我也绝不愿对本法庭隐瞒这样一个事实，即宣传对现有政府体系的不满已经成为我热切想做的事情。检控官说我对政府不满的宣传并非始于与《青年印度》的联系，而是早已有之，他是完全正确的。而在我即将宣读的声明之中，我有深切的责任，要在法庭面前承认，我的这种宣传比检控官所说的时期还要早。对我而言这是一份沉重的责任。但是，当我意识到自己肩上还要承担其他责任时，我不得不把它放下。并且，我也认可这位检控官因孟买、马德拉斯及乔里乔拉发生的事情而加之于我的所有责任。对这些事情的深入思考，加之我因此夜夜难眠，我已经没有办法把自己从发生在乔里乔拉村的罪行或孟买的疯狂暴乱中脱离出来。检控官说，作为一个有责任心的人，一个受过一定教育并已经获得一定社会经验的人，我本该知道每种行为的后果。他这样说是非常正确的。

我知道这些后果。我知道我是在玩火，我是在冒险，并且如果我被释放的话，我还会这样做。今天早上我已经感觉到，如果我不把刚才那些话说出来，就无法承担起我的责任。

我想避免暴力。非暴力是我信仰的首要信条，也是我的最后底线，我必须做出选择：要么屈服于一个我认为已经给我的祖国造成无法挽回伤害的政治体系，要么冒着使我的民众怒火爆发的风险亲自告诉他们真相。我知道民众有些时候已经疯狂，对此我非常遗憾。因此，我在这里不要请求给予一个轻的惩罚，而要求给予最重的处罚。我并不要求宽恕。我不会对情有可原的行为做任何辩解。因此，我来这里是要请求并快乐地服从最重的处罚。在法律上，这是因为我明知故犯而受到惩戒；对于我来说，这是公民的最高责任。法官阁下，您唯一能做的——正如我将要在声明中所说的——要么辞去您的职位，要么以最严厉的处罚惩戒我，如果您相信您所隶属的这个政治体系与所执行的法律是对人民有好处的话。我并不期待您会有这样的信念转变。但是在我读完我的声明之后，您大体上会明白是什么在我的心里激荡澎湃以至于我不惜冒这个最疯狂的危险，就像一个疯子一样。

接着他开始宣读书面声明。

为了平息引发这次诉讼的社会事件，我也许需要向印度公众与英国公众解释一下，为什么我从一个忠心耿耿的合作者，变成了一个绝不妥协的异见人士与不合作者。对法庭也是一样，我要说明为什么我认罪，承认煽动对印度合法政府不满的指控。

我的公共生活开始于1893年，始于南非的糟糕处境中。在那里，我跟英国政府第一次打交道，感觉并不愉快。我发现作为一个人，一个印度人，我没有权利可言。更准确地说，我发现自己没有作为一个人的权利，因为我是一个印度人。

但我并没有觉得困扰。我想印度人受到的待遇，只不过是一个本质上和大体上良好的政治体制的小毛病。因此，我心甘情愿地与政府合作，在我觉得不好的方面又直率地批判它，但我从不希望它崩溃。

因此，当帝国的生存受到1899年布尔战争的威胁时，我为之效劳并组织了一支医疗救护队，在解放莱迪史密斯（Ladysmith）的多次行动中服役。[①] 同样在1906年"祖鲁起义[②]"时，我组织了一支担架搬运队，一直服役到"起义"结束。这两次事件，我都受到了嘉奖，甚至在简报上被提名表扬。而我在南非的工作也使我获得了哈定基勋爵颁发的一枚"印度皇帝"（Kaisar-I-Hind）金质奖章。当1914年英国与德国爆发战争的时候，我在伦敦组织了一支自愿救护队，由

① 布尔战争爆发时，甘地当时在南非，他同情布尔人，但他最终选择了支持英国，组织了一支医疗救护队。

② 祖鲁起义（Zulu revolt）：祖鲁人是非洲原生民族，1879年被英国殖民者打败从而接受英国殖民统治，1906年祖鲁人发动反英起义，后被镇压。

旅居伦敦的印度人组成，主要是学生。救护队的工作被当局认为是非常有价值的。最后，1918 年在德里，当蔡姆斯福德①勋爵在战争协商会上提出一项特殊征兵请求时，我抱病努力在凯达县招募军队，直到敌军撤退，我接到命令不再需要招募新兵，我都一直在响应支援。在所有这些工作中，我始终坚持一个信念，那就是希望通过这些工作，为我的同胞们赢得在英帝国中完全平等的地位。

第一次打击来自《罗拉特法》②——一部剥夺人民真正自由的法律——的出台。我觉得需要组织一次激烈的抗议运动来抵制它，接着发生了旁遮普惨案③。首先是嘉里安瓦拉花园（Jallianwala Bagh）广场的大屠杀，然后是爬行过街的命令、当众鞭打，最后以其他罄竹难书的非人道行为结束。并且我发现，首相对印度穆斯林的承诺不太可能落实。④但是在 1919 年阿姆利则国大党会议上，尽管有不祥的预感及朋友的严肃警告，我仍竭力支持与政府合作，并为蒙太古-蔡姆斯

---

① 蔡姆斯福德（Chelmsford，1868—1933），当时的印度总督，他请求甘地帮助征兵支援英国参加第一次世界大战。甘地同意了，征兵过程导致一些人对甘地的不满与误解，并且甘地也因此得了一场重病。

② 1919 年 3 月，英国殖民政府颁布《罗拉特法》（The Rowlatt Act），宣布被认为是颠覆分子的人可以不经审讯就拘押两年以上。

③ 旁遮普惨案（Punjab horrors），1919 年 4 月，为了抗议《罗拉特法》，印度各地爆发非暴力示威活动。在旁遮普省的阿姆利则，英军对聚集在嘉里安瓦拉花园广场的民众开枪，导致四百多人死亡。

④ 第一次世界大战结束后，土耳其战败，土耳其国王作为伊斯兰教徒精神领袖——基拉法的地位面临被废除的危险。印度的穆斯林发起了保护基拉法运动，希望战胜国英国能够保障基拉法的宗教地位。最终英国政府承诺无论如何都会保障基拉法的地位。

福德改革^①工作，希望首相能够重视他对印度穆斯林许下的诺言。这样旁遮普之殇就得以告慰。这样尽管这次改革存在不足，也不令人满意，但它标志着印度生命之希望的新时代。

然而，所有的希望都破灭了。基拉法诺言（The Khilafat Promise）没有得到履行；旁遮普惨案被粉饰，大多数杀人凶手不仅没有受到惩罚，而且仍在就职。有些人仍然从印度人的税收中获取养老金，甚至有些人还得到了嘉奖。我发现改革非但没有带来人心的改变，相反，它们只是一种进一步耗尽印度财富并延长其奴役状态的工具。

我无奈地得出这样一个结论，即与大英帝国的联合已经使印度变得在政治与经济上比以往任何时候都无助。一个被解除武装的印度没有力量抵抗任何侵略者，如果她要进行武力对抗的话。在此类情况下，我们中一些最优秀的同胞认为，印度需要付出数代人的努力才能获得主权独立地位。她已经变得如此贫乏，以致没有一点力量抵御饥荒。在英国人来印度之前，数百万印度人在村舍中织布纺线，这恰好是印度贫乏的农业资源需要的补充。就像英国人所见所写的一样，这种对印度存亡如此重要的村舍产业已经被残酷地毁灭。城市居民很少知道这些半饥饿的印度民众是如何逐渐沦落到无法生存的地步的。城市居民也几乎不知道，他们那一点点舒适生活，不过是他们为外国剥削者工作而获取的回扣，而这些利润与回扣是从

---

① 这次改革是指由印度事务大臣蒙太古及印度总督蔡姆斯福德推动的印度政府改革，于1919年公布《印度政府法》。它增强了印度省级政府的自治权，宣布省级政府除了一部分官员由英国政府任命外，另一部分由选举产生，同时政府内部大量的部门将由印度人管理。这个法案引起了国大党内部关于印度人是否应该参加地方选举与政府管理的争议。

民众身上榨取的。他们也几乎没有意识到，英属印度法律建立的政府就是为了维持这种剥削而运作的。任何诡辩与欺骗都无法为我们眼前许多村庄的白骨辩解。如果天有神灵，我想无论如何，英国人与印度城镇居民，都会因历史上这次最严重的非人道罪行而受到报应。这个国家的法律服务于外国剥削者。我对旁遮普戒严法案件的客观研究使我相信，至少百分之九十五的判罚是恶劣的。我在印度各种政治案件的经历让我得出这样一个结论：那些被判有罪的人之中十个有九个是无辜的。他们的罪行就在于他们对这个国家的爱。在印度法院审理的印度人与欧洲人之间的诉讼案件中，一百件中有九十九件没有公正地对待印度人。这个描述并不夸张，这几乎是每个涉及这些案件的印度人的经历。在我看来，司法部门已经有意无意地为剥削者的利益出卖了自己的贞洁。

更大的不幸是，这个国家政府中的英国人及其印度同伙，并没有意识到他们正犯下我描述的罪行。我毫不怀疑，许多英国人与印度官员都真诚地认为他们正在管理着世界上设计得最好的制度体系，并且印度正在取得虽然缓慢但平稳的进步。他们并不知道，一方面通过一个细致但有效的恐怖主义系统以及对暴力的组织化运用，另一方面通过剥夺所有报复或自我防卫的力量，已经使人民柔弱无力，并在他们之中形成装模作样的恶习。这种丑陋的习惯已经加剧行政官员的无知与自我欺骗。印度刑法 124A 节，也就是我乐于被指控违反的那一条，也许是印度刑法政治罪章节中被制定出来压迫公民自由的王牌。人的情感是无法通过法律制造与管制的。如果一个人对某个人或某种体制没有好感，那么他应当被给予充分的自由以表达他的不满，只要他不是企图推动或煽动暴力。但是我与班克先生被指控违反的那条法律，将一个人宣传不满界定为犯罪。我研究了一些以这一条款为依据的审判，知道一些印度的爱国者也被这一条款判定为有罪。因此，我把自己因违反这一条款而被起诉视为一种特殊的荣誉。我已经尽量简单地说明了我不满的原因。我对任何行政官员都没有私人的恶意，更不可能对乔治国王存在敌意。但是我坚持认为，抵抗这个政府是一种美德，因为它对印度的伤害远超此前所有的政体。在英国的统治下，印度比过去任何时候都虚弱。基于这种信念，我把对该体制的好感视为一种罪过。对我来说，能够写出那些作为指控我的证据的文章，是我宝贵的荣誉。

事实上，我认为在不合作运动中，我已经提供了一条道路，使印度与英国得以摆脱双方都深陷其中的不正常状态。这已经是在为双方提供服务。在我看来，针对罪恶的不合作与针对良善的合作，是同等重要的责任。但是在过去，不合作被刻意解释为针对邪恶势力的暴力行为。我正致力于向我的同胞表明，暴力的不合作只不过是增加邪恶。因此，就像邪恶只能通过暴力维持一样，停止对邪恶的支持也要求完全克制暴力。非暴力意味着心甘情愿地接受不与邪恶势力合作而受到的惩罚。因此，我在此心甘情愿地请求并接受最重的处罚，以惩戒我从法律上来说是故意犯法，但对我来说是公民最高职责的行为。法官与检控官阁下，对你们来说能做的事情是：要么辞职并因此与邪恶势力分离，如果你们觉得自己用于治理的法律是邪恶的，并且认为我实际上是无辜的；要么给我最严厉的处罚，如果你们认为自己协助执行的法律与体制对这个国家的人民是有益的，而我的行为对公共福祉是有害的。[①]

《圣雄》(第 2 卷)，1951 年，第 129—133 页

---

① 最后，甘地被判入狱六年，但是他在监狱中只待了二十三个月。1924 年 2 月，甘地由于急性阑尾炎需要紧急手术而获释。

3. 在历史性"丹迪进军"前夕 [①]

(1930 年 3 月 11 日)

1930 年 3 月 11 日，约一万民众在艾哈迈达巴德的萨巴玛蒂
（Sabarmati）沙滩举行夜间祷告。结束的时候，甘地在这次历史
性进军的前夕发表了这篇极具纪念意义的演讲。

这很可能是我最后一次给你们演讲了。即便政府允许我明天早上
出发，这也将是我最后一次在神圣的萨巴玛蒂沙滩演讲。这些可能是
我人生中最后要说的话。

昨天，我已经告诉你们我必须要说的话。今天，我只想讲讲我和
我的同伴被捕之后，你们应该做什么。向加拉尔普尔（Jalalpur）进
军的程序，必须按照原定的执行。为此进行的志愿者招募工作必须仅
限于古吉拉特（Gujarat）地区。根据前两个星期我的所见所闻，我倾
向于相信文明抵抗者会不断地涌现。

---

① "丹迪进军"也被称为"食盐进军"，这次行动的目的是以非暴力不服从的方式打
　破政府对食盐的垄断，恢复民众自制食盐的权利。1930 年 3 月 12 日，甘地带领真
　理学院的七十八名萨提亚格拉哈学员，从萨巴玛蒂前往二百三十英里外的海边小
　镇丹迪熬制海盐，这次讲话发表在他们出发前夕。

但是，大家一定不要违反和平原则，哪怕所有人都被逮捕。我们已经下定决心，利用所有的力量来追求一种完全非暴力的抗争。愿每个人都不要在怒气中犯错，这是我期盼与祈祷的事情。我希望这些话能够传到这片土地的每个角落。如果我死了，我的任务就算完成了，我的同志们也是如此。那时将由国大党的工作委员会为你们指引道路，你们是否跟随它的领导，由你们自己决定。只要我还没到达加拉尔普尔，就不要做任何与国大党赋予我的权威相悖的事情。但是一旦我被捕，所有的职责就转交国大党。任何一个信仰非暴力并把它当作信条的人，不能坐视不动。一旦我被捕，我与国大党之间的协议就立即结束。在那种情况下，志愿者的招募事宜可不能疏忽。对食盐相关法律的文明不服从必须在任何可能的地方开始。可以通过三种方式不服从这些法律：生产食盐是一种不服从的方式，不管是在哪里，只要有生产设施；占有并销售违禁盐，包括天然盐或盐地，这也算一种不服从方式，这些盐的购买者同样被认为是有罪的；把存放在海边的天然盐带走同样是不服从食盐法律。贩卖这些天然盐也是对法律的不服从。总之，你们可以选择任一种或多种方式来打破政府对食盐的垄断。

然而，我们不能仅仅满足于此。国大党并没有下达禁令，任何地方的工作人员自信有其他合适的方法，也可以采用。我只强调一点，让我们忠诚地坚持我们的誓言——以真理与非暴力作为唯一手段实现司瓦拉吉①。至于剩下的事情，每个人都可自由处理。但这并不是允许所有人或闲杂人等任意妄为。只要有地方领导，人们就应当服从他的

---

① 司瓦拉吉（Swaraj），通常被翻译为印度自治或印度独立，但从甘地的论述来看，它意味着印度内部各阶层、群体的自治，还包含个人层面的"人的自律"等含义。

命令。如果没有领导，只有一小群人相信这个斗争纲领，那么他们可以做自己能做的事情，只要他们有足够的信心。他们有权利这样做，这也是他们的责任。这个世界的历史充满了各种通过自信、勇气与毅力的力量而上升为领袖的故事。如果我们真诚地追求印度自治并迫切地想实现它，也应当有同样的信心。

除此之外，我们还可以通过其他方式做很多事情。我们要抗议酒铺与外国布料店。如果我们有足够的力量，还可以拒绝纳税。律师可以放弃工作，公众可以通过回避诉讼的方式抵制法庭，政府官员可以辞去他们的职务。在四周绝望情绪的笼罩之下，有些人会害怕失去工作，这些人并不适合参与司瓦拉吉。但是他们为什么这么绝望呢？一个国家的政府职员数量不会超过几十万，剩下的人怎么办呢？他们将去哪里呢？即便是自由的印度，也无法安顿如此多的政府官员。一个税收官员将不再需要今天这么多的雇员，他只能自力更生。我们数百万饥民绝不会承担这么巨大的开销。因此，如果我们足够明智的话，就应该放弃政府工作，无论这个职位是法官还是雇员。让所有通过各种方式——纳税、保留政府赋予的头衔、把孩子送到官方学校等——与政府合作的人，放弃所有或尽可能多地放弃与政府的合作。那时，妇女也可以与男人在这场斗争中并肩作战。

你们可以把这些话视为我的遗嘱。这就是我在开始进军前或将要入狱前想告诉你们的信息。如果我明天早上或更早被捕，我希望你们面对将要开始的战斗，不要犹豫或放弃。我将热切地期待这样一个消息：我们这批人被捕之后，又有十批人准备着。我相信，印度的人们会完成我发起的工作。我相信我们事业的正当性及手段的纯洁性。无论是在哪里，只要手段纯洁，造物主就会毋庸置疑地在那里赐下他的祝福。无论在哪里，都不可能失败。一个萨提亚格拉哈战士[①]，无论是自由的，还是被囚禁的，都永远是胜利的。只有当他抛弃真理与非暴力，并对内心的声音置若罔闻的时候，他才会被打败。因此，如果出现萨提亚格拉哈战士失败这样的情况，那么他自身才是失败的原因。

《圣雄》（第 3 卷），1952 年，第 28—30 页

---

① 坚持真理的实践者或战士，甘地对此的更详细解释见本书后文。

4. 在圆桌会议上的讲话 [1]

（1931 年 11 月 30 日）

下面是甘地1931 年 11 月 30 日在伦敦举行的圆桌会议全体会议上发表的演讲。

多数决策规则

我并不认为我今晚讲的东西能够影响内阁的决议。或许，决议早已做出。实际上，关于整个印度大陆的自由问题，很难仅仅通过争辩或协商解决。协商有它的目的，也有它的作用，但只能在特定条件下进行。不具备这些条件，协商就成为一项毫无结果的任务。但我不想深入探讨这些问题。我想把话题尽可能地局限在协商的四个条件上，这四个条件是首相阁下您在本次圆桌会议的开幕式上宣读的。因此，我首先针对已经提交给圆桌会议的报告说几句。你们会发现，这些报

[1] 这是第二次圆桌会议。第一次圆桌会议于 1930 年 11 月至 1931 年 1 月召开，目的是讨论印度的地位问题，由于英国政府拒绝国大党的条件，国大党没有派人参加。第二次圆桌会议于 1931 年 9 月至 11 月召开，甘地以国大党代表身份参加，此外还有印度穆斯林少数群体代表、土邦王公、商界等各方面代表，会议最终未能达成实质性的协议。

告大体上都声称某某是大多数人的意见，但是一些人表达了相反的观点，诸如此类。那些持反对意见的派别并没有被提及。在印度时我就听说过，并且当我来到这里时又被告知，这些决议都没有通过常用的多数决策规则。在这里，我不想抱怨这个事实：这些报告被包装得像被多数人检验通过了。

但是我有必要指出这个事实。这是因为在大多数报告中你都会发现有一个反对意见，并且大多数情况下，这个反对意见很不幸正好是我提出的。我不得不提出一项与其他代表不同的反对意见，这并不是一件令人愉快的事情。但是我觉得如果我不通报这些异议，就不算真正代表印度国大党。

此外还有一件事情，我想提请这次会议注意。那就是，国大党的异议意味着什么？我曾经在联邦结构委员会（Federal Structure Committee）的一次预备会议上说，国大党声明代表超过百分之八十五的印度人民，也就是说代表沉默的、劳苦的、半饥饿的数百万民众。但是我进一步说明，通过服务于国家，国大党宣称，他们还代表王公、拥有土地的贵族及受过教育的阶层，如果他们接受这个声明的话。我想重申这个声明，并且希望今天晚上强调这个声明。

国大党代表印度

参加这次会议的其他党派都代表某一部分人的利益，唯独国大党宣告代表整个印度，代表所有人的利益。它不是一个群体性的组织，它是任何形式的群体主义的坚定反对者。国大党不分种族、肤色及信仰，它的政治纲领是普遍性的。它或许没有完全地践行这些政治信条。我没听说过哪个人类组织能够完全实践其信条，国大党也常常做不到这一点。但是即便最差的评价也不得不承认——正如它已经被承认——印度国大党是一个日益成长的组织，它传递的信息已渗透到印度最偏僻的村庄。在既有条件下，国大党已经有能力证明它对那些居住在七十万个村庄的民众的影响。

此外，在这里我看到国大党被视为众多政党中的一个。对此我并不介意，我并不认为这是国大党的不幸。但对于我们今天聚集在一起要实现的目标来说，我认为这是一种不幸。我希望能够使所有的英国公众人物、内阁大臣相信，国大党有能力履行自己的诺言。国大党是整个印度范围内唯一的全国性组织，它没有任何群体偏见：它确实代表着所有的少数群体，这些少数群体代表宣称他们代表着百分之四十六的印度人民——这在我看来是不合理的。我要说，国大党有权利代表所有这些少数群体。

如果国大党做出的这个声明能够被承认的话，今天的情况就会有很大的不同。为了实现我们——坐在这张圆桌前的英国人和我们这些印度人——的共同目标，我觉得有必要在重申这个声明的时候，重点强调和平。我这样说是基于这样的理由：国大党是一个强大的组织。它被指责运作或企图运作一个平行的政府，在某种程度上，我也接受这个指责。如果你们了解国大党的运作，就会欢迎一个有能力运作平行政府的组织。它表明一个没有任何军队的组织，是能够在不利环境中运转政府机器的。

但是你们不这样做。尽管你们已经邀请国大党，但不信任它。尽管你们欢迎国大党，但拒绝它要求代表整个印度的声明。当然，我们可以就这个声明争辩到世界末日，并且我没办法证实这个声明。但是无论如何，你会发现我始终坚持这个声明，我这样做是因为我肩负着沉重的责任。

协商的方法

国大党代表着一种反叛精神。我知道，"反叛"这个词在这次为了协商并达成解决印度问题的方案而召开的圆桌会议上是不能说的。一个又一个发言人起来说印度应当通过协商、辩论的方式获取自由。并且，如果大不列颠帝国通过辩论的方式向印度人的要求让步，那将是大不列颠帝国无上的光荣。然而，国大党并不支持这种观点。国大党有另一个使你们不快的替代方案。

旧方法

我听到几个发言人——我已经尽可能地集中注意力听他们的演讲并对他们每个人心怀尊敬——说如果印度充斥着违法、叛乱、恐怖主义等问题，那将是多么可怕的灾难啊。

我不想装作熟读史书，但我在做学生的时候就必须写历史论文。我也阅读了历史中那些被为自由而战的人的鲜血染红的篇章。我不知道哪个民族无须经过千辛万苦就能获得独立。杀人的匕首、装毒药的碗、枪手的子弹、长矛，以及所有直到现在仍在使用的武器和破坏方法，在我看来，其实是与自由和解放相伴的"盲目爱侣"，并且历史学家没有谴责他们。我不会为恐怖主义分子辩护。古兹纳维（Ghuznavi）先生谈及恐怖主义分子并介绍了加尔各答自治市的情况。

当他提到加尔各答自治市发生的一件事情时，我觉得很痛心。他忘记告诉人们，自治市的市长做了大量赔偿和修补工作，来补救恐怖主义分子背叛加尔各答自治市及其市长造成的损失。这些工作是通过国大党加尔各答分部的成员完成的。

我不想为那些直接或间接鼓励恐怖主义的国大党成员辩护。当这一事件被国大党注意到时，国大党立即着手有序地处理，马上要求加尔各答的市长说明情况。该市长是一位绅士，他当即承认自己的错误，并尽可能通过合法的方式开展补偿与修复工作。我不能强行让大家在这次事件上停留很长时间。古兹纳维先生还提及一首诗，他以为是加尔各答市下属四十所学校的孩子必须背诵的。我还能详细指出他演讲中存在的很多混淆视听的陈述，但我不想这样做。只是出于对伟大的加尔各答自治市的尊重，出于对真理的重视，以及为了给那些无法出席今晚会议的人提供辩护，我才提到前面两个明显错误的例子。我一点不相信，那首诗是在加尔各答市政府知情的情况下，由学校教给孩子们的。我只知道在去年那些糟糕的日子里，有几件令人遗憾的事情发生，我们也已经为此进行了补救。

如果加尔各答的孩子们被教了古兹纳维先生背诵的那些诗，我在此代表他们表示歉意。但是我仍然要求证据，证明这是学校老师在市政府已经知道或鼓励之下教给孩子的。像这样的指控已经无数次被用于攻击国大党，并且无数次被驳倒。但是，如果我在这个关键时刻提及这些事情，那也是想再次表明，为了自由人们已经在战斗，人们已经失去他们的生命，人们已经开始杀戮，或是被他们试图驱逐的那些人杀害。

新方法

于是国大党出现在政治舞台上，并采取了一种前所未有的新方法，即文明不服从。国大党一直坚持这种方法。但是，我再次碰壁了，并且人们告诉我世界上没有一个政府会容忍这种方法。当然，政府也许不会容忍，因为没有政府会容忍公开反叛。没有政府会容忍文明不服从，但是政府最终不得不屈服于这种力量，就像英国政府此前所做的一样，甚至像荷兰政府在八年的尝试之后不得不屈服于事实的逻辑一样。史沫资[①]将军，一位勇敢的将军、伟大的政治家及非常强硬的上司，也同样屈服了。就在他企图对那些为保护自尊而抗争的民众大开杀戒时，却带着恐惧退缩了。博莎[②]将军 1908 年一再强调自己绝不屈服，在一次又一次审判那些非暴力抵抗者之后，他不得不在 1914 年放弃。在印度，孟买督蔡姆斯福德勋爵在波尔沙德（Borsad）与巴多利也不得不做出同样的决定。我跟您说，首相阁下，今天来压制这种新的抵抗方式已经太迟。正是这种新的抵抗方法，这个摆在他们面前的选择，道路的分岔口使我感到责任重大。我应当抓住任何一线希望，我应当绷紧每根神经，为我的国家获取一个值得尊敬的结果，只要我能够做到不把我的数百万同胞甚至孩子，推向痛苦的烈火之中。对我而言，要带领他们进行这样一种形式的抗争，是一件没有快乐与慰藉可言的事情。但是，如果一场更大的痛苦烈火已经成为我

[①] 扬·克里斯蒂安·史沫资（Jan Christian Smuts，1870—1950），担任南非德兰士瓦州长，最终于 1914 年向甘地领导的印度侨民非暴力不合作运动让步。

[②] 路易斯·博莎（Louis Botha，1862—1919），甘地在南非领导非暴力运动时，他正担任南非联邦第一任总理。

们的命运，那么我将怀着最大的快乐与最大的慰藉前行。因为我正在做的是自认为正确的事情，这个国家也正在做她认为正确的事情。并且，这个国家会得到额外的满足，因为她知道这样做至少不是在夺走生命，而是在赋予生命：不是使英国民众直接遭受苦难，而是自己承受苦难。吉尔伯特·穆雷[①]教授告诉我——我永远不会忘记他的话，我在此重述他独特的话语——"你是否从未稍微想过，我们是如此无情，在你们成千上万的同胞受苦时我们英国人却不会感到痛苦？"我并不这样认为。我确实知道你们会感到痛苦，但是我让你们感到痛苦的目的在于触动你们的心。当你们的心被触动之后，那么协商的心理时机就到了。协商总是会有的。这一次我之所以能够长途跋涉来到这里参加协商，我想是因为你们的同胞——埃尔文[②]勋爵，已经充分地通过其法令考验了我们，并且他有充分的证据证明成千上万的印度人及其孩子已经受到苦难。并且，不管有没有法令、有没有警棍[③]，任何东西都无法阻止汹涌的潮流，也无法抑制那些渴望自由的印度人心中日益高涨的激情。

代　价

此外，还有一些沙子留在玻璃瓶里[④]，我想让你们明白国大党的奋斗目标是什么。我的生命在你们的支配之下，所有国大党工作委员

---

① 吉尔伯特·穆雷（Gilbert Murray，1866—1957），英国著名学者及公共知识分子。
② 埃尔文（Irwin，1881—1959），当时的印度总督，极力推动国大党参加圆桌会议。
③ 原文为 Lathi，印度警察使用的警棍。
④ 指还有一些事情没说完。

会成员、国大党全印委员会成员的生命都在你们的掌控中。但是请你们记住，数百万老百姓的生命都掌握在你们手上。只要有可能帮助他们，我就不想牺牲这些生命。因此，请你们记住，我并不想导致太多的牺牲，只要有机会取得一个令人尊重的结果。你会发现我常常有着极大的妥协精神，如果我能激发你们产生与国大党同样的精神，也就是印度必须获得真正的自由，你想怎么称呼它都可以。一朵玫瑰被称为其他任何名字，闻起来都是一样香。但是它必须是我想要的自由的玫瑰，而不是人造品。如果你的意志与国大党的意志，圆桌会议的意志与英国民众的意志，都以同样的词语指向同样的事物，你就会发现最充分的妥协空间，你也会发现国大党本身总是充满妥协精神的。但是，只要不存在统一的意志，没有统一的定义，你、我、我们使用的同一个词语的意思不同，那么就不可能有妥协。如果我们每个人对正在使用的同一个词语有着不同的定义，怎么可能达成妥协呢？这是不可能的。首相阁下，我想恭敬地向您提出，那样完全不可能找到一个会面协商的基础，或找到一个您可以应用的妥协精神的基础。我很遗憾地说，直到现在，在过去几个令人厌烦的星期，我还没有发现我们交流的各概念的共同定义。

我们的目标

上个星期一个怀疑论者向我展示了威斯敏斯特法案（The Statute of Westminster），他说："您是否知道'自治领'（Dominion）的定义？"我读到过"自治领"这个概念的定义。很自然地，当我看到人们竭力界定"自治领"这个概念，却无法达成普遍性定义而只有一个特殊性定义时，我一点也不觉得困惑与惊讶。它只是简单地说，"自治领"这个词应当包括澳大利亚、南非、加拿大等，最后以爱尔兰自治邦结束。在这里面我没有看到埃及。然后他说："您知道您的'自治领'是什么意思吗？"这并没有给我留下太多印象。我并不在意我的"自治领"的意思是什么，或完全独立意味着什么。在某种程度上，我得到了解脱。

我之所以说，我现在从关于"自治领"这个词语的争论中解脱出来，是因为我并不参与其中。但是我想要完全的独立。即便如此，许多英国人还是说："是的，你可以拥有完全独立，但完全独立是什么意思呢？"于是，我们又一次遇到了不同的定义。

有一次，你们一位出色的政治家跟我辩论："坦率地讲，我不明白你说的完全独立是什么意思。"他本应当知道，但他并不知道。我应该告诉你们他不知道的东西是什么。我对他说："在一个帝国里面，我无法成为一个伙伴。"他说："当然，这是符合逻辑的。"我回答说："但我想成为一个伙伴。不是我必须成为或被迫成为，而是我想要成为大英帝国的伙伴。我想成为英国人民的伙伴，但我希望能享有你们人民享有的同样的自由。并且，我想寻求这种伙伴关系不仅仅是为了印度的利益，也不仅仅是双方的利益，而是为了让这个世界能够从它的肩上卸下足以把它压成粉末的重担。"

这是发生在十天或十二天前的事情。或许看起来很奇怪，我收到了另一位英国人的便条，他是你们熟知并尊敬的一个人。他提到了许多事，其中他写道："我深信人类的和平与幸福取决于我们的友谊。"好像怕我不明白他的意思，他接着写道："你的人民与我的人民。"我必须告诉你们，他还说："并且在所有印度人当中，只有你才是真正的英国人喜欢与理解的那个人。"

他并没有阿谀奉承之词,而我也认为他这最后一句话的意图并不是为了奉承我,它一点点也没有奉承到我。在这张便条中还说了许多其他的事情,如果我把这些都告诉你们,你们或许会更明白这句话的含义。但是让我告诉你们,当他写最后一句话时,他并不是指我个人。我个人没有任何重要性,并且我也知道,我对于任何英国人个体而言一点也不重要。但我对某些英国人来说是重要的,因为我代表一种事业,代表一个民族,一个已经被人意识到的伟大组织。这就是他说这话的原因。

但是,首相阁下,如果我能找到这种有效的对话基础,我们就会有足够的空间达成妥协。我渴望的是友谊。我的工作不是推翻奴隶主与暴君。我的哲学观禁止我做这些,并且今天国大党已经接受了这种哲学观——就像我一样,作为一种政策。因为国大党相信,这是印度这个有三点五亿人口的民族要做的正确的和最好的事情。

我们的武器

一个有三点五亿人口的民族并不需要刺客的匕首,不需要毒药碗,不需要剑、矛或子弹。她需要的只是自己的意志,一种说"不"的能力,并且那个民族如今正在学习说"不"。

但是,那个民族要做的是什么呢?粗略地说,或从根本上讲,是赶走英国人?不。她今天的任务是改变英国人。我不想断掉英国与印度的关系,但我确实想转变这种联系。我想把我的祖国从被奴役转变为完的自由。把它称为完全独立或其他你们喜欢的词语,我不会为这个词语的选用争辩，尽管我的同胞可能由于我接受了其他词语而与我争辩。我可以说服这些反对意见，只要你们提议的这个词语具有相同的意思。因此，我已经无数次催促你们注意，你们提出的各种保护措施是完全不能令人满意的，它们没有考虑印度的利益。

财政紧缩

来自商业与工业联合会的三个专家已经以他们自己的方式、态度，将他们的专业经验倾囊相授，讲述了在百分之三十的资源被抵押的情况下，任何一群负责任的内阁都是绝对不可能解决行政管理问题的。关于这些财政保护措施对于印度的意义，他们所讲的比我对你们讲的还要好，毫无保留地展示了他们对这一问题的渊博知识。这些财政保护措施意味着印度的完全紧缩。他们已经在这次会议上讨论了财政保护措施，也包括必要的国防与军队问题。然而，我毫不犹豫地说，他们提出的这些保护措施并不令人满意。并且，我也毫不犹豫地重申，国大党承诺给予并批准了那些被证明是符合印度利益的保护措施。

在一次联邦委员会的会议上，我毫不犹豫地扩大了保护范围，并说那些保护措施也必须有利于英国的利益。我确实不想采取仅对印度有利而有损于英国真正利益的保护措施。印度必须牺牲特殊利益，英国也必须牺牲特殊利益。印度必须放弃不合法的利益，英国也必须放弃不合法的利益。因此我重申，如果我们赋予同样的词语同样的含义，我就会赞同贾亚卡^①先生，同意特吉·巴哈杜尔·萨普鲁（Tej Bahadur Sapru）爵士以及其他在本次圆桌会议上演说的杰出发言人。

他们都认为，经过诸多努力，我们已经达成一个实质性的政策协议，对此我表示赞同。但使我绝望与伤心的是，我没有在同样的词语中读到同样的信息。贾亚卡先生的保护措施的含义，我非常担心，与我的含义有很大差别。我猜想——我并不知道——贾亚卡先生与我的含义也不同于塞缪尔·霍尔（Samuel Hoare）爵士的含义。我们从来没有真正地相互理解。我们从来没有讨论过实质性问题，正如你们所说的。这些日日夜夜，我都在焦急地——我一直渴望着——要进行真正的交流，并认真讨论实质性问题。我觉得我们为什么不一起努力逐步靠近，为什么我们把时间浪费在雄辩、讲演技巧、辩论及得分点上？上天明鉴，我根本不想听到我的声音，我根本不想参与任何辩论。我知道自由是由坚强的人造就的，我知道印度的自由，需要更加坚强的人创造。我们印度存在任何政治家都感到为难的问题。我们还有其他民族无须解决的难题。但是它们并不会困扰我，它们无法困扰那些在印度环境中成长起来的人。这些问题一直伴随着我们。就像我们要解决鼠疫、解决痢疾问题一样，我们必须解决你们没有的问题，蛇、蝎子、猴子、老虎与狮子的问题。我们必须面对这些问题，因为它们伴随着我们长大。

它们没有困扰我们。无论如何，我们已经从这些恶毒的爬行动物及各种生物造成的创伤中生存了下来，所以我们同样会在问题中生存下来，并找到解决这些问题的方法。但是今天你们与我们聚集在圆

---

① 姆·勒·贾亚卡（M.R.Jayakar，1873—1959），印度著名学者、政治家，在印度独立运动中起着重要作用。

桌之前，我们想找到一个有效的共同方案。请相信我，我绝不会改变我代表国大党做出的声明，我不打算再说一遍。同时，我也不会收回我在联邦委员会演讲中的任何话语，我来这里是为了妥协，为了借鉴每个英国天才提供的方案，每个天才宪法学家，如萨斯特里（Sastri）先生、特吉·巴哈杜尔·萨普鲁博士、贾亚卡先生、真纳①先生、穆罕默德·萨菲（Muhammad Shafi）爵士提出的方案，还有其他大量的能够编织在一起的方案。

相互信任

我不会觉得为难。只要你们要求我来，我就会来，因为我不想再次发起文明不服从运动。我想把在德里达成的休战协定②转变为永久性安排。上天怜悯我，给了我这个已经六十二岁的虚弱老人一点点机会，给他以及他代表的组织③找了一个小角落。你们不信任那个组织，尽管你们看起来信任我。任何时候都不要把我与我代表的组织分离，在这个组织之中我就像海洋中的一滴水。我并不比我归属的组织更重要。与这个组织相比，我是无比渺小的。如果你们给我找一个位置，

---

① 穆罕默德·阿里·真纳（Mohammed Ali Jinnah，1876—1948），著名政治家，巴基斯坦国的创建者。印度与巴基斯坦分治前，担任全印穆斯林联盟主席。他早期推动穆斯林联盟与国大党合作，将印度的自治作为共同目标。但是后来，穆斯林联盟与国大党的冲突日益增加，真纳转向支持印巴分治。1947年印巴分治后，真纳出任巴基斯坦自治领首任总督。
② 这里是指1931年3月甘地与印度总督埃尔文勋爵达成的《德里协定》，这一协定规定文明不服从运动停止，以换取被捕政治犯获释。
③ 指国大党。

如果你们信任我，请你们也信任国大党。否则，你们对我的信任就是一个吹不响的芦笛。我个人没有任何权力保留国大党赋予我的东西。如果你们愿意给予国大党应得的，那么就会对恐怖主义说再见，你们将不再需要恐怖主义。今天你们不得不以你们训练有素的、有组织的恐怖主义分子与已经存在的恐怖主义分子做斗争，因为你们无视事实及灾祸将临的预兆。难道你们看不到那些恐怖主义分子用他们的血书写的预兆吗？难道你们看不到，我们要的不是小麦做成的面包，而是自由的面包？没有自由，今天会有成千上万的人发誓不让自己和平，也不让这个国家和平。①

我强烈要求你们理解那些不祥之兆。我恳请你们不要考验一个众所周知很能忍耐的民族的忍耐力。我们常说印度人温和，并且穆斯林会因与印度人一起认识善恶而变得温和。请相信我，这个问题在本次会议上也存在。我再说一次我常用印地语说的话——我没有忘记那些话——少数群体问题不解决，就没有印度的司瓦拉吉（自治），也就没有印度的自由。我了解并意识到了这个问题。我带着希望来到这里，或许我能够在这里找到一个解决办法。我们迟早会找到一个真正有效的解决少数群体问题的方案，对此我不感到绝望。我要重申我在其他地方已经讲过的话，只要外国统治期间制造的矛盾将族群与族群、阶级与阶级划分开来，各群体之间就不会有真正有效的解决方案，也不会有真正的友谊。

这样即便有一种解决方案，最多也只是一种书面上的解决方案。但是，一旦你消除那些矛盾，难道你会认为印度国民的联系、国民的

---

① 指他们会发起斗争。

情谊及其对共同起源的认同等所有这些因素毫无作用吗？

在英国还未统治印度，英国人还未出现时，印度教徒与其他信仰者是不是常常相互处于战争状态呢？我们的印度教历史学家、穆斯林历史学家的书籍与诗歌表明，那时我们生活在一种相对和平的状态中。已故的穆罕默德·阿里[①]大毛拉常常这样告诉我（而他自己本身就算是一个历史学家），"我打算撰写穆斯林统治印度的历史，表明根据英国人已经保存的档案，奥朗则布[②]并不像英国历史学家描绘得那么恶劣，莫卧儿帝国的统治也并不像英国历史书中告诉我们的那样糟糕"，等等。印度教历史学家早已经这样写了。这个历史争辩并不古老，它是与这个强烈的羞耻感同时出现的。我敢说，它是与英国人的到来同时出现的。并且，如果英国与印度成为或已经成为一种可被放弃的、能够被双方中的一方解除的自愿伙伴关系，大不列颠与印度之间不幸的、人为的、非自然的关系马上就会转变为自然的联系。这时你会发现印度教徒、穆斯林、锡克教徒、基督徒、不可接触者，所有人将会和谐地生活在一起。

今天晚上，我不打算讲太多关于王公的事情。但是，如果我不在圆桌会议上而只是单独向王公发表我的声明，这样做对他们是不公正的，对国大党也是不公正的。王公可以就加入联邦问题提出他们的条款，这对他们来说是开放的。我已经向他们呼吁，要让同样生活在印度的平民百姓生活更容易一些。因此，对于他们关切的问题，我只能提出这样一些建议。我想，如果他们接受——无论职业身份，所有印

---

① 穆罕默德·阿里（Mohamed Ali），印度著名的穆斯林宗教领袖，领导基拉法运动，得到甘地的支持。

② 奥朗则布（Aurangzeb，1618—1707），莫卧儿帝国末期统治者。

度人共同享有一些基本的权利，并且他们接受这种观点并允许这些权利得到他们所创立法院的检查；如果他们引入某些代议制度要素——仅仅是要素——代表其臣民利益，那么我就认为他们已经在安抚臣民利益上做出了很大让步。他们已经迈出了很大一步，向世界与全印度展示，他们同样被民主精神激发，不想做一个十足的独裁者，而是想成为立宪君主，甚至像大不列颠的乔治国王那样。

一个自治的边境省

愿印度得到她有权利得到的，以及能够真实拥有的东西。但无论她得到什么，无论她何时得到，今天我们都要让印度边境省得到完全的自治。这个边境省于是成为整个印度的标准示范。因此，明天国大党将全票支持这个边境省份获得省级自治。首相阁下，如果您能够促使您的内阁签署明天将送到的关于这个边境省成为全面自治省的提案，那么我在边境众多部落中就有了一个适当的立脚点。当境外势力窥视印度时，我可以召集他们相助。

感　谢

最后，我要完成一项令我愉快的任务。这可能是我最后一次与你们坐在一起协商，不是因为我想要这样。我希望能够和你们坐在同一张桌子边，与你们在房间里协商、辩论，并在进行最后总结与决断时屈膝行礼。

但是我是否有这样的荣幸继续合作并不取决于我，很大程度上取决于你们，甚至也可能由不得你们，因为它取决于如此多的无论如何你我都无法控制的情况。那么，让我完成这项令人愉快的任务——对所有人表示感谢，从国王陛下一直到我曾居住过的伦敦东区的穷人。

在伦敦东区的那个穷人小社区，我已成为他们中的一员。他们接受我成为他们中的一员，甚至成为他们家庭中受欢迎的成员，[①]那是我铭记在心的宝贵财富。在这里也是一样，我从交往过的人身上，看到了谦恭与真正的友情。我与如此多的英国人有过交往，这是我无上的荣幸。他们已经聆听了那些常常令他们不高兴的事情。虽然我常常被迫对他们讲同样的事情，但是他们从未显露出丝毫不耐烦或愤怒，我不可能忘记这些事情。无论我遭遇什么，无论这次圆桌会议结果如何，我一定会记住，无论人们地位高低，我都看到了极大的谦恭与友爱。这使我觉得这次寻找人类友谊的伦敦之旅不虚此行。

这增强并深化了我对人性不可动摇的信念，尽管英国人常被灌输各种歪曲事实的新闻谎言，即便是在兰开夏——兰开夏人可能有某些理由对我愤恨——我都没有见到愤怒与怨恨，甚至在纺织工人中也是如此。那些工人，男的女的，都拥抱我。他们把我视为他们中的一员，我永远都不会忘记。[②]

我会记住成千上万的英国人对我的友谊。当我早上从你们的大街上走过，我从他们的眼中看到了这种情谊，虽然我不认识他们。无论

① 甘地到达伦敦后，在圆桌会议召开前，曾住在伦敦东区一位女慈善家的家中。
② 甘地访问了兰开夏郡。纺织业是兰开夏的支柱产业，甘地领导的土布运动抵制英国进口布料，兰开夏的纺织工人受到很大的影响，甘地向他们致辞，并得到纺织工人的欢迎。

我的国家遭遇什么不幸，所有这些盛情与友善永远不会从我的记忆中抹去。感谢你们的宽容与忍耐。

《民族之声》，1958 年，第 74—88 页

5. "退出印度"演讲 [①]

（1942 年 8 月 8 日）

一

1942 年 8 月 8 日，甘地在孟买为印度国大党全印委员会发表演讲，提出了他的行动纲领。演讲采用的是印度斯坦语，内容如下。

在你们讨论决议之前，让我告诉你们一两件事情。我希望你们清楚地明白两件事情，并且从我向你们提供的视角来考虑它们。我之所以恳求你们从我的视角来考虑，是因为如果你们赞成，就会乐于执行我所说的一切。这将是一项巨大的责任。有人问我，我与 1920 年的甘地还是不是同一个人，或者我是否已经变了。你们问这个问题是

① "退出印度"演讲背景：二战爆发后，甘地极力反对印度卷入战争，并进行反战运动。1942 年 3 月，英国政府为了获得印度对二战的支持，提出战后成立印度联邦，由各省和土邦派代表制宪，各省各邦有权决定是否加入印度联邦。这一方案为各种印度分裂的力量大开绿灯，遭到甘地与国大党的拒绝，甘地由此提出英国人"退出印度"的强烈主张。1942 年 8 月 8 日，国大党全印委员会通过了这一主张。

对的。

不管怎样，让我赶紧向你们保证，我还是 1920 年的那个甘地。在任何基本的方面，我都没有改变。就像那时我所做的一样，我仍然赋予非暴力同样的重要性。如果真有什么改变的话，那就是我比以前更强调它了。我现在提出的解决方案与我过去的任何著述与言论都没有矛盾的地方。

并不是每个人都遇到过当前这些情况，实际上，它们很少出现在人的生命中。我想让你们知道并感受到，我今天所说的和所做的，除了纯粹的阿希姆萨①之外，别无其他。工作委员会起草的方案是建立在阿希姆萨基础之上的，将要到来的斗争同样是以阿希姆萨为基础的。因此，如果你们中有人已经对阿希姆萨失去信仰，或者已经对它厌烦，就请不要投票支持这项决议。

让我清楚地解释我的立场。神灵已经赐给我一个无价之宝，也就是作为武器的阿希姆萨。我与我的阿希姆萨今天要接受检验。在当前的危机中，如果全球都被希姆萨②的火焰烧焦并哭求解脱，那么我就没有成功运用神灵所赐的才干，神灵将不会饶恕我，而我会被裁定不配拥有这件宝物。我必须现在开始行动。当俄国与中国受到威胁的时候，③我不会犹豫，不会只是袖手旁观。

---

① 阿希姆萨（Ahimsa），源于古代梵文，是婆罗门教、佛教和耆那教等主张的宗教戒律或道德准则，包括不用语言、行为和念头去伤害别人以及一切生命。甘地赋予阿希姆萨多种含义，包括不杀生、爱、非暴力，此处取非暴力之义。
② 希姆萨（Himsa），暴力。
③ 指二战期间俄国与中国受到的侵略。

我们的斗争不是为追逐权力，而是以完全非暴力的方式为印度的独立而战。在一场暴力斗争中，一名成功的将军通常需要影响一个军事团体并建立一种独裁体制。但是在国大党的制度下，尤其是它是非暴力的，独裁制度不可能有任何空间。非暴力的自由战士并不为自己觊觎任何东西，他只是为国家的自由而战。国大党并不关心获得自由之后由谁统治。权力是属于印度人民的，由他们决定谁将被委托执政。例如，政权或许被交到帕西人（Parsis）的手中——正如我希望看到的那样，或者被交到国大党那些从未听说过名字的人手中。那时你不能反对说："这个群体太微小了，那个政党并没有在为自由而进行的斗争中尽到自己的本分，它为什么可以拥有所有的权力？"从成立到现在，国大党一直小心翼翼地远离群体私利腐败，它总是从整个民族的角度考虑问题并采取相应的行动……

　　我知道我们的阿希姆萨并不完美，并且知道我们离理想状态还有多远。但是在阿希姆萨中，没有最后的失败。因此我坚信，尽管我们存在不足，但还是能成就大事。这是因为神灵要帮助我们，为我们过去二十年中默默不懈的斗争加上成功的冠冕。

　　我相信在世界历史中，没有人比我们更真诚地、更民主地为自由而斗争。我在监狱中阅读了卡莱尔①的《论法国大革命》。并且，潘迪特·贾瓦哈拉尔②也告诉我一些关于俄国革命的事情。但是我确信，由于这些斗争是使用暴力的武器进行的，因此他们未能认识民主的理想典范。我设想的民主是通过非暴力建立的，所有人都拥有平等的

---

① 托马斯·卡莱尔（Thomas Carlyle，1795—1881），苏格兰历史学家、思想家。
② 指潘迪特·贾瓦哈拉尔·尼赫鲁（Pandit Jawaharla Nehru，1889—1964），印度独立运动领袖，甘地的忠实追随者，印度独立后的第一任总理。

自由，每个人将成为自己的主人。今天我邀请你们为之斗争的，就是这种民主。一旦你们认识到这一点，就会忘记印度教徒与穆斯林之间的区别，只会把自己视为印度人，并加入这场为独立而进行的共同斗争。

这样就出现了一个对待英国人的态度问题。我已经注意到民众之间存在对英国人的仇恨。民众说他们厌恶英国人的行为，他们没有把英帝国主义与英国人民区分开来。对于他们而言，两者是同一种东西。这种仇恨甚至使他们欢迎日本人，这是最危险的事情。它意味着用一种奴隶身份换取另一种奴隶身份。我们必须扔掉这种情感。我们的争吵不是针对英国人民，而是与他们的帝国主义做斗争。要求英国政权撤离印度的提议并不是出于愤恨，而是为了使印度能够在这个关键时期尽她的一部分责任。当同盟国（The United Nations）忙于战争的时候，印度这样一个大国却只能提供零星的钱财与物资作为帮助，这种地位并不令人愉快。只要我们还没有觉得这是我们的战争，只要我们还没有自由，就无法唤起真正的勇敢献身精神。我知道，如果我们做出足够的自我牺牲，英国政府就不会阻止我们获得自由。因此，我们必须消除自己的仇恨。就我自己而言，可以说我从来没有感觉到仇恨。事实上，我觉得自己比以前更像英国人的好朋友。其中一个原因是他们现在处于困境中。因此，我的朋友身份要求我竭力把他们从错误中拯救出来。我看到的情况是，他们已经到了悬崖的边缘。因此，我有义务警告他们所处的危险，尽管这样做可能会暂时激怒他们，认为我这样做是拒绝向他们伸出援助之手。人们也许会嘲笑我，但无论如何这是我的声明。在我不得不发起人生中最大一场斗争的时刻，我不会对任何人心怀仇恨。

二

1942 年 8 月 8 日，甘地在孟买对印度国大党全印委员会发表演讲，使用的是印度斯坦语。

祝贺你们刚通过了决议案。同样要祝贺那三位勇气可嘉的同志，他们勇敢地对决议中的一部分提出了修正意见，尽管他们知道绝大多数人喜欢这个决议案。我还要祝贺十三个投反对票抵制决议案的朋友，他们这样做也没有什么可羞耻的。在过去二十年里，我们努力学习不丧失勇气，即使我们身处无望的少数派中，并且受人嘲笑。我们已经学会坚持自己的信仰，自信我们是正确的。我们理所当然地要培养这种自信的勇气，因为它可以使人变得高贵并提升道德水平。因此，我很高兴看到，这些朋友已经采取了我过去五十多年里尽力遵从的原则。

在祝贺他们的勇气之后，我要说明他们要求这个委员会接受的修正意见，并不是对现实情况的正确反映。这些朋友本该仔细考虑大毛拉对他们提出撤回这些修改意见的要求。他们本应仔细阅读贾瓦哈拉尔①的解释。他们要是这样做，就会明白，他们现在要求国大党承认的权利早已被国大党承认。

在过去那些年里，阿里兄弟②和我在一起的时候，他们所说的、所讨论的都强调一个设想，就像印度教徒一样，穆斯林也属于印度。我可以保证，这是他们内心的信念，而不是表面之词，因为我与他们

---

① 指尼赫鲁。
② 指穆罕默德·阿里与绍卡特·阿里（Shaukat Ali）。

在一起生活了很多年，我日夜陪伴着他们。我可以大胆地说，他们所说的话是自身信念的真实表达。我知道，有人说我太容易接受事物的表面价值，就是说我很容易受骗。我并不认为自己是个笨蛋，也不像他们想得那样容易被骗。他们的批评并没有使我受伤。我宁愿被人认为是容易受骗的人，而不是欺骗别人的人。

这些共产主义朋友提出的修正意见一点也不新鲜，它曾经在成千上万的演讲台上被复述。成千上万个穆斯林告诉我，穆斯林与印度教徒的关系问题要想得到满意解决，就必须在我活着的时候解决。我也许应该为这样的说法感到荣幸。但我怎么可能同意一项未经我的理性反思的提议呢？印度教徒与穆斯林的团结并不是一个新事物，数以百万计的印度教徒与穆斯林一直在为此奋斗。我还是小孩子的时候就已经有意识地为此努力了。当我还在读书的时候，我就很重视培养与穆斯林和帕西人同学的友谊。我认为即使是年纪幼小的印度教徒，如果他们希望与其他族群和平、友善地生活在一起，也要努力地培养善邻的美德。我觉得，即使不刻意培养与印度教徒的友谊，也没有关系，但至少要与一些穆斯林做朋友。正是作为一个穆斯林商人的顾问，我才去了南非。在那里，我和许多穆斯林成了朋友，甚至包括我雇主的竞争对手，并且获得了正直、忠诚的好名声。在我的朋友与同事中，既有穆斯林也有帕西人。我深受他们喜爱，在我最后离开南非回印度时，他们很伤心并在分别的时候流下了伤心的泪水。

在印度也一样，我继续努力并坚定不移地争取穆斯林与印度教徒的团结。正是我对它的毕生渴望，使我在基拉法运动中给予穆斯林全力支持。全国的穆斯林都将我作为他们真诚的朋友。

那么，为什么现在我被认为如此邪恶与可憎呢？难道我在支持基拉法运动的过程中别有用心吗？确实，我在内心深处有一个希望，认为这将使我有能力保护牛。[①] 我认为，牛与我自己都是同一神明的造物，我愿意牺牲自己的生命来拯救它们。但是无论我的生命哲学与最终希望是什么，我都没有带着讨价还价的心态参加那场运动。我在保护基拉法的运动中进行合作，是为了履行我对陷入困境的邻居[②]的义务。如果阿里兄弟今天还活着，会证明我这个声明是真实的。同样也有很多人可以证明，我这样做并不是为我方[③]讨价还价而保护牛。牛和基拉法一样，有着各自的意义。作为一个诚实的人、一个真正的邻居，以及一个忠诚的朋友，我有义务在穆斯林处于磨难的时刻支持他们。

在那些日子里，某些印度教徒对我与穆斯林一起吃饭感到震惊，尽管随着时间的流逝，他们现在已经对此习以为常。然而巴里（Bari）大毛拉告诉我，尽管他始终待我如宾客，但不会让我与他一块吃饭，以免有一天他被指责说用意险恶。因此无论我什么时候与他在一起，他都会请一个婆罗门[④]厨子特地为我单独做饭。他的住处——菲兰吉·马哈尔（Firangi Mahal）是一个房间有限的老式建筑。然而当我不得不在他家留宿时，他总是快乐地忍受所有不便并解决这些难题。正是这种慷慨、自重、高贵的精神在那段日子里鼓舞着我们。每个群体成员争着抢着招待其他姊妹群体的成员。他们彼此尊重对方

---

① 印度教认为牛是神圣的动物，因此甘地主张支持基拉法运动过程中，有印度教徒提出要求穆斯林停止屠杀牛，甘地认为不应当把支持基拉法运动作为保护牛而讨价还价的条件。

② 指穆斯林。

③ 指印度教徒。

④ 婆罗门，印度教四大种姓之首，主要是指学者、宗教僧侣。

的宗教情感，认为这样做是一种荣誉。任何人的心里都没有藏着猜忌。所有这些自重、高贵的精神今天都去哪里了呢？我恳求所有穆斯林，包括"伟大的领袖[①]"——真纳，回忆那些光荣岁月，并找出是什么把我们带入了现在这种僵局。真纳本人就曾经是一名国大党成员，如果今天国大党招致他愤怒的话，那是因为猜忌已经占据他的内心。但愿他长寿，在我去世之后，他就会明白并承认，我没有对穆斯林图谋不轨，也没有出卖他们的利益。如果我损害了他们的事业或出卖了他们的利益，我能往哪里逃呢？我的生命完全在他们的控制中。只要他们愿意，随时可以自由地结束我的生命。过去发生过许多次针对我的袭击，但是直到现在我还免遭于难，而攻击者也已经为其行为感到后悔。但是如果有人向我开枪，并认为他是在除掉一个坏蛋，那么他没有杀死真实的甘地，而只是一个他认为是坏蛋的人。

对于那些已经投身于这样一场辱骂与诬蔑战斗中的人，我想说："伊斯兰教命令你们不要辱骂，即便是对一个敌人。先知[②]甚至以友善对待他的敌人，并且竭力通过正直与宽厚争取他们。你是跟从这样的伊斯兰教，还是跟从其他伊斯兰教？如果你是这种真正伊斯兰教的跟从者，难道你不应该相信一个公开宣告其信仰的人说的话吗？我敢保证，你们不信任并杀害了一位真正的、忠实的朋友，总有一天你们会因这个事实而后悔。"使我深受伤害的事情是，我明白，我越是呼吁，大毛拉[③]越是恳求，这场诬蔑的战斗就越发猛烈。对于我来说，

①　指真纳，巴基斯坦人民称他为 Quaid-i-Azam，即"伟大的领袖"，尊其为国父。

②　此指穆罕默德。

③　此处以及以下几处"大毛拉"都是指阿扎德（Azad，1888—1958）大毛拉，他是著名的伊斯兰教学者，甘地的忠诚支持者，"退出印度"运动期间担任国大党主席。

这些辱骂就像子弹，它们可以把我杀死，就像子弹能够结束我的生命一样。你们可以来杀我，这并不会伤害我。为了伊斯兰教的名誉，我呼吁你们抵制这场经久不息的辱骂与诬蔑之战。

大毛拉先生正在成为一个辱骂对象。为什么？因为他拒绝对我施加友谊的压力。他认识到，强迫一个朋友把他知道的谬误当作真理接受，是对友谊的滥用。

对于"伟大的领袖"，我会说："不管对巴基斯坦的权利诉求如何正确、有效，它已经在你们手中。其错误的及站不住脚的地方在于，它不是任何人的礼物，以至于它可以转让给你们。即使有人成功地把谬误强加给他人，他也无法长期享受这种强迫带来的成果。神灵不喜欢傲慢，因此远离它。神灵不会容忍以强力迫使他人接受的谬误。"

"伟大的领袖"说他被强迫说一些难堪的话，但他还是忍不住要表达他的思想与感情。同样，我会说："我把自己视为穆斯林的朋友，那么，我为什么不表达我心里最想说的话，甚至以令他们不高兴为代价？我怎么能够对他们隐瞒我内心深处的想法呢？我应该为'伟大的领袖'能坦率表达自己的想法与感情而感到高兴，虽然这些表达让他的听众难堪。但即便如此，如果坐在这里的穆斯林与真纳的看法不一致，为什么他们要受到指责？ [1] 如果数以百万计的穆斯林支持你，你难道不能忽视少数几个被误导的穆斯林吗？一个有数百万追随者的人为什么要害怕一个占多数的群体 [2]，或者害怕少数群体被多数群体吞

---

[1] 1940 年 3 月，穆斯林联盟在真纳的主持下召开会议通过《拉合尔决议》，提出伊斯兰教徒聚居的省份脱离印度，建立巴基斯坦国，真纳在演讲中还批评国大党以及主张大印度的穆斯林。

[2] 指印度教徒。

灭？先知是如何在阿拉伯与伊斯兰世界中工作的呢？他是如何宣传伊斯兰教的呢？他有没有说过，只有当他能够命令大多数人的时候，才传讲伊斯兰教义呢？我恳请你们因伊斯兰教而认真思考我所说的话。要求国大党必须接受一种它不相信的东西，甚至与其珍视的原则相悖的东西，是不公平的，也是不正义的。"

拉加吉说："我不赞同建立'巴基斯坦国'。但是穆斯林追求它，真纳先生追求它，并且它已经成为他们痴迷的东西。现在为什么不对他们说'同意'呢？真纳先生不久也会意识到'巴基斯坦国'的不利之处，并放弃这个要求。"我说："让我把一个我认为不正确的东西当作正确的东西接受，还要求其他人这样做，并且让他们相信这个要求不会被压制，时间一到它最终会实现，这样是不公平的。如果我认为这个要求是正义的，就会在恰当的时间承认它。我不会仅因安抚真纳先生而认同它。许多朋友劝我赞同它，暂时安抚一下真纳先生，缓解他的疑虑，并看看他做何反应。但是我不能参与这样一种虚假承诺的行动，无论如何，这不是我的方式。"

国大党并没有施行制裁，而只是以道德方式推行其决定。它相信真正的民主只能通过非暴力实现。一个世界联邦结构的设想，只有在非暴力的基础上才能建立。在国际事务中，暴力将不得不被彻底清除。如果这是真实的情况，印度教徒与穆斯林问题的解决同样不能诉诸暴力。如果印度教徒对穆斯林实施暴政，那么他们还有什么脸面谈论一个世界联邦？正是基于同样的理由，我绝不相信存在通过暴力建立世界和平的可能性，就像英美政治家主张的那样。国大党已经同意把所有的分歧提交给一个公正的国际法院，并且执行它的判决。如果连这种最公平的提议都无法接受，那唯一的选择就是诉诸刀剑与暴力。我怎么能说服自己同意一件没有可能性的事情呢？肢解一个活生生的生物就等于要它的命，它是一个战争信号。国大党不能做这种同室操戈的事情。那些信仰刀剑原则的印度教徒，例如穆恩泽（Moonje）博士和萨瓦卡①先生，可能企图将穆斯林置于印度教徒的统治之下。我并不代表那部分人，我代表国大党。你们想杀死国大党这只能下金蛋的鹅。如果你们不信任国大党，无疑将掀起一场印度教徒与穆斯林之间的永恒战争，而这个国家也将注定战火与流血不断。如果这样的战争成为我们的宿命，我宁愿死去。

正因如此，我对真纳先生说："你可以从我这里拿走你为巴基斯坦要求的任何东西，只要是公平正义的；但任何你要求的东西，只要是与公平正义相悖的，就只能通过刀剑来拿，除此之外别无选择。"

我的心里有很多话想要在这次大会上倾诉。心里最重要的一件事情我已经进行了处理，对于我来说这是一件生死攸关的事情，你们要替我分忧。如果我们印度教徒与穆斯林打算实现真诚团结，双方都没有一点点精神上的保留，那么我们必须首先团结一致解除这个帝国的枷锁。如果巴基斯坦最终还是印度的一部分，那对于穆斯林来说，还有什么理由反对参加这场为争取印度自由的斗争呢？因此，印度教徒与穆斯林必须首先在争取自由这个议题上团结起来。真纳先生担心战争会持续很久，我不同意他的观点。

因此，如果可能的话，我想现在就要自由，就在今晚，在黎明之前。现在，自由已等不及群体团结的实现。如果这种团结未能实现，

---

① 维纳亚克·达摩达尔·萨瓦卡（Vinayak Damodar Savarka，1883—1966），印度民族主义运动领导者，印度教极端主义者，主张暴力推翻英国殖民统治，对甘地的非暴力主张多有批评。

国大党需要做出更大的牺牲。但是国大党必须赢得自由，否则就会在斗争中被摧毁。并且不要忘记，国大党正在努力争取的并不仅仅是他们的自由，而是四亿印度人民的自由。国大党必须永远谦卑地为人民服务。

"伟大的领袖"说过，穆斯林联盟准备从英国人手里接管政权，如果英国人愿意转交的话。毕竟，英国人正是从穆斯林的手中接管了印度。然而，这将是穆斯林的统治。大毛拉先生和我的意图并不是要实现穆斯林的统治，或者穆斯林的支配。国大党并不相信任何群体或共同体的支配。它相信民主，把穆斯林、印度教徒、基督徒、帕西人、犹太人——每个生活在这个大国中的群体成员——纳入它的轨道。如果穆斯林统治是不可避免的，那就任由它吧。但是我们怎么可能给它盖上我们同意的印章呢？我们怎么能够赞同一个群体对其他群体的支配呢？

这个国家有无数穆斯林来自印度教血统，印度怎么不能成为他们的祖国呢？我的大儿子几年前信奉伊斯兰教，那他的祖国应该是哪一个呢？博尔本德尔还是旁遮普？我问穆斯林："如果印度不是你们的祖国，那么你们属于哪个国家呢？你们想把我那个信奉伊斯兰教的儿子划分为哪个国家呢？"在他改变信仰后，他的母亲给他写了一封信，如果他已经信奉伊斯兰教的话，就必须改掉酗酒的毛病，因为这是伊斯兰教禁止信徒做的事情。针对那些因我儿子转变信仰而幸灾乐祸的人，她在信中写道："与他成为一个穆斯林相比，我更在意他的酗酒。作为虔诚的穆斯林，你们会容忍他在皈依之后还酗酒吗？他自己已经堕落到一个酒鬼的地步。如果你们打算让他重新做人，他的信仰改变反而成了一件好事。因此，你们将很高兴地看到，他作为一个穆斯林发誓远离酒与女人。如果他没有改变，那他信仰的改变就是虚假的，而我们与他的不合作也将继续。"

印度毫无疑问是所有居住在这个国家的穆斯林的祖国。因此，每个穆斯林都应当互相合作，为印度的自由而战。国大党并不属于任何阶级或群体，它属于整个民族。穆斯林也可以管理国大党，如果他们愿意，可以通过他们的人数优势占据整个国大党，并领导它完成赋予他们的事业。国大党并不是代表印度教徒，而是代表整个民族在战斗，包括少数群体。在即将到来的革命中，国大党成员要同时保护穆斯林和印度教徒。这是他们宗教信条中的一部分，也是非暴力的核心之一。你们在遇到这种情况时不要失去理智。每一个国大党人，无论是印度教徒还是穆斯林，都对其归属的组织负有这样的责任。那些愿意以这种方式行动的穆斯林，也是在为伊斯兰教服务。在即将到来的全国范围的最后斗争中，互相信任是成功的关键。

我已经说过，由于穆斯林联盟与英国人的反对，我们的斗争将不得不出现更大的牺牲。你们已经看到弗雷德里克·帕克尔（Frederick Puckle）爵士发布的秘密文件。他做出的是一种自杀式的选择。他公开鼓动那些像蘑菇一样突然出现的组织联合起来对抗国大党，我们因此必须面对一个诡计多端的帝国。我们的道路是笔直的，甚至可以闭上眼睛大步往前走。这就是萨提亚格拉哈的魅力所在。

萨提亚格拉哈中没有欺诈与虚假或其他各种不诚实行为的空间。欺骗与不诚实正在威胁着这个世界，我不能袖手旁观。我已经遍游印度，这也许是这个年纪的人无法做到的。无数老百姓把我看作他们的朋友与代表，而我也尽个人所能尽的力量融入他们之中。我在他们眼中看到了信任，现在我想运用他们的信任与这个支持不诚实与暴力的帝国斗争。无论帝国所做的准备工作如何巨大，我们都必须从它的魔爪中解脱出来。在这个至关重要的时刻，我怎么能够保持沉默不露锋芒？难道要我让日本人暂停一会儿吗？如果今天我静坐而不采取行动，就会被指责没有用尽全力，我已被置于这个大灾难围绕的世界之中。如果情况不是这样，我早已要求你们再等待一阵子。但现在的情况已经变得难以忍受，国大党已没有其他选择。

不过，真正的斗争现在还没有开始。你们只是把所有的权力放到了我的手中。我现在要等候总督，请求他接受国大党的诉求。这个过程可能需要两三个星期的时间。在这期间你们要做什么呢？有什么安排可以让所有人都能参与呢？正如你们知道的，手纺车是我第一个想到的事情。我对大毛拉也是这样回答的。他一架手纺车也没有，尽管他不久就明白了它的重要性。当然，十四条建设纲领由你们来执行。我会告诉你们，你们还应该做些什么。你们每个人都应该从此时此刻开始，把自己看作一个自由的男人或女人，并且像你们是自由的、不再受帝国主义压迫的那样去行动。

我建议你们做的事情并不是装模作样。它是自由的真正本质。一旦奴隶把自己视为自由人，他身上的枷锁就会突然断裂。他会坦白告诉他的主人："刚才我还是你的奴隶，但现在我不再是一个奴隶。如果你愿意，可以杀了我。但是，如果你让我活着，那么我想告诉你，要是你主动地免除我的奴役，我就不会从你这里要求更多的东西。你过去给我吃给我穿，尽管我本可以靠自己的劳动获取衣食。至今为止，我是依靠你来获取食物与衣服。但是现在有一种强烈的愿望来鼓舞我追求自由，并且今天我是一个自由人了，不再依附于你。"

我向你们保证，我将不会与总督就政府部门及相关问题讨价还价。除了彻底的自由之外，我不会对任何东西感到满意。或许，他会提出废除盐税、禁酒令等等。但是我会说："自由胜过一切。"

我赠给你们一句短的箴言，你们要把它记在心上，并通过每次呼吸把它表达出来。它就是"要么行动，要么死亡"（Do or Die）。我们要么解放印度，要么在努力中死亡。我们绝不该活着眼见我们的奴隶身份永远存在下去。每一个真正的国大党人，都将心怀绝不活着看国家被束缚与被奴役的坚定决心，加入这场斗争。你们要把它当作你们的誓言。不要害怕监狱。如果政府让我保持自由的话，我将使你们免遭入狱的麻烦。当政府陷入困境的时候，我也不会给政府增加管理大量囚犯的紧张压力。愿今后每人在生命的每一刻都意识到，自己是为争取自由而吃饭、生活，并且愿意为实现这个目标而死亡——如果有必要的话。你们要向神灵发誓并以你们的良心为证，你们要奋斗，直至实现自由，并做好为实现自由而牺牲生命的准备。失去生命的将会获得自由，试图保命的将会失去自由。自由不属于懦夫与胆小鬼！

我要对记者说句话。我为你们至今对民族诉求的支持表示感谢。我知道你们不得不在各种限制与障碍中工作，但是我现在请你们砸断那些捆绑你们的锁链。对于报社来说，领导并树立一个为自由而不顾生命的榜样，是一份令人骄傲的荣誉。你们拥有政府无法镇压的笔。我知道你们有印刷机等形式的大量财物，并且你们担心政府扣押它们。我并不要求你们主动找政府扣押你们的印刷机。对我来说，我不会压制我的笔，即便印刷机被查处。你们也知道我的印刷机过去被查处并很快被归还了。然而，我并不要求你们做那种最后的牺牲，我建议选取一条中间道路。你们现在可以撤销你们的常务委员会，并宣布在当前这种新闻限制下放弃写作，等到印度获得自由之后再重新拿起笔。你们可以告诉弗雷德里克·帕克尔爵士，他不可能从你们这里得到御前演出，他的舆论短评充满了虚假，你们拒绝出版它们。你们可以公开宣布将全心全意与国大党站在一起。如果你们这样做，就会在战斗正式开始前改变舆论氛围。

对于王公贵族，我怀着应有的敬意要求他们一件非常小的事情。我是一个对王公贵族怀有良好祝愿的人。我在一个邦国出生，我的祖父拒绝用右手向别的王公致敬，除了他自己的王公外。但是他没有告诉他的王公，我觉得他本应该说出来——即使是他自己的主人，也不能强迫他——作为他的大臣，违背其良心而行动。我吃过王室的盐[①]，我不能隐瞒这一点。作为一名忠实的仆人，我有义务提醒王公贵族，如果他们愿意行动而我还活着的话，王公就会在自由印度具有一个高贵的地位。在贾瓦哈拉尔[②]的自由印度方案中，特权或特权阶层没有任何地位。贾瓦哈拉尔把所有财富视为国家所有。他想要计划经济，想根据计划改造印度。他喜欢飞跃前进，我不想这样。在我设想的印度中，保留了王公与柴明达尔[③]。我要求王公放弃权力而完全谦卑地享受生活。王公应放弃他们的财产所有权，并且成为它们真实意义上的受托者。王公会对他们的人民说："你们是国家的所有者与主人，我们是你们的仆人。"我将要求王公成为人民的仆人，并且通过他们自己的服务获取回报。英帝国也同样赋予王公一些权力，但他们宁愿拥有自己的人民赋予的权力。如果他们想沉湎于一些无害的快乐，就

---

① 甘地的祖父及父亲都曾担任印度某土邦的官员，效忠于该土邦王公。甘地小的时候，其父亲在王府法庭担任法官。

② 指尼赫鲁，尼赫鲁对社会主义持有好感。

③ 柴明达尔（Zamindars），印度地主。

可以以人民仆人的身份去做。我并不希望王公们生活得像乞丐，但是我会问他们："你们想永远做奴隶吗？你们为什么愿意臣服于外国力量，而不愿意接受自己人民的主权？"你们可以给政治部门[①]写信说："人民现在已经觉醒。我们怎样抵挡这次连庞大帝国都会被压碎的雪崩呢？因此，从今以后我们将归属人民。无论结局如何，我们都要和他们在一起。"相信我，我建议的事情没有一样是违背宪法的。就我所知的情况而言，没有条约赋予帝国权力对王公进行胁迫。各邦人民同样要声明，尽管他们是王公的臣民，但他们是印度民族的一个组成部分，并且如果王公把他们的命运交付人民的话，人民会接受王公的领导。如果这个声明激怒了王公，他们选择杀害民众的话，民众就要勇敢地、不妥协地面对死亡，但绝不要收回自己的话。

任何事情都不要秘密行动。这是一次公开的反叛。在这场斗争中，掩藏是一种罪过。一个自由的人不会参与秘密行动。当你们获得自由的时候，将可能拥有一个自己的刑事调查部门，尽管我的建议刚好相反。但在当前的斗争中，我们必须公开行动并用自己的胸膛迎接子弹，绝不后退一步。

我同样有一句话要对政府职员讲。他们或许不想辞掉工作。已故的兰纳德法官[②]并没有辞去他的职务，但是他公开宣布他属于国大党。他告诉政府，他虽然是一名法官，但他是一名国大党人并将公开地参加国大党的会议。与此同时，他不会让他的政治观点在法庭上扭曲他

---

① 政治部门，英皇室负责主管王公邦国的部门。
② 可能是指马哈迪夫·戈温德·兰纳德（Mahadev Govind Ranade，1842—1901），法官，印度杰出的社会改革家、学者，国大党的奠基成员之一，在孟买、浦那担任法官，最后在高级法院担任法官，对甘地等印度民族主义者影响很大。

的司法公正。他正是在国大党帮助下组织了社会改革会议。我要求所有的政府官员跟随兰纳德的脚步，宣布他们忠诚于国大党，作为对弗雷德里克·帕克尔爵士下达的秘密文件的回应。

这就是我此时此刻要你们做的事情。我现在要给总督写信，你们将来会看到这封信，但不是现在，而是在我把它与总督的回信一起出版之后。你们可以自由地宣称赞同我在信中提出的要求。一名法官来找我说："我们接到了高层的秘密文件，我们应该怎么办？"我回答说："如果我处于你的位置，就会无视那份文件。你可以公开对政府说：'我收到了你的秘密文件。然而，我支持国大党。尽管我为了生计而为政府工作，但我不会遵守这些秘密文件或者使用阴险的手段。'"

士兵也包含在当前计划之内。我并不要求他们现在辞职并离开军队。有士兵来找我、贾瓦哈拉尔和大毛拉，说："我们完全站在你们这一边。我们已经受够了政府的独裁。"对这些士兵，我要说，你们可以跟政府讲："我们的心是与国大党在一起的。我们不会辞职，只要我们领军饷，就要为你们服务。我们会听从你们那些正义的命令，但拒绝向我们的人民开枪。"

对于那些没有勇气做这些事情的人，我无话可说。他们可以走他们的路。但如果你们能够做这些事情，我向你们保证整个局势都会震动。如果政府愿意的话，就让它大量地向我们投掷炸弹吧。但是，这个世界上再也没有任何力量能够奴役你们。

如果学生想加入斗争并过一段时间就回学校学习，那么我将不邀请他们加入。然而，就目前而言，在我安排好一个斗争计划之前，我会要求学生告诉他们的教授："我们属于国大党，你是属于国大党还是政府？如果你属于国大党，就不需要辞职，你可以留在岗位上，教导并领导我们，直到获得自由。"在全世界所有争取自由的斗争中，学生都做出了巨大的贡献。

在斗争正式开始前的间隙，如果你们能够做哪怕一点点我建议你们做的事情，就会改变这个局势，并为下一步行动奠定基础。

我还有很多事情要说，但我的内心很沉重。我已经占用了你们大量的时间，甚至还没有用英语讲过几句话。我感谢你们的耐心与专注，甚至这么晚还在听我讲话。这是真正的士兵要做的事情。在过去的二十二年里，我一直克制我的演讲与文笔，并积蓄精力。一个真正的禁欲主义者不会消耗他的精力。

因此，他总是要克制自己的言谈。那正是我这些年努力做的事情。但是今天时机已经成熟，我不得不在你们面前吐露心声。我已经这样做了，即使这意味着对你们耐心的考验，我也不后悔这样做。我已经跟你们讲了我要传达的信息，并且已经通过你们把它传遍整个印度。

三

下面是1942年8月8日甘地在孟买用英语向印度国大党全印委员会发表的演讲的总结部分。

我已经花了太长的时间，向那些我有幸为之效劳的人倾诉使我激动不已的想法。我已经被任命为他们的领袖，或者用军事语言来说，他们的指挥官。但我不是以这样的方式看待我的位置。我没有武器，只能用爱建立我对每个人的权威。我确实常常手持一根棍子，但你不需要花很大力气就能把它折成许多截，它只不过是我借以行走的工具。这样一个瘸腿者被提名担当最重大的责任，他是不会得意扬扬的。只有你们不把我当作你们的指挥官而是仆人，才会分担我的重任。服务最好的那个人才是群众中的领袖。

因此，我一定要与你们分享这些在我心中翻涌的思想，并以一种尽可能简要的方式告诉你们，我希望你们第一步要做的事情。

一开始我就要告诉你们，真正的战斗今天还没有开始。我还有许多礼节性事务要做，正如我常常做的那样。我承认这个责任将会沉重得难以承担。我必须继续考虑，人际关系圈子中哪些人对我失去了信任，哪些人是我不再信任的。我知道在过去几个星期中，我已经在很多朋友中丧失信誉。问题严重到如此程度，以至于他们不仅怀疑我的智慧，而且怀疑我的诚实。现在，我认为我的智慧并不是什么宝贵的无法失去的东西，但我的诚实对我来说是一笔宝贵的财富，我不能失去。然而，我看起来已经暂时失去了它。

帝国的朋友

以上这些事情常常发生在那些单纯追求真理的人身上，也会发生在那些无畏与诚实地为人类和国家竭力服务的人生命之中。在过去的五十年里，我已经明白没有其他的方法。我一直是一个谦卑地为人类服务的人，并且我为英帝国提供过不止一次这样的服务。在这里，我可以毫无顾忌地说，在我一生的工作中，我从未要求过个人的名声。

我享受友谊带来的荣幸，就像我今天享受与林利思戈①爵士的友谊一样。这是一种超越官方联系的友谊。林利思戈爵士是否承认，我不知道，但是他与我之间确实存在着个人联系。他有一次还向他的女儿介绍我，她是一个很听话、讨人喜欢的女孩。他的女婿，即他的副官，也与我接触过。他爱马哈迪夫②远超过我和安娜女士，但他还是来找我。我一直很关心他们家的生活情况。我在这里随意地讲一些个人的往事片段，只是为了向你们证明我们之间的个人联系。然而我要在此声明，这种私人联系绝不会妨碍我与作为英帝国代表的林利思戈爵士进行不屈不挠的斗争，如果这是我命中注定的话。我将不得不以数百万民众的力量，以及以非暴力为指导的所有策略，来抵抗帝国的力量。对于我来说，与这位相交甚笃的总督进行对抗，无疑是一件很困难的事情。他多次相信我说的关于印度人民的话。我很喜欢反复讲述这段经历，因为这表明他对我的信任。我总是带着极大的骄傲与愉快谈起这件事。我提及它是为了证明当那个帝国失去对我的信任时，我仍希望能够对它诚实，而那位英国总督也知道这一点。

查理·安德鲁斯③

此外，关于查理·安德鲁斯的美好回忆也涌现在我心里。此时此刻，安德鲁斯的精神激励着我。他为我总结了英国文化最光辉的传

---

① 林利思戈（Linlithgow，1887—1952），1936—1943 年任印度总督。

② 马哈迪夫·德赛（Mahadev Desai），甘地的私人秘书。

③ 查理·安德鲁斯（Charlie Andrews），英国牧师，曾经在南非参与甘地的凤凰村生活实践。

统。我喜欢与他交往胜过与大多数印度人的交往。我欣赏他的自信。我们之间没有秘密，每天都彼此交心。无论他心里想什么，都会毫不犹豫或毫无保留地说出来。确实，他是古鲁德夫①的一个朋友，但是他总以敬畏之心看待古鲁德夫。他有着特殊的谦卑品格，我和他成了最亲密的朋友。很多年以前，他带着戈克利（Gokhale）的一封介绍函来找我。他和皮尔森是英国上等阶层的典范。

接着，我收到一封来自加尔各答市的热情洋溢的祝贺信。我把他视为忠诚于神灵的人，但他现在反对我。

良心的声音

在所有这些背景之下，我想向全世界宣告，尽管我可能已经失去西方世界许多朋友的尊重，并且我也必须低下头，但即便如此，我也不能为了他们的爱和友谊，而压制我内在本性激发出的良心之声。在我心里有些东西迫使我喊出自己的痛苦。我明白人性。我学过一些心理学，我知道那东西是什么。我不介意你如何描述它。我内心的声音告诉我："你必须与整个世界对抗，即便你可能不得不孤军奋战。你必须勇敢地面对整个世界，即便这个世界会用它血红的眼睛盯着你。不要怕。相信那个存在于你内心的微弱声音，它说：'即便抛弃朋友、妻子甚至所有，也要证明你为之生为之死的东西。'"相信我，朋友们，我并不着急去死，我想活满寿限。对于我来说，我认为我的寿限是一百二十年。到那时，印度将会自由，世界将会自由。

---

① 古鲁德夫，即拉宾德拉纳特·泰戈尔（Ravindralath Tagore，1861—1941），印度著名诗人，诺贝尔文学奖获得者，甘地有时也称他"诗人"。

真正的自由

我也告诉你们，我并不认为英国，或就该问题而言的美国，是自由的国家。他们自由地追逐自己的潮流，自由地奴役世界上不同的种族。今天的英国和美国是否在为这些种族的自由而斗争呢？如果没有，那就别要求我等到战争结束以后。你不能限制我的自由观念。英国与美国的老师、他们的历史、他们的伟大诗歌，并没有说不能拓宽对自由的阐释。而根据我对自由的阐释，我不得不说他们对那种自由是陌生的，尽管他们的老师与诗歌已经描述过。如果他们想了解真正的自由，那么应该来印度。他们不应带着骄傲或自大而来，而应带着真正热心追求真理的精神而来。这是印度过去二十二年一直经历着的基本事实。

国大党与非暴力

从国大党成立之日起，它就不知不觉地在"非暴力"这个被认为是宪政方法的基础上逐步建立了起来。掌握着印度国大党的达达拜①和费罗泽夏（Pherozeshah）变成了造反者。他们都热爱国大党，他们是它的主人。但他们首先是真正的仆人。他们从不支持暗杀、秘密行事诸如此类。我承认在我们国大党人中间有许多害群之马。但是我

---

① 达达拜，即达达拜·瑙罗吉（Dadabhai Naoroji，1825—1917），印度棉花贸易商人，民族主义者，民族解放运动早期活动家，国大党的奠基人之一。曾多次担任国大党主席，并于1892年在英国代表自由党参加议会竞选并获胜，成为英国历史上第一位印度籍下议院议员。

相信今天整个印度将一起投入一场非暴力的斗争。我相信是因为我天生信赖人内心良善的天性，它认识真理并会在危急时刻占上风，就像人的本能一样。但是即便我在这一点上被欺骗，也不会改变，不会退缩。国大党从一开始就已经将其政策建立在和平的手段上，包括司瓦拉吉及后来逐渐增加的非暴力运动。当达达拜走进英国国会时，萨尔兹伯里①讽刺他像个黑人，但英国人民击败了萨尔兹伯里，将达达拜选入了国会，印度陷入疯狂的快乐之中。然而，印度已经不再有这些事情了。

我将继续前进

正是以这些事情为背景，我希望英国人及整个同盟国扪心自问，印度要求独立到底犯了什么罪？我要问，你们这样不信任有着这样背景、传统及半个世纪卓著成就的组织②，使用你们能够控制的所有手段，在全世界面前歪曲它的目的，这是正当的吗？你们通过欺骗与诱惑，加上外国媒体，加上美国总统，来嘲讽印度的斗争，这是正当的吗？全世界都齐声反对，并义愤填膺地抗议我们。他们说我们是错的，行动也是不合时宜的。我以前非常敬佩英国的外交活动，它使这个帝国能够维持这么久。现在，在我看来它散发着臭味，其他人却学习这种外交术，并把它付诸实践。通过这些方法，他们或许可以成功地使世界舆论暂时站在他们这一边，但印度必须说出与世界舆论相反

---

① 萨尔兹伯里（Salisbury，1830—1903），曾担任英国首相。
② 指国大党。

的观点。①她会发出她的声音来抵抗所有组织化的宣传，我会发表演讲来反对它。即便所有的同盟国成员反对我，甚至所有的印度人抛弃我，我也会说："你们错了。印度将采用非暴力从不情愿放弃的手中夺回她的自由。"我会继续前进，但不只是为了印度，而是为了整个世界。即便在获得自由之前我已死去，非暴力也不会结束。如果其他国家反对非暴力的印度获取自由，他们将受到致命打击。这种自由是印度屈膝恳求归还已久的债务。哪个债权人这样去找债务人要债呢？即便印度遇到这样愤怒的反对，她也会说："我们不会用下三滥的手段，我们已经学会绅士风度，保证不使用暴力。"我是国大党"不让人难堪"政策的创造者，直到今天你会发现我还在讲这个原则。我认为它与我们的尊严是一致的。如果一个人抓住我的脖子，想把我淹死，难道我不应该马上为解救自己而抗争吗？今天我们的立场并没有什么自相矛盾的地方。

向同盟国呼吁

今天也有国外媒体的代表在场。我想通过他们告诉全世界，同盟国时不时说它们需要印度，现在它们有机会宣布印度自由并展示它们的诚意。如果它们错过这次时机，将失去它们一生的机会，并且历史会记录，它们因没有及时履行对印度的义务而战败。我想要整个世界的祝福，这样我才能与它们成功地交往。我并不认为同盟国会突破它们的局限性，也并不奢望它们今天就接受非暴力与裁军。法西斯主

---

① 二战期间，甘地的"退出印度"运动受到了国际舆论的普遍批评。

义和我正在斗争的帝国主义之间存在根本的差别。英国人是否从印度得到他们所有想要的呢？他们今天得到的是一个被束缚的印度。想想看，如果印度作为一个自由的同盟国成员加入战斗会有什么区别吧。这种自由，如果要来的话，必须今天到来。如果今天你们有权力帮助我们却不付诸实践，那么你们连尝试的机会都没有了。如果你们能够使用权力帮助我们，那么随着自由度的增大，今天看似不可能的东西，明天将变为可能。什么可以使我们挽救这种状况呢？我应去哪里，我应该带领印度的四亿人民去哪里？若不是她已经触摸或感受到自由，这个巨大的群体怎么可能热烈地投入世界解放的事业中呢？如今他们再也无法感受到自由，他们的自由之神已经被窒息。如果我们想让他们的眼睛重放光芒，自由必须今天到来。

要么行动，要么死亡

我已经对国大党发誓，国大党要么行动，要么死亡。

《我的非暴力》，1960 年，第 183—205 页

6. 在亚洲关系会议上的演讲

(1947 年 4 月 2 日)

亚洲关系会议①闭幕式在 1947 年 4 月 2 日举行, 标志着过去十天紧张活动进程的结束。当奈杜夫人向大会介绍甘地为"这个时代最伟大的亚洲人之一"时, 超过两万名来宾、各国代表、观察员给予了热烈的掌声。甘地在印度尼西亚总理夏赫里尔 (Sjahriar) 博士之后发表了以下演讲。

我不得不使用外语来演讲, 然而我觉得我并不需要为此向你们道歉。我不知道这个扬声器能否把我的声音传递至最远的听众。

我刚才告诉你们我不想道歉, 但我不得不这样做。你们听不懂地方语言, 也就是我的母语 (古吉拉特语), 我不想讲我的母语而使你们难受。我们的国语是印度斯坦语。我知道, 它要成为用于国际交流的语言还要很长一段时间。对于国际商务来说, 毫无疑问, 英语占

---

① 亚洲关系会议, 1947 年 3 月至 4 月在印度新德里举行, 由印度总理贾瓦哈拉尔·尼赫鲁主持。本次会议的目的是"把亚洲的男性和女性领导人聚集在同一个平台, 共同探讨亚洲人民共同关心的问题, 聚焦不同亚洲国家的社会、经济和文化问题, 并促进相互接触和了解"。

据第一地位。我以前听说法语是外交语言。我年轻的时候就有人告诉我，如果我想从欧洲的一端走到另一端，就必须学会法语。我尽力学法语，这样才能被人理解。在英语与法语之间存在一种竞争关系。由于我接受的是英语教育，我很自然地求助于它。

我一直在犹豫，对你们讲什么好。我想整理一下我的想法，然而，坦白跟你们讲，我没有时间。但我昨天已经答应尽量讲几句。当我与巴德沙阿·汗（Badshah Khan）一起过来的时候，我跟他要了几页纸和一支铅笔。我拿到了一支钢笔，而不是铅笔。我试图随便写一些话。很遗憾，我没有把那张纸带在身边，但是我记得我要说的东西。

朋友们，你们并没有见过真正的印度，你们不可能在印度中部举行的会议上见到真正的印度。德里、孟买、马德拉斯、加尔各答——所有这些都是大城市，因此深受西方的影响。

这让我想起一个故事。它是用法语写的，是一位英裔法国哲学家帮我翻译的。他是一个无私的人。他之前并没有见过我，但他对我很友善，因为他总是站在少数群体一边。那时我并不在自己的国家，不仅身处一个无助的少数群体，而且身处一个受歧视的少数群体，我这样说也许要恳求在南非的欧洲人原谅。我当时是一个苦力律师。那个时候并没有什么苦力医生、苦力律师。我是这一行的第一个。你也许明白"苦力"这个词是什么意思。

这位朋友——他的母亲是法国人而父亲是英国人——说："我想给你翻译一个法国故事。有三个法国科学家，他们离开法国去寻找真理。他们去了亚洲的不同地方，其中一个找到了去印度的道路。他开始寻找。他去了一些当时所谓的城市——当然是在英国人占领之前，甚至早于莫卧儿帝国时期。他看到了所谓的高级种姓的人，男人与女人，直到他迷了路。最后他来到一个小村庄的简陋村舍。那个村舍是一个清洁工的房子。在那里，他找到了要找的真理。"

如果你真想看印度最好的一面，必须去这种村庄清洁工的简陋村舍中寻找。这样的村舍有七十八万个，有三点八亿人住在里面。

如果你们有人去过印度的村庄，不会觉得它迷人。你们将不得不在麦堆下面抓痒。我并不想说它们是像天堂一样的地方。今天，它们是真正的麦堆。它们已经不像以前那样了。我所说的东西并不是来自历史书，而是来自我的亲眼所见。我已经走遍了印度，并且见过那些双目无神的悲惨人类的样本。他们就是印度。在这些简陋的村舍之中，在这些麦堆之中，你可以找到那些谦卑的清洁工，在他们那里你会发现智慧的精华。

再一次，我从英国历史学家写的书里学到很多东西。我们读英国历史学家用英文写的书。我们并不用自己的母语写作，或用国语印度斯坦语。我们通过用英文书而不是用母语、国语写的著作研究我们的历史。这就是印度遭受的文化征服。

这些智者中的第一人是琐罗亚斯德①。他属于东方。在他之后是佛祖，而佛祖属于东方——印度。佛祖之后是谁呢？来自东方的耶稣。耶稣之前是摩西，他属于巴勒斯坦，尽管他出生于埃及。耶稣之后是穆罕默德。我省略了克里希纳（Krishna）和罗摩②及其他思想。这并不是说他们的思想较少，但他们很少为文明世界所知。同样，我也不知道世界上还有谁能够与这些亚洲人相比。

---

① 琐罗亚斯德（Zoroaster，前628—前551），琐罗亚斯德教（或称拜火教）的创始人。
② 罗摩（Rama），印度教信奉的重要神祇，印度教大神毗湿奴的化身，印度神话《罗摩衍那》中的英雄。

我给你们讲这个故事，目的是让你们明白，你们在大城市看到的不是真正的印度。当然，发生在我们眼前的大屠杀①是一件羞耻之事。就像我昨天讲的那样，不要带着对大屠杀的记忆离开印度。

我想要你们理解的是亚洲的信息。我们无法通过西方的器械或仿造原子弹使它被听见。如果你想把一些信息传递到西方世界，它必须是爱的信息和真理的信息。我并不想仅吸引你们的目光，我想抓住你们的心。

在这个民主的时代，在这个穷人中的赤贫者觉醒的时代，你们要以最突出的方式再次发出这条信息。你们将结束西方的征服，不是通过复仇，因为你们已经被剥削，而是通过真正的理解。我满怀希望，如果你们汇聚心智——不只是你们的头脑——来理解这些属于东方智者留给我们的神秘信息，并且如果我们能够真正配得上那条伟大的信息，那么西方的征服就会被终结。这个结果也会使西方人乐于接受。

如今，西方世界特别需要智慧。这是因为原子弹数量正在增长，原子弹意味着绝对的摧毁——不仅仅是对西方，而是对整个世界。你们自己要告诉世界它的邪恶与罪行，那是你们的先人与我的先人已经传授给亚洲人的遗产。

《哈里真》，1947 年 4 月 20 日，第 116—117 页

---

① 可能是指 1946 年 8 月开始的加尔各答等地区的穆斯林与印度教徒之间的流血冲突，甘地在 1947 年 1—3 月前往各地平息冲突。

7. 最后绝食前夜的演讲 [①]

(1948 年 1 月 12 日)

我的绝食是一种抗争

有人为了身体健康而在健康法则指导下禁食，有人因错误的行为而感到需要通过禁食赎罪。在这些禁食活动中，禁食的人不必信仰阿希姆萨。然而有一种禁食是非暴力信仰者为抵制某些社会错误行为不得不采用的。这种禁食是他作为阿希姆萨信仰者在没有其他办法的情况下使用的，就像我现在的情形。

9 月 9 日我从加尔各答回到德里，打算接着去西旁遮普，但我没有去成。曾经生机勃勃的德里看起来就像一座死亡之城。我从火车上下来，看到每个人的脸上都充满了忧郁。甚至那位司令官，一个幽默并因此快乐不止的人，这一次也毫无例外。我不知道原因。他正在月

[①] 1948 年 1 月，为了消除德里的印度教徒与穆斯林之间的冲突，甘地宣布无限期绝食。直到 1 月 18 日，各派代表签署甘地所提出的有关印穆团结的七项声明，甘地才停止绝食（Fast）。绝食也可以翻译为禁食，后者通常指出于健康或信仰的原因节制饮食，本节根据语境而同时使用两种译法。

台上迎接我，一见面就迫不及待地告诉我一个悲哀的消息，印度联邦首都发生了骚乱。我马上明白我必须留在德里，并且"要么行动，要么死亡"。快速部队与警察的行动带来了表面上的平静，但人们胸中隐藏着愤怒，它会在任何时候爆发。我把这种情况视为"行动"的誓言并没有实现，这种"行动"可以让我远离死亡这个无与伦比的朋友。我渴望印度教徒、锡克教徒及穆斯林之间能有真心的友谊，以前他们之间是存在这种友谊的，今天却消失了。在这样一种状态下，没有一个名副其实的印度爱国者能够冷静地思考。尽管我内心的声音回响了很久，但我已经闭上耳朵。

我从不喜欢束手无策的感觉，一个萨提亚格拉哈实践者永远不应当这样。因为他最终可以诉诸绝食，而不是刀剑——他的或他人的。我无法回复那些穆斯林朋友，他们一天又一天地来看我，并问我该怎么做。最近，我的无力感一直在折磨着我。一旦绝食开始，这种无力感将消失。在过去三天里，我一直在考虑这个事情。最终的结论闪现在心头，我很高兴。一个人——如果他是纯洁的——能够牺牲的最宝贵的东西，就是他的生命。我希望并祈祷我的内心有这样的纯洁以证明这一行动是正确的。

值得祝福

我请求所有人祝福这次行动，为我祈祷并支持我。绝食从明天第一餐开始。持续时间并不确定，并且我会喝加盐或不加盐的水及酸橙汁。如果所有宗教群体的心，在没有外部压力的情况下，因责任意识的觉醒而重新连接，并且如果我感到满意的话，绝食就会结束。这样的收获是，印度将重新获得正在降低的国际威望，以及她正迅速失去的主权①。我以这样的信念奉承自己——如果印度失去她的灵魂，这将意味着正在承受痛苦的、飘摇于风暴中的饥饿世界失去希望。愿我的朋友与敌人——如果有的话，都不要生我的气。很多朋友并不相信绝食这种方法可以改变人的意见。他们会宽容我，并且把他们声称拥有的行动自由同样运用到我身上。我觉得我在做出这个决定时不需要其他人的建议。如果我犯了错误并发现，会毫不犹豫地公之于世，并回到我走错的那一步。我很少发现这样的错误。但如果我的内在声音清晰指出我的错误，正如我所说的那样，那么我不会否认。我恳求所有人对这一步不要有争议并给予毫无保留的支持。如果整个印度响应的话，或至少德里这样做，我的绝食行动就会很快结束。

绝不软弱

但是无论绝食行动结束得快还是慢，甚至永远不会结束，愿我们在处理这次所谓危机的时候都不要软弱。有人批评说，我过去某些绝食行动是强制性的，并认为就道德而言，如果没有绝食制造的压力，所得的结果肯定与我想要的相反。但如果绝食目的明显是正当的，那么它带来不好的结果又有什么关系呢？纯洁的绝食就像义务，它本身就是自己的回报。我从来不会为它可能带来的结果而绝食。我这样做是因为我必须这样。因此，我强烈要求每个人冷静地检验我的目的，并且如果必须付出生命的代价，那么就让我安静地死去，这是我希望

---

① 指巴基斯坦。

077

能够得到保证的。死亡于我来说是一种光荣的解脱。如果巴基斯坦不保证身份的平等，以及各种世界信仰皈依者的生命、财产安全，并且如果印度也这样做的话，这种毁灭就是一定的。那时伊斯兰教会在两个印度灭绝，而不是在世界上灭绝。但是印度教与锡克教在印度之外并没有生存空间。我尊重那些与我观点不同的人，尽管他们对我的抵制是不恰当的。只要想想心爱的印度已经开始堕落，你们就会欣喜地想到她还有一个谦卑的儿子，他足够坚强与纯洁以至能够快乐地走出这一步。如果他两样都没有，就是世界的一个累赘。他越快消失并清除印度关于这个累赘的舆论氛围，对他及相关的人就越好。

我恳求所有朋友不要涌到伯拉家①，也不要试图劝阻我或为我担忧。相反，你们应该把目光转向内心，因为这次绝食根本上而言，是对我们所有人的一次考验。那些仍然坚守岗位并努力履行职责的人，现在要做的比以前更多。他们将用各种方法帮助我及这项事业。这次绝食是一次自我净化的过程。

《哈里真》，1948 年 1 月 18 日，第 523 页

---

① 指商人伯拉（Birla）的房子。甘地在那里进行最后的绝食。1948 年 1 月 30 日，甘地在那里遇刺身亡。

第二部分　文选

我并没有创造任何新的教义或学说，只不过是以自己的方式把永恒的真理应用于日常生活与遇到的难题中……我所有的哲学——如果它能被冠以这个自命不凡的名称的话——都包含在我所说的话里面。你不要把它称为甘地主义，它没有什么主义可言，也不需要精致的著述或宣传。

《哈里真》，1936 年 3 月 28 日，第 49 页

第一节　真理、世界与人

1. 真理与造物主

对于我来说,"真理"是至高的原则,它包含无数其他的原则。这个"真理"并不只是词语上的真实,也是思想内部的"真实";不仅是指我们观念中的相对真理,也指"绝对真理",即永恒的准则,也就是造物主。有很多关于造物主的定义,这是因为他的显现是无穷无尽的。这使我困惑、敬畏,有时也使我晕眩。不过,我只敬拜作为真理的造物主。我还没有找到他,但我仍在追寻。我愿意牺牲最宝贵的东西来实现这个愿望。即使要牺牲我的生命,我也愿意。

但是,只要我还没有认识这个"绝对真理",就必须坚持我理解的相对真理。同时,这个相对真理必定是我的灯塔、庇护所、盾牌。尽管这条路像刀锋一样笔直、狭窄而锋利,但对我而言,它却是最迅捷、最容易的。甚至是我的喜马拉雅山般的错误①,在我看来也似乎

---

① 1922 年初,甘地开始在一些地方试验小规模的非暴力不合作运动,但这些尝试都以失败告终。1922 年 2 月,印度联合省的乔里乔拉村民用暴力摧毁了当地的警察局,二十二名警察死亡,甘地闻讯后制止,并将这次事件称为他的"喜马拉雅山般的错误"。

微不足道，因为我严格坚持这条道路。这条道路已经把我从遭遇的悲伤中解救出来，我会根据内心的亮光继续前行。我在前进的过程中常常隐约瞥见绝对真理，并且每一天，我这个信念都在不断地增长——只有它是真实的，其他所有的东西都是不真实的。

《自传序言》，1966 年，第 11 页

"萨提亚"（真理）这个词来源于"萨特"（Sat），意思是"存在"。除了真理以外，没有东西是实在，或存在于实在之中。正如我们不能没有一个统治者或将军，因此像"万王之王"或者"全能者"这样对造物主的称谓，现在与将来都会普遍保留。然而，更深层次的思考会让人认识到，"萨特"或"萨提亚"才是对造物主正确的、意义完整的称谓。

并且，哪里有真理，哪里就有真正的知识。哪里没有真理，哪里就没有真正的知识。这就是为什么吉特①或者知识这个词总是与造物主的名字联系在一起。此外，哪里有真正的知识，哪里就有上天的赐福（阿南达②）。那里没有悲伤。正如真理是永恒的，源自真理的福佑也是永恒的。因此，我们知道造物主是"存在—意识—赐福"，是能够将真理、知识、福佑集一身者。

《来自耶罗伐达圣殿》，1957 年，第 1—2 页

---

① 吉特（Chit），梵语，意思是纯粹的意识或知识。
② 阿南达（Ananda），完美的祝福。

正是独一无二的造物主创造了制造所有事物所需要的物质，他依靠自身的力量而存在，无须其他任何事物支持，反而支持着所有存在之物。唯独真理是永恒的，其他所有事物都是短暂的。他并不需要呈现某种形状或结构。他是纯粹的智慧，也是纯粹的福佑，因为所有事物都受他的意志控制。他与所颁布的法则是一体的。因此他不是一个盲目的法则，他统治着整个宇宙。

《静修院行动守则》，1959年，第37页

在梵语中，与真理这个词含义最接近的词语是"萨特"。"萨特"的意思是"存在"，唯独造物主是"萨特"，其他所有事物都是幻象。"萨提亚"意味着"萨特在这个世界上，唯独真理就是存在，其他东西都不是"。对于我们人来说，它是一个相对的概念。无论我们怎样理解，当我们谈"造物主"时就是指"真理"。唯独他真正地支撑着我们。许多其他事物或许会短暂地支撑着我们，但是唯独这个真理任何时候都会支撑着我们。

真理带来永久的快乐。在梵语中有"萨特""吉特""阿南达"三个词，真理是这三者的一个巧妙结合，这三个词结合在一起成为一个词语。真理也是知识，是生命。当你内心拥有真理时，就会觉得自己充满活力。同时，它给予福佑。它是一个永恒的无法被夺走的事物。你或许会被送上绞刑架，或被折磨，但如果你心中有真理，就会体验到内在的喜悦。

《甘地吉谈话集》，1949年，第35—36页

在我很小的时候，有人教我背诵印度教经典中被认为是造物主的一千个名称。但是，对造物主的称谓绝不止这一千个。我们认为，有多少个人，造物主就会有多少种称谓，我认为这是一个真理。因此，我们也可以说造物主是不可名状的。并且，由于造物主有许多种表现形式，我们也认为他是不定形的；由于他通过各种方言对我们说话，我们认为他是没有言语的；等等。所以当我研究伊斯兰教时，我发现伊斯兰教也有很多对造物主的称呼。我赞同人们所说的"造物主就是爱"。然而在我的内心深处，我常常说，尽管造物主或许就是爱，但他首先是真理。

但是两年前，我进一步说"真理就是造物主"。你们将看到这两种陈述——"造物主是真理"与"真理是造物主"——之间的细微差别。这是我经过五十年对真理的不懈追求之后得出的结论。这时我发现，通往真理的最便捷途径是通过爱。但我也发现，爱有许多种含义，至少在英语中是这样。并且，情欲意义上的人类之爱，可能变成一种使人堕落的东西。我还发现，对于阿希姆萨①意义上的爱，世界上只有很少的信仰者。但是我从未发现关于真理的双重含义，甚至无神论者对真理的力量与必要性也没有任何异议。然而，尽管无神论者在发现真理方面充满激情，他们也毫不犹豫地从自身立场出发否认造物主的存在。正是出于这样的考虑，我认识到与其说"造物主是真理"，不如说"真理是造物主"。

但是，科学家也常常以真理的名义实施残忍行为。我知道他们如何以真理与科学的名义，在进行活体解剖的时候，将不人道的残忍

---

① 阿希姆萨的含义非常广泛，除了非暴力，还有不杀生、爱的意思，甘地对阿希姆萨的更多解释见本书第二部分。

行为施加在动物身上。因此，无论你如何描述造物主，都存在很多难题。但人类的心智是有限的。当你思考一个超越人的理解范围的存在或实体的时候，你的思考不可避免地会受到各种条件的限制。

这样，我们的印度教哲学里就多了一项内容，即唯独造物主而非其他事物是存在的。并且，你会发现这个真理也在伊斯兰教的卡尔玛①中得到强调与展现。在那里你会发现它明确地宣称唯独造物主是存在的。实际上，梵语中"真理"这个词的字面意义是"存在"。而且，当你要寻求真理时，唯一的、不可避免的方法就是爱，即非暴力。

《青年印度》，1931 年 12 月 31 日，第 427—428 页

许多先知把造物主描述为"Neti""Neti"（"不是这样""不是这样"）。真理会使你困惑。所有真实的东西的总和就是真理。但是你没办法把所有真实的东西加起来……有些事物是无法分析的，一个能被我贫乏的智力分析的造物主，绝不是我能接受的造物主。所以我不会试图分析他。我要探究相对的事物以理解绝对的事物，这使我得到精神的平静。

《一个无神论者与甘地》，1958 年，第 30 页

造物主不是一个人……真实的情况是，造物主是力量，他是生命

---

① 卡尔玛（Kalma），穆斯林的基本祈祷方式。

的本质，他是纯洁无瑕的意识，他是永恒的。但是说来也奇怪，并不是所有人都能通过造物主的普遍、真实的存在得到利益或保护。

《哈里真》，1947 年 6 月 22 日，第 200 页

造物主不是我们自身之外或远离宇宙的某个人。他遍及所有，并且无所不知，无所不能。他并不需要任何的赞美或祈祷。由于内在于所有事物之中，他能听见所有事物，了解我们内心最深处的想法；他居于我们心中，与我们亲近，比指甲与手指的距离还要近。

《静修院行动守则》，1959 年，第 36 页

造物主是世人所知的最伟大的民主派，因为他让我们“无拘无束地”在恶与善之间做出自己的选择。他又是我们所知的最伟大的独裁者，因为他常常打碎我们嘴边的杯子，并且在自由意志的掩盖下，使我们处于一种完全匮乏的边缘状态，以我们为代价使他高兴。正因如此，印度教把所有事物称为他的运动——“里拉”（Lila），或把所有事物称为一种幻觉——“玛雅”（Maya）。我们是“不”（not），唯独他是“是”（is）。并且只要我们活着，就必须永远歌颂他的荣耀并遵从其意志。让我们跟着神灵的班西琴起舞吧，一切都会很美好。

《青年印度》，1925 年 3 月 5 日，第 81 页

造物主是良善的，这不是在“× 是良善的”这个意义上说的。

因为 × 只是相对良善的，即他的良善比邪恶多，而造物主是完全良善的。他内心没有任何邪恶。造物主照着他自己的形象造人。[①] 对我们来说，不幸的是，人类按照自己的方式塑造了造物主。这种僭越篡夺使人类陷入苦海。造物主是最高的炼金术士。在他所到之处，废铜烂铁都变成了纯金。同样，所有的邪恶都变成了良善。

造物主的造物活着，但终究会死去，但是造物主本身就代表生命。因此，良善及其所有含义并不是造物主的一个附加属性，是造物主本身的属性。离开了他而设想出的良善，是一个没有生命的东西，只是作为一种营利策略而存在，所有的道德都是这样。如果要它们在我们中起作用，就必须把它们与造物主联系起来，去思考、培育它们。我们竭力变得良善，因为我们想追求并认识造物主。这个世界上所有干瘪的道德规范都会化为尘土，因为离开造物主，它们就是无生命的。那些来自造物主的道德规范，它们具有生命力。它们成为我们的一部分，并使我们变得高贵。

反过来，人们设想的没有良善的造物主是没有生命的。我们只是在徒劳无益的幻想中赋予了它生命。

《哈里真》，1947 年 8 月 24 日，第 289 页

造物主是无法定义的，所有人都能感觉到他，却不认识他。对我来说，造物主是真理和爱，是伦理与道德，也是无所畏惧。他甚至是无神论者的无神论。由于他无限的爱，造物主允许无神论者活着。他

---

① 《圣经·旧约·创世记》中说："造物主就照着自己的形象造人，乃是照着他的形象造男造女。"

是心灵的追寻者。他超越语言与推理，比我们自己更了解我们以及我们的心。造物主没有根据我们有意无意说出的话对待我们，因为他知道我们通常不想这样做。对于那些需要与造物主亲密同在的人来说，他是个人的造物主。他向那些需要他安慰的人显现。他是最纯洁的本质。对于那些有信仰的人来说，他就是如此。他是给予所有人的所有事物。他在我们心中又超越我们之上。一个人可以消除"造物主"这个词语，但没有力量消除事物本身。

《青年印度》，1925 年 3 月 5 日，第 80—81 页

有一种无法定义的神秘力量，渗透在每个事物之中。尽管我没有看见它，但我能感受到它。正是这种"不可见的力量"，使它被意识到却又难以找到证据，因为它与我通过感官觉察到的事物是如此不同。它超越了感官知觉。

但是在有限的范围内，推理造物主的存在还是可能的。甚至在日常的事务中，我们知道人们并不了解谁在统治、为什么他来统治或如何统治。可是，他们知道有一个权威确实在进行统治。去年我在迈索尔（Mysore）①的旅行中遇到了很多贫穷的村民。通过调查，我发现他们并不知道谁在统治迈索尔。他们只知道某个神灵在统治它。如果说这些贫穷村民对他们统治者的认识是如此之少的话，那么与他们对统治者的认识相比，我这个对于造物主来说微不足道的人，如果没有认识到造物主这位"万王之王"正在统治，那是一点也不奇怪的。然

① 指当时的迈索尔王国，属于英国统治时期三大土邦王国之一，传承了二十五位国王。

而，就像那些村民对迈索尔的感觉一样，我也觉得宇宙中存在某种秩序，存在一种无法变更的法则，统治着所有事物，以及每个存在或活着的生命。它不是一种盲目的法则，因为任何盲目的法则都不能管理真实生命的行为。并且，由于 J.C. 玻色教授的伟大研究，现在我们甚至可以证明物质也是生命。这样，那个统治万物的法则就是造物主。法则与法则的给予者是一体的。我不会否认法则或立法者，因为我对它或他所知甚少。正如我否认或无视一个世俗权力的存在并不会对我有什么帮助一样，我否认造物主及其法则也不会使我从法则的运作中解放出来。相反，对神圣权威的谦卑与默默接受，使生命的旅程更容易，正如对世俗权威的接受会使它统治下的生活更容易。

我确实隐约察觉到身边的所有事物在不断地改变、不断地死亡；我也意识到，在这些变化的背后存在一种真实的力量，它是不变的，它把万物结合在一起，又创造、分解并再造它们。

这种力量或精神就是造物主。并且，我通过感官看到的所有东西都无法持续存在，唯独他存在。

这种力量是慈爱的还是恶意的？我认为是完全慈爱的。这是因为我看到死亡中仍有生命在持续，谎言中仍有真理在持续，黑暗中仍有光明在持续。因此我推断造物主是生命、真理、光明。他是爱，是至善。

《青年印度》，1928 年 10 月 11 日，第 340 页

但是，造物主不仅仅满足我们智力上的需求，如果他曾经这样做的话，必定要统治人心并且改变它。他必须在其信仰者每次最细微的

行动中表达自己。这只能通过特定的领悟才能做到，这种领悟比五种感官所能提供的知觉更真实。感官知觉常常可能是错的、欺骗性的，无论它对于我们显得如何真实。无论哪里存在感官之外的领悟，都是确实可靠的。这种领悟不是通过外在证据获得证明，而是通过那些心中感受到造物主真实存在的人的行为与性格的变化得到证明。

我们可以在各个国家、地区的先知与圣人的传统中，找到这种对造物主的见证。任何人拒绝这个事实，就等于否认他自己。

这种对造物主的认识是由坚定的信仰引导的。那些亲身体验过造物主存在之事实的人，可以通过真实的信仰这样做。并且由于信仰本身无法通过外在证据获得证明，最保险的做法是信仰一个世界性的道德政府，以及道德法则——真理与爱的法则——的至上性。当人们有了一个清楚的决断，以拒绝所有违反真理与爱的事物时，信仰的实践就是最安全的。

我承认……我没有声称通过推理使人信服。信仰超越推理。我能建议的是，不要企图做那些不可能的事情。

《青年印度》，1928 年 10 月 11 日，第 340—341 页

如果我们存在，如果我们的父母及他们的父母都曾经存在，那么认为存在创造所有生物的造物主，就是合理的。如果他不存在，我们就无处可依……他是"一"，然而又是"多"；他比原子微小，又比喜马拉雅山宏大；他能够被一滴海水包含，却无法被七个大洋包围。要认识他，理智是无能为力的，他超出了理智所能理解的范围，但我并不需要费力论证这一点。在这个问题上，信仰才是核心。我的逻辑

可以提出或反驳无数个假设。一个无神论者或许能在一场辩论中战胜我，但是我的信仰远远超越理性推理，因此我可以向整个世界挑战，并说："造物主现在是、过去是并永远是存在的。"

《青年印度》，1926 年 1 月 21 日，第 30 页

经历已经让我谦卑，使我意识到理性具有一定的局限性。正如物体放错了地方就成为垃圾，理性用错了就成为精神病。

理性主义者是令人敬佩的。但是当理性主义宣称自身是万能的时候，它就变成了可怕的怪物。把"万能"的属性赋予理性，就像崇拜祖先、石头这种偶像崇拜行为一样恶劣。

我并不要求压制理性，而只要求我们这些尊崇理性自身的人，心中对它有一个恰当的认识。

《青年印度》，1926 年 10 月 14 日，第 359 页

对于一些问题，理性无法帮助我们走得更远，我们不得不通过信仰接受这些事物。因此信仰与理性并不冲突，而是超越了它。信仰是一种第六感，它在理性范围之外运作。

《哈里真》，1937 年 3 月 6 日，第 26 页

2. 生命与造物主

我是一个非二元论者①（Advaitist），但我不反对二元论（Dvaitism）。这个世界每时每刻都在变化，因此是虚幻的，它没有永恒的存在物。虽然世界在持续变化，但是它本身有某些东西却是持续不变的，从这个意义上讲，这个世界又是真实的。所以把它称为真实或虚幻的，我都没有异议，因而可以称我为"多面论者"或"相对论者"②。但是我的相对论并不是学者的相对论，而是我自己独有的。我没办法与他们进行辩论。我已有的经历告诉我，从自己的视角看，我总是对的，但从我的忠实批评者的视角看，我总是错的。我知道，从各自的视角看，我们同样都是对的。这种认识使我不至于诬蔑我的对手及批评者的动机。七个盲人对大象的描述各不相同，从他们各自的角度看，他们的描述都是对的，从他人的角度看，他们的描述都是错的，而从一个了解大象的人的角度看，则有错有对。我非常喜欢这种事实的多样性学说。正是这种学说教会了我要从穆斯林的立场评价一个穆斯林，从基督徒的立场评价一个基督徒。以前，我常常憎恶对手的无知。如今，我爱他们，因为上天给了我一双眼睛，能够像别人看待我那样看待自己。我想把整个世界都包含在我的爱中。我的多面论就是萨提亚与阿希姆萨教义的结合。

《青年印度》，1926年1月21日，第30页

---

① 指相信非二元论的人。——原注
② "多面论者"（Anekantavadi）与"相对论者"（Syadvadi），都是指事实的多样性的信仰者。——原注

生命对于我来说是真实的，正如我相信它是至圣者的光辉。

《生活的艺术》，1969 年，第 53 页

这个世界是造物主的游乐场，并且是他的荣耀的展现。

《自传》，1966 年，第 153 页

我认为，造物主在这个宇宙中以无穷尽的形式显现其自身，并且每次显现都使我发出由衷的赞美。

《青年印度》，1929 年 9 月 26 日，第 320 页

那些知道精神居于身体之内，并意识到造物主至高无上的人，会把一切都献给他。

《甘地论〈薄伽梵歌〉》，1956 年，第 186 页

上至不朽的不可见者，下至会朽坏的原子，宇宙中所有的事物都属于那位至高的造物主，并且是他的一种显现。

《甘地论〈薄伽梵歌〉》，1956 年，第 254 页

感官世界……无时无刻不处于变化之中。尽管它永远在改变，

但因为它的根基是梵（Brahman）或至高的信仰，所以它是永恒不朽的。

《甘地论〈薄伽梵歌〉》，1956年，第337页

大海是由水滴汇集而成的，每一滴水都是一个实体并且是整体的一部分，这是"一与多"的关系。在这个生命的海洋中，我们都是一滴水。这意味着我必须把自己融入所有生命，融入所有活着的事物。

《哈里真》，1948年2月15日，第33页

3. 大自然中的造物主

再说说拉克希曼·朱拉[1]。赫里克斯和拉克希曼·朱拉的自然景色令我着迷并称赞不已。对于我们先祖对自然美景的鉴赏，并赋予这美景以宗教意义，我不能不肃然起敬。

《自传》，1966年，第296页

我凝望头顶的星空，看它无限延伸的美丽。什么样的人类艺术能够为我描绘面前展开的这样一幅全景呢？当我抬头看天上闪烁的星

---

[1] 拉克希曼·朱拉是恒河上的一座吊桥。

星……我亲身体会到，与大自然之美的永恒象征相比，这些艺术是何等贫乏啊！

《青年印度》，1924 年 11 月 13 日，第 377 页

"在一次日落之中，或在众星之间闪耀的新月中，有什么真理吗？"

当然有。这些美是真的，因为它们使我想到它们背后的创造者。同样，如果不是因为真理存在于这些造物的核心，它们怎么可能是美丽的呢？当我赞美一次日落的奇妙或月亮的美丽时，我的心灵也在对造物主的敬拜中展开。我试图在所有造物中看到他与他的仁慈。

《青年印度》，1924 年 11 月 13 日，第 378 页

我发现树木崇拜的习俗令人深深感动并具有诗意之美。它象征着对整个植物王国的敬畏。植物有着无穷尽的美丽外形与样式，好像在用一百万种语言向我们宣告造物主的伟大与荣耀。

《青年印度》，1926 年 9 月 26 日，第 320 页

4. 人及其命运

"人是造物主的一种独特造物吗？"

人是造物主的一种独特造物，他是如此独特，以至于与造物主的

其他造物截然不同。

《青年印度》，1930 年 2 月 13 日，第 56 页

在吃饭、睡觉及其他身体功能的表现上，人与兽并无区别。使人与兽类区别开来的，是他在道德水平上不断地努力超越动物本性。

《哈里真》，1946 年 4 月 7 日，第 74 页

野兽并不知道自我约束。人之所以为人，是因为人有自制力，并且因此实践了自制。

《自传》，1966 年，第 238 页

只有当人完全认识到，作为人就要停止兽行与残忍时，才能发现人类自身的本性。

《哈里真》，1928 年 10 月 8 日，第 282 页

人是高级动物是因为他的道德本能与道德制度。应用于人的自然法则与应用于其他动物的自然法则是不同的。人有理性、分辨力及自由意志等，兽类不具有这些东西，它不是一个自由的行动者，并不知道美德与恶行、良善与邪恶之分。人，作为一个自由的行动者，懂得

这些区别。人之所以成为高级动物是因为能够做到自制和牺牲。

《青年印度》，1926 年 6 月 3 日，第 204 页

进步是人的特性，唯独人有，兽类是没有的。人有识别力与理性。人并不是单靠面包而活，像兽类那样。他使用理性敬拜并认识造物主。并且，他把对造物主的认识当作生命的至高目的。当然，我无法说服那些认为人与兽没有区别的人。对于他来说，德行与恶行是可以互换的词语。然而对那些以认识造物主为目的的人来说，甚至吃饭、喝水这些功能都很自然地受到一定的制约。由于把认识造物主作为他人生的目的，他就不会为享受而吃喝，而只是维持身体所需。因此，"制约"与"放弃"是他的格言，甚至对某些生理功能也是如此。

《青年印度》，1926 年 6 月 24 日，第 229—230 页

所有人的精神都有平等的潜力，但只有一些人发展了它们的潜力，而其他人的则处于沉睡状态。对于后者，如果他们努力，也会有一样的经历。

《新生活》，1924 年 5 月 24 日，第 306 页

人内在的力量是无限的。

《自传》，1966 年，第 206 页

人既不是单纯的肉体，也不仅是智力，更不仅仅是精神。一个完整的人要求将这三者和谐地结合在一起。

《哈里真》，1937 年 5 月 8 日，第 104 页

人的责任不是发展并完善自己所有的生物功能，他的责任是培养服务造物主的能力，使其达到完美，并彻底压制那些相反的倾向。

《青年印度》，1926 年 6 月 24 日，第 229 页

除非身体、智力及精神能够和谐一致地运作，否则它们无法为人类服务。身体、意志及精神的纯洁是它们和谐运作的基础。因此，人必须注意发展、净化并且充分地利用所有这些能力。

《甘地论〈薄伽梵歌〉》，1956 年，第 208 页

生活的目的就是服务于那个创造了我们的力量。因为我们的呼吸仰赖他的怜悯与允诺。我们通过全心服务其造物的方式服务于他。这意味着我们要爱而不是恨这里的每个人。

《哈里真》，1947 年 4 月 6 日，第 98—99 页

精神的本性是实现无私与纯洁。

《甘地论〈薄伽梵歌〉》，1956 年，第 202 页

人的终极目的是认识造物主。并且，人的所有行为——社会的、政治的和宗教的，都必须由这个终极目标引导。他要服务所有人，这是认识造物主必须做的一件事情。因为寻找造物主的唯一途径就是在造物主的造物中看见他，并成为其中的一员。只有通过为所有人服务，才能做到这一点。

《哈里真》，1936 年 8 月 29 日，第 226 页

在人变得与造物主相似之前，他无法与自己和平相处。

《甘地论〈薄伽梵歌〉》，1956 年，第 128—129 页

生命的目的无疑是认识自己。我们无法做到这一点，除非学会把自己融入所有生命。这种生命的总和就是造物主。因此，认识到造物主生活在我们每个人的心中是必要的……
获取这种认识的工具就是无尽而无私的服务。

《马哈迪夫·德赛日记》（第 1 卷），1953 年，第 184 页

在造物主创造的所有动物中，人是唯一能够认识其创造者的动

物。因此，人一生的目的不是日复一日地增加对物质的欲望和占有，他最重要的使命是日复一日地接近自己的创造者。

《青年印度》，1927 年 10 月 20 日，第 355 页

人生来不是为了日夜探索聚积财富的途径，也不是探究各种谋生的手段。人生在世的目的在于用其所有能力认识他的创造者。

《青年印度》，1927 年 10 月 27 日，第 357 页

亚当是行为最虔诚的人，也是具有最多神圣光辉的人。

《甘地论〈薄伽梵歌〉》，1956 年，第 128 页

5. 自律

信仰

正是信仰掌舵使我们渡过惊涛骇浪，信仰使大山挪移，信仰使我们越过海洋。这种信仰不是其他东西，而是我们心中对真理真实且完全的认识，获得了此种信仰的人别无他求。他身体病弱，内心却强

大；他物质贫乏，却拥有丰富的精神财富。

《青年印度》，1925 年 9 月 24 日，第 331 页

没有信仰，这个世界就等于零。真正的信仰，是那些我们认为以祷告和忏悔来净化生活的人拥有的一种理性体验。因此，对那些生活在远古时代的先知或神灵化身的信仰，并不是虚妄的迷信，而是对最内在精神需要的满足。

《青年印度》，1927 年 4 月 14 日，第 120 页

信仰不是娇嫩的花朵，在最轻微的暴风雨季节就会凋谢。信仰像喜马拉雅山，它几乎不可能改变。没有任何风暴能够把喜马拉雅山从地基上移开……我希望每个人都培养这种信仰。

《哈里真》，1934 年 1 月 26 日，第 8 页

一个没有信仰的人就像被抛离大海的一滴水，注定毁灭。大海中的每滴水都分享着大海的威严和荣耀，为我们提供生命所需的新鲜空气。

《哈里真》，1936 年 4 月 25 日，第 84 页

只能在美好环境中繁荣发展的信仰并没有多大价值。为了使信仰

实现价值，它必须能在最严厉的砺炼中生存。如果你的信仰不能承受整个世界的诽谤中伤，那么它不过是被粉饰的坟墓[1]。

《青年印度》，1929 年 4 月 25 日，第 134 页

祷告[2]

在人生的不同阶段，祷告都是一门重要的课程，用于学习高贵与勇敢的自我牺牲艺术。这种自我牺牲在捍卫一个人的民族自由与荣誉中达到顶点。毫无疑问，祷告要求人们都有一种真诚的信仰。

《哈里真》，1946 年 4 月 14 日，第 80 页

若心里未对造物主的存在怀着真诚的信仰，祷告就是不可能的。

《青年印度》，1928 年 12 月 20 日，第 420 页

一些因理性而自负的人宣称，他们与信仰没有关系，这好像一个人说他正在呼吸但是他没有鼻子。人通过理性、直觉或靠着迷信承认他与神灵有某种联系。最彻底的无知论者或无神论者也承认需要一种道德原则，把某些好的事物与道德的遵守联系在一起，把某些坏的东

---

[1] 被粉饰的坟墓，指信仰是虚假的。

[2] 祷告（Prayer），也可译为"祈祷"。但是"祷告"除了有祈求之意，还有向神灵倾诉、告白之意，似乎更接近甘地的意思。

西与道德的违背联系在一起。知名的无神论者布拉德劳总是宣称他内心的无神论信念。为了讲述真理，他不得不承受许多痛苦，但是他以此为乐，并说真理本身是对他的奖赏。他不会感受不到坚守真理带来的快乐。这种快乐绝不是来自世间的，而是在与真理的交流中迸发出的。这就是我为什么说，一个人不能离开信仰而生活。

《青年印度》，1930 年 1 月 23 日，第 25 页

祷告是信仰最重要的部分。祷告要么是祈求，要么是宽泛意义上与造物主的内在交流。在这两种情况下，最终结果都是一样的。甚至当祷告是为了祈求时，这种祈求也应当是为了精神的纯洁与净化，使它从无知与黑暗的层层封闭中解脱出来。因此，那些想要唤醒他内在神圣性的人必须求助于祷告。但是祷告不仅仅是言辞或听力的练习，不是简单重复空洞的信条。如果它无法触动你的心灵，重复多少遍"罗摩那摩①"都没有用。在祷告中，有心意而无言语，比有言语而无心意好，渴慕的心灵必然得到明确的回应。正如一个饥饿的人喜欢一顿丰盛的食物，饥饿的心灵喜欢诚心的祷告。我给你们讲讲我的一些体验及我的伙伴的经历——体验过祷告之神奇的人能够多日不进食，但不能一刻没有祷告。因为没有祷告就没有内在的平静。

《青年印度》，1930 年 1 月 23 日，第 25 页

---

① 罗摩那摩（Ramanama），反复念着"罗摩"这个名字，以表示对罗摩的崇拜。

我已经讲述了祷告的必要性，也谈论了祷告的本质。我们生来就是要为我们的同胞服务的，但是如果我们没有更大的觉醒，将无法做到这一点。在人们心中，光明与黑暗的力量之间永远存在激烈的斗争。如果人们在困难中不依靠信仰的力量，将会成为黑暗力量的牺牲品。祷告的人会使自己与世界处于平静之中。我们一起住在静修院^①里，来这里是为了寻求真理并坚持真理，我们自称相信祷告的功效，但直到现在仍未把它当作至关重要之事对待。我们并没有像关心其他事务那样关心祷告。曾经有一天，我从梦中醒来，意识到自己疏忽了在祷告方面的责任。因此我提议采取严厉的惩戒措施并且不能有一点点差池，我希望我们能够在这件事情上做得更好。因为这是显而易见的道理，只要我们做好最重要的事情，其他事情也就水到渠成了。纠正正方形的一个角，其他角也就自动调整好了。

《青年印度》，1930 年 1 月 23 日，第 26 页

祷告并不需要开口说话。它在本质上独立于任何感官行为。我完全相信，祈祷是净化心灵的最佳方法，但它需要具备一颗谦卑的心。

《自传》，1966 年，第 54 页

我认为，静默祷告通常具有比任何公开行动更强大的力量。我无助时会持续地祷告，我相信一个发自纯洁心灵的祷告永远不会没有

---

① 静修院，印度教高僧修行的处所，这里所说的静修院是指甘地 1915 年在艾哈迈达巴德建立的真理学院。

回应。

《青年印度》，1927 年 9 月 22 日，第 321 页

祷告是为了净化心灵，并且即便在静默中也可以祷告。

《哈里真》，1947 年 4 月 20 日，第 118 页

我可以用亲身经历证明，一个全心投入的祷告无疑是人能够克服怯懦及其他老毛病的最有效手段。

《青年印度》，1928 年 12 月 20 日，第 420 页

正如食物对于身体是必需的，祷告对于精神也是必需的。一个人或许能够许多天不进食——正如马克西维尼 ① 七十天不进食——然而有信仰的人，不能一刻没有祷告。

《青年印度》，1927 年 12 月 15 日，第 424 页

真正的冥想在于，除了你要祈祷的事情，不要关注其他任何事物。因此，在祷告中闭上眼睛可帮助你达到这种专注状态。人的感知

---

① 指特伦斯·马克西维尼（Terence MacSwiney，1879—1920），爱尔兰文学家，政治家，因参加爱尔兰独立运动而被英国政府逮捕入狱，在监狱中绝食七十天以示抗议。

是有限的。因此，每个人都不得不把神灵想象为对他最好的那一位，如果这种感知是纯洁而高尚的话。

《哈里真》，1946 年 8 月 18 日，第 265 页

我发现造物主从不吝啬于回应。当地平线看起来最黑暗的时候——在我承受牢狱之苦过程中，当我的一切事情无法一帆风顺时，我发现造物主就在我身边。我一生中的每一刻都未被他抛弃。

《哈里真》，1938 年 12 月 24 日，第 395 页

如果你想祈求造物主来帮助你，就必须完全坦诚地去他那里，毫无保留地靠近他，并且不要害怕或怀疑他怎么会帮助你这样堕落的人。他已经拯救了无数靠近他的人，怎么会放弃你呢？无论如何，他都会一视同仁。并且你会发现，你的每一次祷告都会得到回应，甚至最不纯洁的祷告也会得到回应。我告诉你的这些都来自我个人的经历，因为我已经经历了炼狱。

《青年印度》，1929 年 4 月 4 日，第 111 页

我赞同这一点，如果一个人二十四小时都能与造物主同行，他就不需要另找时间祷告。但绝大多数人发现这是不可能的。他们花太多时间与这个不那么干净的日常世界打交道。对他们来说，学会把心思意念从外部事物中收回来，即便是每日几分钟，也会有不可估量的作

用。静默交流将帮助他们在喧嚣中体验一种不被打扰的宁静，帮助他们抑制愤怒并培养忍耐力。

《哈里真》，1946 年 4 月 28 日，第 109 页

祷告是清早的钥匙与夜间的门闩。

《青年印度》，1930 年 1 月 23 日，第 25 页

……我已经以我的亲身经历见证。愿每个人都去尝试并发现，每天祷告会为生活增加一些新的东西，一些没有任何事物能与之相比的东西。

《青年印度》，1931 年 9 月 24 日，第 274 页

我的所有行动都是伴随祷告完成的。人是一种会犯错的存在，他永远无法确信自己的行动步骤。他听到的造物主对其祷告的回应可能只是他内心骄傲的回音。要想得到绝不失误的指引，人必须有天真无邪、不会犯罪的心灵。我不敢做出这样的声明，我的心是一个不断争夺、斗争、犯错、不完美的心灵。

《青年印度》，1924 年 9 月 25 日，第 313 页

我宣告做一个信仰坚定、勤于祷告的人，即便我被切成碎片，也

相信造物主会给我力量不去否认他。

《青年印度》，1927 年 12 月 8 日，第 413 页

即便我被杀死，也不会放弃反复念诵罗摩和拉希姆 [1] 之名，对我而言它们所指的是同一个造物主。我会念着这些名字快乐地死去。

《哈里真》，1947 年 4 月 20 日，第 118 页

造物主以自己的方式而不是我们的方式回应祷告。他的方式与人的方式不同。因此，它们是难以预测的。祷告要以信仰为前提。祷告不会徒劳无功。祷告与其他行动一样，无论我们是否看见，都会长满果实，并且是心灵的果实。

《哈里真》，1947 年 6 月 29 日，第 215 页

一个心灵邪恶的人绝不会意识到全然纯洁的神灵的存在。

《哈里真》，1947 年 6 月 29 日，第 209 页

当一个人的头脑充满圣灵时，就不会抱有针对任何人的恶意或憎恨。相应地，他的敌人会放下敌意成为他的朋友。我不敢说总能成功

---

[1] 拉希姆（Rahim），伊斯兰教对造物主的一种称呼。

地把敌人变为朋友，但是我在无数情形中得出的经验是，当我的头脑中充满神灵的平静时，所有的仇恨都停止了。有史以来，不断出现的世界导师都见证了这一点。我要声明，对此我并没有什么功劳。我知道它完全是造物主的恩典。

《哈里真》，1946 年 4 月 28 日，第 109 页

自我净化

我的一贯体验使我确信，除了真理，别无神灵。而且，倘若这些章节未能向读者揭示实现真理的唯一手段是非暴力，那么我会觉得写这些章节付出的所有心血无异于付诸东流。此外，即使我在这方面的努力没有取得成效，也想让读者知道，过错在于我的方式，而不在于非暴力。毕竟，不管我对非暴力的追求多么真诚，都没有达到尽善尽美的地步。因此，我在一瞬间瞥见的一点点真理的流光，很难表达也无法形容真理的巨大光辉，真理的光辉比我们日常看到的太阳的光辉强烈百万倍。事实上，我看到的不过是那个巨大光辉中最微弱的一线而已。但是，我可以满怀信心地说，根据我的所有体验，只有完全坚持非暴力的人，才能看到真理。

要想看到普遍的、无所不在的真理，一个人必须做到爱最卑微的生物，如同爱自己一样。一个有志于此的人，不能对生活的各领域采取超然度外的态度……

没有自我净化，人是不可能做到爱所有生物的。没有自我净化，人要遵行阿希姆萨原则也肯定只是一个空想。一个没有纯洁心灵的人

不可能发现真理。因此自我净化必定意味着生活中各层面的净化。并且由于自我净化具有很强的感染力，一个人的净化必然会使周围环境得到净化。

但是，自我净化的道路既艰难又曲折。要想达到完全纯洁，人们必须绝对摆脱思想、言论和行为方面的欲求，必须超脱爱与恨、恋与斥的对立潮流。我知道，虽然我在不懈地追求，但还没有做到思想、言论和行为三方面的纯洁。这就是我对世人的赞扬无动于衷的原因。实际上，世人的赞扬常常使我感到苦恼不安，犹如芒刺在背。在我看来，克服微妙的内心欲求，似乎比用武力征服外在世界艰难得多。自从我回到印度以来，已经体会到蛰伏的欲求隐藏在我的内心。意识到这些欲求，我感到羞愧难当，但并未气馁。这些经历和体验支撑我走到今天，并给我极大的快乐。但是，我知道，摆在我面前的是一条等待我穿越的艰辛之路。我必须将自己降为零。一个人只要不能在同类中甘居末位，就不可能得到解脱。非暴力就是最大限度的谦让。

《自传介绍》，1966 年，第 382—383 页

追求真理的工具既简单也困难。对于一个高傲自大的人来说，似乎完全是不可能的；但对于一个天真无邪的孩子，又是完全有可能的。这个世界把尘土踩在脚下，但寻求真理的人必须比尘土更谦卑。只有那时，也只有到那时，他才能一瞥真理。

《自传介绍》，1966 年，第 11 页

那些从精神的不朽属性中认识到肉体可腐朽性的人，自然会知道没有自律与自制，人的自我实现是不可能的。身体要么成为激情的游乐场，要么成为自我实现的圣殿。如果是后者，那么就不应自由放纵，精神需求必须时刻抑制肉体欲望。

《青年印度》，1926 年 6 月 3 日，第 205 页

　　如果心灵是纯洁的，肉体的冲动就没有存在的余地。但是我们所说的"心灵"是什么意思呢？并且，我们什么时候才能认为心灵是纯洁的呢？所谓的"心灵"不是其他，而是精神。假如心灵是纯洁的，那就意味着精神的完全实现，那时对官能感觉的渴望就会无影无踪。但是一般来说，当我们努力追求纯洁时，内心就获得了洁净。当我说我爱你时，就意味着我会尽力培养对你的爱。如果我有永无止境的爱，就是一个完全觉醒的人，但实际上我不是。任何一个我真正爱的人，都不会误解我的意图及话语，并且不会对我心怀恶意。由此可见，如果有人把我们视为敌人，这主要是我们的错……因此，心灵的完全纯洁是最终境界。在我们到达这一境界之前，随着我们逐渐变得纯洁，对官能感觉的渴望也会在这些相应的措施下逐渐衰减。

《圣雄甘地选集》（第 7 卷），第 376 页

　　除非我们已经把自己降卑到零，否则就不能战胜内在的罪恶。造

物主只要求我们完全顺服，以换取唯一值得拥有的真正自由。

《青年印度》，1928 年 12 月 20 日，第 420 页

真诚

　　真理并不像我们平常理解的那样简单，即我们尽可能不说谎。这就是说，真理并不赞同这样的说法——"诚实是最佳策略"，因为这意味着如果诚实不是最佳策略，我们就会摒弃它。但这里所说的"真理[1]"，意味着我们必须不惜一切代价，使用"真理"的法则管理我们的生活。为了澄清这个定义，我曾经用有名的波拉拉达[2]的生平事迹来阐明。为了真理，他敢于反对他的亲生父亲。他没有采取报复方式来保护自己，也没有用以其人之道还治其人之身的方法对待他的父亲。为了捍卫他理解的真理，他准备去死，从未想过反击他父亲及其打手的殴打，他甚至不躲避这些殴打。相反，他嘴角含着笑，为他信服的真理受尽折磨，最终真理获得了胜利。波拉拉达忍受折磨，并不是因为他知道总有一天他能够活着展示真理法则的绝对正确性。此前的事实表明，即便他在折磨中死去，他也会坚持真理。这种真理正是我所追求的。昨天，我注意到一件事情，它是一件小事。但我认为这些小事就像稻草，能够显示风往哪边吹。事情是这样的：我当时正在跟一个朋友说话，他希望与我单独谈谈，因此我们正在进行私人交谈。另一个朋友走了过来，很礼貌地问是否打扰了我们。正与我说

---

① 原文中，以下几处"Truth"（真理）这个英文单词，使用了大写字母开头。

② 波拉拉达（Prahlad），印度教文献中记载的一位侍奉毗湿奴神的圣人。

话的朋友说："哦，没有，我们不是私人谈话。"我觉得有些惊讶，因为我被他叫到一边，我从这个朋友的考虑看得出来，这次交谈是私人性的。但他很快出于礼貌——我称之为过于礼貌——说这不是私人谈话，并且他（另一个朋友）可以加入。我想向你们说明的是，这偏离了我界定的真理。我认为那个朋友本应该尽可能礼貌而又公开坦诚地说"是的，正如你所说的，你现在确实打扰了我们"，这样一点也不会冒犯他，如果他是一位绅士的话。并且我们也应当把每个人当作绅士看待。但人们或许会告诉我，这件事完全证明了我们民族的修养。我认为这是对该事件的文过饰非。如果我们继续出于礼貌这样说话，那我们就真的成了一个伪善的民族。我想起了我与一个英国朋友的对话。我和他不是很熟。他是一个大学的校长，并且在印度待了很多年。他当时和我交换一些看法，并且问我是否承认我们印度人与大多数英国人不同，在我们想说不的时候却不敢说不。我必须承认我当时很快回答"是的，我同意这个观点"。我们确实不愿意坦白地、勇敢地说不，尤其是当我们过分尊重那些与我们交谈的人的情感时。在这个静修院里，我们制定了一个规则，即当我们不愿意的时候必须说不，不必考虑后果。这就是首要规则。

《静修院行动守则》，1959 年，第 127—130 页

阿希姆萨

从字面上看，阿希姆萨的意思是不杀生。但对我而言，它有着无比丰富的含义，把我带到了一个更高的境界，远远高于只把阿希姆萨

理解为不杀生的境界。阿希姆萨的真正意思是，不要冒犯任何人，不要存有不仁的意念，即便是面对一个自认为是你的敌人的人。请你们注意这种思想的严谨性。我并没有说"你视之为敌人的人"，而是说"自认为是你的敌人的人"。因为一个遵从阿希姆萨的人是没有敌人的，他不承认敌人的存在。但总有一些人自认为是他的敌人，对此他也没有办法。所以阿希姆萨主张，我们不应当心存恶意，即使与这些人打交道也不能这样。如果我们以牙还牙，就偏离了阿希姆萨原则。但是我想进一步提出，如果我们对一个朋友，或者对所谓敌人的行为感到怨恨，则仍然不符合这个原则。然而，当我说我们不应该怨恨时，并不是说要默许他们的行为，我所说的怨恨是指希望对敌人实施某种伤害，或者阻碍他的前进道路，即使不是通过我们自己的行动，而是通过其他人的行动，或者说神力所为。如果我们存有这样的想法，就违背了阿希姆萨原则。那些加入静修院的人必须严格接受阿希姆萨原则。但这并不意味着我们要把这个教义的全部内容付诸实践，还差得远呢。它是我们必须努力实现的一个理想，并且即使是在当前这样的情况下，它也是我们要实现的理想，如果我们有能力做到的话。然而它不是一个几何学命题，需要用心去学习，甚至不像解答一些高级别数学难题，它远比这个难得多。你们中许多人都曾挑灯夜读来解决这些难题。如果你们想遵从这个原则，要做的远比挑灯夜读多。在你们能够达到甚至远远看到这个目标之前，不得不熬过许多不眠之夜，经历很多精神上的折磨与挣扎。如果我们想理解宗教生活意味着什么，就要把它当作必须努力达到的目标，而不是其他东西。对于这个教义，我说得最多的就是，一个相信这个教义功效的人，在快要实现这个目标的最后阶段，会发现整个世界都在他的脚下。这并不是说他想要整个世界在他脚下，而是这个教义必然带来这个结果。如果你以这种方式表达你的爱——阿希姆萨——以至于它给你所谓的敌人留下不可磨灭的印象，那么他必定以爱回报。由此我们得出另一个看法，即在这种原则下，有组织的暗杀没有存在的空间，公开凶杀也不允许存在，任何暴力行为都不允许存在，即便是以你的国家为理由，或是以维护你要照顾的亲人的荣誉为理由。无论如何，暴力是维护荣誉的糟糕方式。阿希姆萨信条告诉我们，我们可以通过把自己交给那些施行冒犯的人，维护那些我们所监护之人的荣誉。与施行暴力攻击相比，这样做需要身体上、精神上更大的勇气。你或许有一定强度的身体力量——我不是说勇气——并且你可以使用这种力量。但身体力量使用之后会发生什么呢？另一个人将充满仇恨与愤慨，你以暴力还击他的暴力，会使他对你更愤怒。并且，当他把你置于死地之后，接下来就会用暴力对付你要保护的人。但是如果你不去报复他，而只是站在敌人与你照管的人之间，只是挨打不还手报复，会发生什么呢？我向你保证，他所有的暴力都会施加于你，而不会殃及你要照管的人。在这样一种生活规划之下，你们在欧洲看到的那种为战争辩护的爱国主义观念将不复存在。

《静修院行动守则》，1959 年，第 130—134 页

独身

　　那些想为民族服务的人，或想了解真正宗教生活的人，必须过一种禁欲的生活，不管是否已经结婚。婚姻只不过是把一个女人带到男

人身边，他们成为特殊意义上的朋友，今生来世都不会分开。我认为不应该把情欲带入婚姻观念。如果有这样的情况，那也应该是在他们来这个静修院之前的情况。

《静修院行动守则》，1959年，第 134 页

看来，这个世界一直在追逐一些只有短暂价值的事物。它没有时间考虑其他事情。然而，当一个人想得更深一点时就会明白，最终只有永恒的事物才是有价值的。

什么是禁欲①呢？它是生活之道，带领我们走向梵天②。它包括对生殖过程的全面控制，这种控制必须存在于思想、言论和行动之中。如果思想不受控制，那么控制其他两个也就没有价值了。印度斯坦语中有句谚语："心灵纯洁之人，可享有恒河的所有洁净之水。"一个人的思想如果得到控制，那么其他事情就像孩子游戏那样简单。我设想的禁欲主义者将是一个健康、长寿的人。他甚至不会得头疼之类的疾病，脑力与体力工作也不易产生疲劳。他总是欢快的，从不懈怠。他的外表整洁，反映出他的内心洁净。他将完全展现《薄伽梵歌》③中描写的人物那样的坚定品格。但如果没有一个人能够达到《薄伽梵歌》中描写的品格，也不用着急。

如果一个人节制保留具有创造人类之潜能的重要液体，并使之净

---

① 禁欲（Brahmacharya），独身生活。为了信仰而遵守贞节，或节制欲求。

② 梵天（Brahma），印度教中，宇宙最高的永恒的实体或精神。

③ 《薄伽梵歌》，印度教经典，出自史诗《摩诃婆罗多》中黑天与战士阿周那的对话，被部分印度教徒视为圣典。

化升华，他就能展现以上描述的品格。你是否觉得这种说法很奇怪？然而，一个精子就具有创造一个生命的可能性，谁能够衡量性欲净化升华的创造性力量呢？帕坦伽利[①]论述过五大戒律，任何一个都不可能单独得以实践。其实可以把禁欲归入"真理"这一条戒律，因为它实际上包含着其他四个戒律。时至今日，五大戒律变成了十一个。阿查雅·维奴巴[②]把它们转写为马拉提语，它们是非暴力、真理、不偷窃、禁欲、不占有、生计劳动、控制食欲、无畏，平等对待所有宗教、司瓦德西[③]及废除不可接触者制度。

所有这些都可以从"真理"中推导出来，但生活是复杂的，你不可能只阐明一个基本原则，而剩下的事情放任不管。即便我们知道一个命题，它的推论也必须被论述出来。

我们最好记住，所有诫命都是同样重要的。只要违反一条，所有的就都违反了。我们中存在一个很普遍的观点，即对真理或非暴力的违反是可以原谅的。不偷窃与不占有的诫命也很少被提及，我们几乎没有认识到遵守它们的必要性。但是，对"禁欲"的一个假想的违反就会引起人们的愤怒甚至更糟的反应。在这个社会中，一些价值被夸大，一些价值被忽视，它肯定存在某些严重的问题。

此外，对"禁欲"一词的狭义使用降低了"禁欲"的价值和意义。这种偏离使对它的恰当遵守变得困难。当它被孤立使用时，甚至

---

① 帕坦伽利（Patanajali），古印度哲学家，被认为是《瑜伽经》的作者。

② 阿查雅·维奴巴（Acharya Vinoba，1895—1982），"阿查雅"在梵语中是对导师的称呼，他是甘地的追随者，印度著名修行者，社会活动家。

③ 司瓦德西（Swadeshi），指"坚持使用本国的货物，尤其是手工制作的货品，并且把邻居的产品放在第一位"，这是本书英文版的词汇表中对司瓦德西的解释。

连基本的实践也变得难以做到，如果不是不可能的话。因此，把所有诚命视为一个整体是至关重要的。这样也能使人认识到"禁欲"的完整意义与内涵。

《哈里真》，1947 年 6 月 8 日，第 180 页

控制食欲

一个人如果能够控制自己的食欲，就会更容易控制自己的生理欲望。这恐怕是非常难以遵守的诚命。我刚从维多利亚旅馆参观回来，在那里看到的情况并不使我沮丧——尽管我应当觉得沮丧——但我现在已经习惯了。那里有很多厨房，那些厨房不是因种姓之分而建立的，而是为了满足人们的口腹之欲，更准确地说是为了满足各地来的人熟悉的家乡口味。因此，我们发现婆罗门自己也有很多不同的包厢和不同的厨房，为不同的群体准备不同地方口味的精美食物。我认为这样做完全使人成为食欲的奴隶，而不是控制食欲。我是这样想的，除非我们的头脑能够摆脱这些陋俗，除非我们对茶店、咖啡店及所有厨房视而不见，除非我们满足于仅维持身体健康的必要食物，除非我们能够戒掉那些与食物混在一起的刺激性的、发热的、令人兴奋的调味品，否则我们就无法抵制过度丰裕及不必要的刺激。如果我们不这样做，结果就是我们会伤害自己，并会变得比动物还要低级。吃、喝、享受情欲，这是我们与动物的共同之处。但是，你是否见过一匹马或一头牛像人那样放纵食欲呢？我们如此快速地扩大食物类范围，不知所以地寻找一种又一种美食，最后像完全疯掉那样翻报纸看美食

广告，你是否认为这是文明的象征？这是一种真正生活的标志吗？

《静修院行动守则》，1959 年，第 134—135 页

不偷窃

我觉得我们在某种程度上都是贼。如果我拿了任何此刻不需要的东西并保留它，那么我就是从其他需要的人那里偷走了它。我敢说，大自然中一个毫无例外的基本法则是，她已经供给我们每日所需，如果每个人拿够所用的就不再多拿，那么这个世界就不会有贫困，也不会有人饿死。我并不想剥夺任何人，因为这样我就偏离了阿希姆萨原则。如果有人占有了比我多的东西，那就任由他去。但是只要我自己的生活得到节制，我必须说我不敢占有任何我不需要的东西。在印度，数百万的人一天只能饱餐一顿，并且这一顿还是吃没有脂肪只有一点盐的恰帕提①。在这数百万人能够穿得更好、吃得更好之前，你我都没有权利获得更多的东西。你我都应当对此有更多的认识，必须纠正我们的欲求，甚至自愿承受饥饿，使他们有吃有穿。

《静修院行动守则》，1959 年，第 136—137 页

---

① 恰帕提（Chapati），一种用面粉做成的低脂肪的饼，没有发酵的面包。

不占有

这个原则其实是"不偷窃"原则的一部分。正如一个人不能接受他不需要的东西一样，也不能占有他不真正需要的任何东西。占有不必要的食物、衣服或家具都是对这个原则的一种违背。例如，一个人不能占有一把椅子，如果他不需要的话。对这个原则的遵守将使一个人的生活不断简单化。

《静修院行动守则》，1959 年，第 113 页

体力劳动

体力劳动对于遵守"不偷窃""不占有"原则来说是至关重要的。人只有通过体力劳动养活自己，才不会对社会及自己造成伤害。健康的成年人必须靠自己完成个人的工作，不能由其他人为其服务，除非有合理的原因。但他们同时必须记住，为老、幼、病、残服务是每个拥有基本能力的人不容推辞的义务。

《静修院行动守则》，1959 年，第 113 页

司瓦德西

司瓦德西是一条非常重要的诫命。我认为，如果我们撇弃邻居去别的地方找其他人满足自己的需求，就背离了人类赖以生存的这个神圣法则。如果一个人从孟买来到这里卖给你一些陶器，只要你刚好有

一个土生土长的马德拉斯商人住在隔壁，那么你支持孟买商人就是不正当的。这就是我对司瓦德西的看法。在你们的村子里，只要有理发师能给你理发，你就必须支持他，而拒绝那个从马德拉斯来的技术更好的理发师。如果你觉得村里理发师的水平需要提高到那个来自马德拉斯的理发师的水平，就应该把他训练成那样。如果你愿意的话，你可以想办法送他去马德拉斯，以便提高他的职业技能。除非你已经做了这些，否则去找另一个理发师是不正当的。这就是司瓦德西。所以，当我们发现在印度很多东西无法得到时，应该尽力不用这些东西也要把事情做好。我们不得不在缺少很多被认为是必需品的情况下做事情。但是请相信我，如果你处于这种意识框架中，就会卸下肩上的重担。正如一本无可比拟的书——《天路历程》①描写的清教徒一样。有一次，当清教徒一直背在肩上的沉重负担脱落时，他觉得自己比旅途开始时更自由了。所以，一旦你们接受司瓦德西的诫命，就会觉得比现在更自由。

《静修院行动守则》，1959 年，第 137—139 页

无畏

在我漫游印度的过程中，我发现我们印度人——受过教育的印度人，正被一种令人无助的恐惧感钳制。我们不敢在公共场合开口说

---

① 《天路历程》(*The Pilgrim Progress*)，英国文学家约翰·班扬（John Bunyan，1628—1688）写的一本小说，该书借用寓言和梦境的形式，描写了一个基督徒前往天国的历程。

话；我们不敢公开宣称我们确信的观点；或者我们坚持这些观点并在私底下谈论它们，但不敢与公众分享。如果我们因为遵守誓言而保持沉默，那我无话可说。但是，当我们公开讲话时，所说的并不是我们真正相信的东西。我并不知道每位印度公众人物是不是都这样讲话。因此，我只是提醒你们只有一个存在——如果"存在"这个概念使用正确的话——是我们不得不敬畏的，他就是神灵。如果我们敬畏神灵，就不害怕人，不管他的地位有多高。并且，如果你想遵守任何形式的真理誓言，就必须毫无畏惧。这样你就会发现，在《薄伽梵歌》中，无畏被标记为一个好人第一重要的品格。我们害怕后果，因此不敢说出事实。一个敬畏神灵的人当然不会害怕任何世俗的后果。在我们立志了解什么是宗教之前，在我们立志指引印度的命运之前，你难道不认为我们应该先培养这种无畏的品格吗？或者，我们应该威胁我们的同胞（使他们畏惧），正如我们被威胁一样？由此，我们明白无畏是何等重要啊！

《静修院行动守则》，1959 年，第 139—140 页

废除不可接触制

不可接触制是当今印度教的一个污点。我不愿相信它是从远古时代传承给我们的。我认为这种可悲的、恶劣的、奴役性的不可接触制一定是在我们的生命循环处于最低潮时出现的，并且这种邪恶制度一直缠绕着我们，仍然和我们在一起。在我看来，它就像一个诅咒。并且我觉得，只要这个诅咒还在，我们就必须承认我们在这片神圣土地

上遭受的每一次痛苦，都是我们实施这个巨大罪行 ① 应当受的惩罚。任何人因职业而被视为不可接触者，这样的做法都是不可理喻的。而你们这些接受了所有现代教育的学生，如果成为这种罪行的参与者，那还不如不接受任何教育。

《静修院行动守则》，1959年，第140—141页

静默

我常常想到，一个真理的追寻者必须是一个安静的人。我知道静默的美妙功效。我去过南非的特拉比斯特 ② 修道院（Trappist monastery），那是一个美丽的地方。那个地方的大多数居民都持守静默的誓言。我问神父这样做的目的是什么，他说目的是显而易见的："我们是意志薄弱的人类，常常不清楚自己所说的话。如果我们要聆听自己心里那个常常跟我们说话的微弱声音，就不能持续不断地说话，否则就听不到这个声音。"我学到了这宝贵的一课，我懂得了静默的秘诀。

《青年印度》，1925年8月6日，第274—275页

以往的经验让我明白，静默是真理信仰者精神训练的一部分。人与生俱来的一个弱点是喜欢有意无意地夸大、压制或修改真理。要克

---

① 指不可接触制。
② 天主教西多会中的特拉普派，此派强调缄口苦修。

服这个弱点，静默是不可或缺的。一个寡言少语的人很少不假思索地说话，他会斟酌每个词语。

《自传》，1966 年，第 46 页

对于我来说，静默已经成为精神、身体的必需品。它最初是用于释放压力的。那时，我需要时间写作。但在我实践了一段时间之后，我懂得了它的精神价值。我突然想到这正是我与神灵交流的最好时间。现在，我觉得我仿佛是为静默而生的一样。

《哈里真》，1938 年 12 月 10 日，第 373—374 页

闭嘴不言并不等于静默。一个人可以切掉舌头达到同样的效果，但这同样不是静默。有说话的能力但绝不说废话的人，才是真正静默的人。

《哈里真》，1933 年 6 月 24 日，第 5 页

谦卑

没有充分感受过谦卑的人不会发现真理。如果你想在真理的大海中遨游，必须把自己降为零。

《青年印度》，1931 年 12 月 31 日，第 428 页

非暴力精神必然带来谦卑。非暴力意味着依靠造物主，这一万古磐石。如果我们寻求他的帮助，必须怀着谦卑和忏悔之心来到他面前……我们必须付诸行动，正如杜果树在结果时会低垂，它的伟大在于它高贵的谦卑。

《青年印度》，1921 年 1 月 12 日，第 13 页

在此，我们不要把谦卑与礼貌或礼节混为一谈。一个人有时会屈服于另一个人，尽管心里充满对他的怨恨。这不是谦卑，而是诡诈。一个人或许会口诵"罗摩那摩"，或者一整天捻他的佛珠，并且像一个圣人一样周旋于社会之中，但如果他心里自私的话，这也不是谦恭，而是伪善。

一个谦卑的人意识不到自己的谦卑。真理或许可以测度，谦卑却不行。与生俱来的谦卑永远不会隐藏，尽管拥有谦卑的人意识不到它的存在。至富和妙友①这两个圣人的故事就是一个很好的例子。谦卑会使它的拥有者意识到自己什么也不是。我们把自己想象得很重要，这是自负。如果一个人恪守诫命并以此为傲，那么对这些诫命的遵守也将至少失去很大一部分价值。一个以其美德为傲的人，将成为社会的祸根。社会不会接纳这种行为，而他也不会从中获得任何好处。只要稍微想想我们就会承认，在这个浩瀚宇宙中，所有造物不过是一个原子而已。我们作为肉身的存在是瞬间即逝的。在永恒之中，一百年的生命算得了什么呢？但是如果我们打碎自负的锁链，融入谦卑的海

---

① 至富（Vasishtha）和妙友（Vishvamitra）是印度史诗《罗摩衍那》中两个化敌为友的圣人。妙友属刹帝利，至富属婆罗门。

洋，就能分享它的荣耀。觉得自己很重要，其实是在造物主与我们之间设置障碍。大海中的一滴水分享着它父母的伟大，尽管它没有意识到这一点。但是一旦它离开海洋单独存在，很快就会干涸。我们说世上的生命不过是幻影，一点也没有夸大其词。

一个服务他人的人必须是一个谦卑的人。一个为他人牺牲自己生命的人根本没时间考虑自己的显要地位。我们不要把惰性误作谦卑，正如印度教那样。真正的谦卑意味着以最热忱的、持续的努力完全投入为人类服务中。造物主一直在服务而没有停下片刻。如果我们想服侍他，或想与他融为一体，我们的行动就必须像他那样不知疲倦。与大海分离的水滴或许能停歇片刻，但大海中的水滴却不是这样，它们不知疲倦。这种永不停止的激情承载着难以言述的平静。这种不知疲倦地服务的至高状态是难以描述的，但它没有超越人的经验界限。许多为此献身的人已达到这种状态，我们中许多人也同样能做到。

《来自耶罗伐达圣殿》，1957年，第45—48页

6. 一个理想的人

如果一个人断绝了所有折磨人心的欲望，并且发自内心地感到满足，他就是人们所说的斯蒂普拉加①或萨玛蒂希塔（Samadhistha，一个意志坚定的人）。他在逆境中不动摇，也不贪恋快乐。快乐与疼痛

---

① 在印度教中，斯蒂普拉加（Sthitprajna）被认为是拥有不变智慧的人。

是通过五种感官感受的，因此这个智者使他的感官远离感觉对象，就像一个乌龟躲进壳里。乌龟遇到危险时才会躲进壳里，但是对人而言，感觉对象任何时候都在攻击人们的感官。因此，他们的感官必须总是退缩回去的，并且他们总是准备着抵抗感觉对象。这是一场真正的战斗。一些人求助于禁欲和节食，将其作为抵抗感觉对象的武器，但这些方法的作用有限。当一个人禁食的时候，感官确实没有倾向于感觉对象，但是仅仅禁食仍然不足以摧毁他对食物的欲望。从另一个方面看，如果停止禁食，他的胃口反而可能增大。这些感觉是如此强大，以至于一个人稍不提防就会被它们强制拖走。因此，人们必须控制它们。但只有他把目光转向内在，认识他心中的造物主并献身于他，这个目标才能实现。把造物主作为目标并完全顺服于他，同时严格控制其感官的人，才是一个意志坚定的瑜伽修行者。相反，如果一个人无法主宰其感官，就会放纵于感觉对象中并且迷恋于它们，这样他几乎难以思考其他事情。这种迷恋会上升为强烈的欲望，而当欲望受挫时他会恼怒。恼怒会使他近乎疯狂，不明白自己到底在干什么。他因此失去记忆，行为疯癫，并最终得到不光彩的下场。如果一个人的感官任意漫游，那他就像一艘无舵之舟，完全被大风主宰，甚至被岩石撞得粉碎。所以，人们应该摒弃所有欲望并抑制他们的感官，使它们不会在有害的行为中被放纵。这样他的眼睛会目不斜视地紧盯神圣对象；耳朵会聆听赞美造物主的圣诗，或者不幸者的呼求；手和脚会致力于服务他人。确实，人的所有感觉、行动器官都应该帮助他履行职责，并接受造物主的恩典。一旦恩典降临，他所有的悲伤都将结束。正如雪在阳光照耀之下融化，他所有的痛苦会在恩典的照耀下消失，他会变得意志坚定。如果一个人意志不坚定，他怎么会思考良善的思想呢？没有良善的思想就没有宁静，没有宁静就没有快乐。意志坚定的人看事物如白昼般清楚，意志不坚定的人如同盲人，被世俗的骚动所迷惑。另外，世俗的聪明人眼中的纯洁之物，在意志坚定者看来仍是不洁净的，并会抵制它们。河川奔流不息直入大海，但大海不为所动。同样的道理，瑜伽修行者面对所有的感觉对象时，总能保持大海般的平静。因此，一个抛弃所有欲望的人，是一个摆脱骄傲与自私并且行为始终如一的人，一个平静的人。这就是造物主子民的完美状态，即使是在生命的最后时刻，只要他内心达到这种状态，就会得到拯救。

《论〈薄伽梵歌〉》，1960 年，第 11—13 页

《薄伽梵歌》第二章描写的理想人物——斯蒂普拉加常常浮现在我眼前，并且我永不停止地努力做这种理想人物。不管别人怎么夸我，我知道自己还差得远。当一个人真正达到那种境界时，他的思想会变得充满感染力，从而改变他身边的人。但是我哪有这样的力量呢？我只能说我是一个普通人，跟别人一样是血肉之躯。我只是永不停止地竭力向着《薄伽梵歌》中树立的崇高典范努力。

《哈里真》，1947 年 3 月 23 日，第 74 页

如果我们接受那个理想的斯蒂普拉加，也就是一个萨提亚格拉哈实践者，就不应该把任何人视为敌人，必须抛弃敌意与恶念。这个理

想人格并不只适用于被挑选出的少数人——圣人或先知，而且适用于所有人。我一直以来把自己描述为一个清洁工，我在凤凰村的时候，我是一个真正的清洁工。正是在那里我拿起桶和扫帚，我内在的强烈愿望驱使我融入最底层民众。作为一个卑微的劳动伙伴，我可以证明任何人——甚至一个头脑简单的村民——只要他愿意并努力，就能达到《薄伽梵歌》中描写的精神境界。我们有时会失去理智，尽管我们不屑于承认或者根本没有意识到这一点。一个意志坚定的人永远不会失去耐心，甚至面对孩子及暴怒的、凶恶的人时也是如此。正如《薄伽梵歌》中教导的，宗教信仰必须在今世付诸实践。不管你今世做了什么，它都不是获取来世好处的工具，因为那是对宗教的否定。

《哈里真》，1946 年 4 月 14 日，第 78 页

《薄伽梵歌》的教导并不是针对那些放弃世俗生活的人的，而是针对每个有家庭的人，无论其身世与地位如何。每个人都有责任达到里面描写的境界，并且只有把生活建立在"无畏"的基石上，才能做到这一点。

《哈里真》，1947 年 1 月 5 日，第 479 页

这个理想境界是否太难以至于无法追求呢？不是的。相反，它要求人们所做的只不过是与人类尊严相称的行为。

《哈里真》，1946 年 4 月 28 日，第 111 页

我承认，尽管自己一直竭力追求那种境界，但我仍然离平静的状态很遥远。

《哈里真》，1947 年 8 月 10 日，第 270 页

只要人还是血肉之躯，就无法达到完美境界。原因很简单，只要一个人还没有完全克服自我，就无法达到理想状态，并且只要他被肉身束缚，他就无法根除自我。

《青年印度》，1928 年 9 月 20 日，第 319 页

但是我们不可能实现完美的真理，只要我们仍然被这副终有一死的躯壳囚禁。

《来自耶罗伐达圣殿》，1957 年，第 5 页

目标永远在我们前面。我们的进步越大，就越能认识到我们的卑微。只问耕耘不问收获，竭尽全力就是彻底的胜利。

《青年印度》，1922 年 3 月 9 日，第 141 页

第二节　手段与目的

7. 手段与目的

对于我来说，懂得手段就够了。在我的人生哲学中，手段与目的是可以互换的词语。

《青年印度》，1924 年 12 月 26 日，第 424 页

如果把手段比喻为一粒种子，目的就是一棵树。并且，手段与目的之间存在一种牢不可破的关系，正如种子与树之间的关系一样。

《印度自治》，1962 年，第 71 页

他们说："手段终究是手段。"我说："手段就是一切，手段如何，目的就如何……"手段与目的之间没有被隔开。确实，造物主已经赋予我们手段控制能力（这也是有限的），而没有赋予我们对目的的控

制能力。目标的实现与手段的运用刚好成正比，这是一个没有例外的命题。

《青年印度》，1924 年 7 月 17 日，第 236 页

正确的行为不像欧几里得（Euclid）的标准线条，它像一棵美丽的树，成千上万片叶子没有两片相同。因此，尽管它们生于同一粒种子并属于同一棵树，但这棵树的任何部分都不具有几何图形的一致性。不过我们知道这粒种子、树枝及叶子是一体的。我们也知道，没有任何几何图形能够与一棵开满花的树的美丽与高贵相比。

《青年印度》，1924 年 8 月 14 日，第 267 页

试想一个没有经过加固的矩形框架，一次轻微而随意的拉扯就能使它的直角变为锐角和钝角。但是，只要这个框架的一个角被修正，其他角就会自动地恢复为直角。

《哈里真》，1947 年 11 月 30 日，第 447 页

不纯洁的手段导致不纯洁的结果……一个人不可能通过不诚实的手段实现真理，诚实的行为才能实现真理。非暴力与真理难道不是孪生兄弟吗？我要断然回答："是的，非暴力内嵌于真理之中，反之也一样。因此可视它们为一个硬币的两面，一方离不开另一方。分别看这个硬币的两面，上面的字不同，但价值却是一样的。如果没有完全

的纯洁，这种幸福的状态是不可能达到的。如果你藏匿着身体或思想的不纯洁，那你心里就还有虚伪与暴力。"

《哈里真》，1947 年 7 月 13 日，第 252 页

"只问耕耘，不问收获"，这是《薄伽梵歌》里面的一条黄金法则。

《哈里真》，1940 年 8 月 18 日，第 254 页

我们都只是至上尊者的工具，因此无法全面知晓什么于我们有益，什么会阻碍我们。我们只能满足于关于手段的一丁点知识，只要它是纯洁的，我们就毫无畏惧、静待天命。

《我在南非二十年》，1950 年，第 318 页

如果我们不知道并且不懂得使用实现目标的手段，对目标进行清晰定义和评价，并不会帮助我们实现它。因此，我们首先要寻找手段，并逐步使用它们。如果我们能够用好它们，目标的实现就是有保证的。同时我认为，我们目标的进展程度与手段的纯洁性是成正比的。

这种方法看起来需要花费很长的时间，或许很漫长，但我相信它

是最便捷的途径。

《甘地选集》，1957 年，第 36—37 页

不管我多么同情并且敬佩那些值得尊敬的动机，我仍然毫不妥协地反对暴力手段，即使它被用于最高尚的事业……我的经历使我确信，虚假与暴力不会带来永恒的善。即便我的信仰是一个盲目的幻想，我也承认它是迷人的。

《青年印度》，1924 年 12 月 11 日，第 406 页

我常常说只要一个人认真对待手段，他的目的自然会实现。非暴力是手段，每个民族的完全独立则是目的。

《哈里真》，1939 年 2 月 11 日，第 8 页

"用刀剑获取的，也必将被刀剑夺去。"我认同这句不朽的至理名言。

《哈里真》，1939 年 9 月 2 日，第 260 页

说到超然，我的意思是，只要你的动机是纯正的，就不需要担心你的行动会不会带来期待的结果。手段是正确的，这意味着，只要你

管理好你的手段并将其他事情交给神灵，最终就会有好结果。

《哈里真》，1946 年 4 月 7 日，第 72 页

成功或失败并不掌握在我们手中，做好自己分内的工作就够了……我们要做的就是努力奋斗。

《哈里真》，1947 年 1 月 12 日，第 490 页

8. 非暴力的意义

只有通过爱才能找到真理，不是世俗的爱，而是圣洁的爱。

《哈里真》，1947 年 11 月 23 日，第 425 页

爱在哪里，真理就在哪里。

《我在南非二十年》，1950 年，第 237 页

阿希姆萨意味着普世的爱。

《来自耶罗伐达圣殿》，1957 年，第 10 页

阿希姆萨意味着保罗式的"爱"①，但它的有些内容还是超出了圣保罗界定的"爱"，尽管我认为对于所有实践的目的来说，保罗的美妙定义已经足够好了。阿希姆萨包括所有的造物，而不仅是人类。此外，"爱"这个词在英语中还有其他含义，所以我被迫使用一个否定性词语②。但正如我告诉你们的，这个词表达的并不是一种消极的力量，而是一种超越所有力量之和的力量。一个能够在生活中体现阿希姆萨的人，拥有一种超越所有野蛮力量的力量。

《哈里真》，1936年3月14日，第39页

非暴力是一种精神的力量。我们能在多大程度上实现非暴力，就有多接近真理。

《哈里真》，1938年11月12日，第326页

阿希姆萨不仅仅是一种不伤害的消极状态，更是一种积极的爱的状态，一种与人为善的状态，即便面对恶人也是如此。但这并不意味着要帮助恶人继续做坏事，或者通过被动的默许容忍他们。相反，爱——阿希姆萨的积极状态——要求你以断绝关系的方式抵制做坏事的人，即便这样会激怒他，甚至伤害他的身体。因此，如果我的儿子过着一种令人羞耻的生活，我就不会资助他继续这样生活下去。相反，我对他的爱要求我撤回所有对他的资助，尽管这样可能意味着

---

① 保罗对"爱"的最著名定义在《圣经·新约》的《哥林多前书》中。
② 阿希姆萨也有"非暴力"的意思，因此说它是一个否定性词语。

他的死亡。同样的爱也使我有义务在他悔改的时候迎接他回到我的怀抱。但我不能用暴力方式迫使我的儿子变好。在我看来，这就是"浪子回头"的故事①的道德含义。

《青年印度》，1920 年 8 月 25 日，第 2 页

在它的积极形态之中，阿希姆萨意味着最大的爱、最大的仁慈。如果我是阿希姆萨的一个追随者，就必须爱我的仇敌，也必须将同样的原则应用于做错事的人——无论是我的仇敌还是陌生人，就像我对待做错事的父亲或儿子一样！这种积极的阿希姆萨必然包括"真理"与"无畏"原则。正如人无法欺骗他所爱的人，也不会害怕或吓唬他。生命是一份最重要的礼物，一个在现实中付出生命的人会消除所有仇敌的敌意，他已经铺好了通往谅解的道路。任何一个屈服于自身恐惧的人都不会献出这样一份礼物。因此，他自己必须是无所畏惧的。

《圣雄甘地演讲与著作》（第 4 版），第 346 页

如果我们只爱那些爱我们的人，这不是非暴力。只有当我们爱那些恨我们的人时，才是非暴力。我知道遵从这条爱的基本法则是多么困难。但是，所有的伟大及良善之事不都是很难做到的吗？爱那些恨你的人是这里面最难的一件事情。但只要我们想做，即使最难的事，

①　浪子回头的故事见《圣经·新约》。

138

也会变得容易。

《甘地选集》，1957年，第17页

9. 人类的法则

这个世界充满了希姆萨，大自然也显得"红牙血爪"。但是如果我们心里牢记人比野兽更高级，那么人就高于自然界。如果说人有什么要完成的神圣使命，一种适合他的使命，就是阿希姆萨。站在他所处的希姆萨世界，他能够撤回内心的最深处，并且向所处的世界宣告，他在这个希姆萨世界中的使命就是阿希姆萨。当他把阿希姆萨付诸实践时，展现了他的良善。这时人的本性就不再是希姆萨，而是阿希姆萨。因为他能根据自身的体验说出内心深处的确信：他不是一具肉体，而是一个灵魂。他只能为表达灵魂而使用这个身体，或者只能带着自我实现的目的使用这个身体。通过这些经历，他将发展出克制欲望、愤怒、无知、怨恨以及其他激情的伦理道德，并且以最大的努力实现目标，获取最终胜利。只有他努力取得这种成就，才算获得了自我实现，已能根据其本性行动。因此，普通人也可以征服他的肉体激情，而不需要成为超人。并且对阿希姆萨的遵守是最高级别的英雄主义行为，在这种行为中没有任何怯懦或软弱。

《青年印度》，1926年6月24日，第230页非暴力不是一种只限于先知或隐士的与世隔绝的美德。它能够被成千上万人实践，不是因为人们对它的含义有了全面的认识，而是因为它是人类的法则。它能把人与野兽区分开来，但是人还没有除去身上的兽性。他必须努力做到这一点。这种努力需要诉诸非暴力实践，而不只是信仰。我无法靠着努力实现对一种法则的信仰：要么信仰它，要么不信仰它。并且，如果我信仰它，就必须努力把它付诸实践。阿希姆萨是一种勇士的品格。怯懦与阿希姆萨如同水火，两者无法共存。

《哈里真》，1939 年 11 月 4 日，第 331 页

我不是一个空想家。我自认为是一个注重实践的理想主义者。非暴力信仰并不只是为先知与圣人准备的，它同样适用于一般民众。非暴力是人类物种的法则，正如暴力是野兽的法则。除了身体力量的法则外，动物并不知道任何其他法则。人的尊严要求他服从一种更高的法则——精神的力量。先知在暴力中发现了非暴力法则，他们比牛顿更有天赋。他们本身是比惠灵顿更伟大的尚武之人。在弄清楚武器的用途之后，他们意识到武器没有什么益处，并且教导疲倦困乏的世人，世界的拯救不在于暴力而在于非暴力。

《青年印度》，1920 年 8 月 11 日，第 3 页

◇[1] 非暴力是人类的法则，级别无限高且力量高于野兽。

◇作为一种最后的手段，它不适用于那些没有虔诚信仰的人。

◇非暴力为人类的自尊与荣誉提供最充分的保护，但它并不总是保护人们对土地及财产的占有。尽管实践已经证明，非暴力比使用武力保护财产更有效。但非暴力在本质上是不会为那些非法财产及不道德行为提供保护或帮助的。

◇那些愿意实践非暴力的个人或民族，必须准备牺牲除荣誉之外的所有东西（直到这个国家的最后一个人）。因此，它不能容忍强占其他国家的行为，也就是现代帝国主义——它是以赤裸裸的武力强权作为基础保护自己的。

◇非暴力是一种能被所有人共同运用的力量，无论是儿童、青年、成年人，只要他们拥有虔诚的信仰，并因此平等地爱所有人。当非暴力作为生活法则而被人们接受时，必须将其推广到整个人类，而不只是应用于某些孤立的行为。

◇认为非暴力法则对个人来说是足够好的，但对群体却不是这样，这种观点是完全错误的。

《哈里真》，1936 年 9 月 5 日，第 236 页

无论是有意还是无意，我们在日常生活中都常常运用非暴力法则。所有秩序良好的社会都建立在非暴力法则之上。我发现在事物毁灭的过程中生命仍然持续存在，因此必定存在着一个高于毁灭法则的

---

[1]　原文为阿拉伯数字序码，为了使本书层级清晰，逻辑清楚，特以符号代替。下同。

更高法则。只有在这种法则之下，一个秩序良好的社会才是可能的，生活才是值得的。并且如果这就是生活的法则，我们就必须在日常生活中运用它。无论何时出现冲突，无论在哪里遇到敌人，我们都要用爱去征服他。我已经以一种粗犷的方式把它运用于我的生活中，这并不意味着我所有的困难都能得到解决。我只是发现这个爱的法则提供了毁灭法则无法给出的方案。

《青年印度》，1931 年 10 月 1 日，第 286 页

我认为，尽管当前社会结构不是建立在对非暴力有意识接受的基础上的，但全世界的人仍然活着，并且人们都通过相互容忍保护自己的财产。假如他们不这么做，就只有极少数最凶残的人能活下来。然而这并没有发生。家人通过爱联系在一起，所谓文明社会中的群体或民族也是这样。他们只是没有认识到非暴力法则的至上性，因此也没有探索它的广泛可能性。

《哈里真》，1942 年 2 月 22 日，第 48 页

科学家告诉我们，构成这个世界的原子之间如果没有了黏合力，这个世界就会崩溃如碎片，我们也不再存在。并且，正如这种黏合力存在于无知觉的物质中，它也必然存在于所有有生命的事物中。这种黏合力就是爱。我们会在父子、兄弟姐妹、朋友之间发现它。但我们必须学会使用这种力量与其他生命相处。哪里有爱，哪里就有生命；

怨恨导致毁灭。

《青年印度》，1920 年 5 月 5 日，第 7 页

　　这个世界上所有的圣人，无论是古代的还是现代的，每个人都通过他们的洞见与能力向我们生动地展现人类存在的最高法则。确实，我们身上的兽性看起来常常很容易战胜我们。但这并没有否定这个法则，只是表明这个法则的实践存在困难。那么，这个与真理同样崇高的法则如果得到落实，结果会怎么样呢？当这个法则得到普遍实践时，真理就会遍布人间。如果我们认为，爱的实践对某些人来说是可能的，而不承认其他人也有这种实践的可能性，就是过于傲慢了。

《哈里真》，1936 年 9 月 26 日，第 260 页

　　为我们发现爱的法则的那个人，是一个比现代任何科学家都伟大的科学家。只是我们的探索没有走那么远，所以并不是每个人都能明白它的作用。但无论如何，这正是我努力追求的"幻想"——如果它是的话。我越是致力于坚持这个法则，越能感受到生活中的快乐，以及整个宇宙发展中的快乐。它给我一种平静，以及一种我无法描述的自然奥秘。

《青年印度》，1931 年 10 月 1 日，第 287 页

　　人类所有的经验可总结为人类总是以某种方式存在着。根据这个事

实我可以推断，正是爱的法则统治着人类。因为如果是暴力（也就是仇恨）统治着我们，我们早就灭绝了。然而可悲的是，所谓的文明人和文明民族的行为举止让人以为暴力才是社会的基础。当我通过试验证明爱才是最高的、唯一的生命法则时，我有说不出的快乐。再多的反面证据也无法动摇我的信念。

《哈里真》，1940 年 4 月 13 日，第 90 页

这个世界是通过爱的纽带联结在一起的。历史并没有记载日复一日发生的爱与服务的事件，它只记录了冲突和战争。然而实际情况是，在这个世界上，爱与服务的行为远比冲突与争吵常见得多。我们看到这个世界上有无数繁荣的村庄与城镇。要是这个世界充满了纷争与冲突，它们就不可能存留下来。

《甘地给静修院姐妹们的信》，1960 年，第 113 页

如果我们查看有文字记载以来的历史过程，就会发现人类一直稳步地向阿希姆萨前进。我们远古的祖先是食人生番。接着有一段时间，他们自相残杀来养活自己，并且开始以捕猎为生。当人们以游荡狩猎生活为耻的时候，就进入了下一阶段。他们开始转向农业，并主要依靠"大地母亲"获取食物。这样他们从游牧生活转为定居，过上了一种文明、稳定的生活。他们建立村庄、城镇，并从一个家庭的成员转变为一个群体或民族的成员。所有这些都标志着阿希姆萨的进步及希姆萨的消失。否则，人类早就灭绝了，甚至许多低级物种也早就

消失了。

《哈里真》，1940 年 8 月 11 日，第 245 页

在人们的记忆中，现代科学充满了各种从看起来不可能到已经成为可能的例证。但是自然科学的胜利一点也没有抵触"生活科学"的胜利，它可以被总结为"爱"——我们人类的法则。我知道它无法通过辩论获得证明，它是由那些在生活中遵循爱的法则而完全不计较后果的人证明的。没有牺牲就没有真正的收获。并且，既然事实表明爱的法则是最真实的收获，它所要求的牺牲也必定是最伟大的。

《哈里真》，1936 年 9 月 26 日，第 260 页

如果我们认为人类已经稳步走向阿希姆萨，那么必须接着进一步向它前进。这个世界上没有什么东西是静止不变的，任何事物都是运动的。如果不进步，就会不可避免地退步。

《哈里真》，1940 年 8 月 11 日，第 245 页

10. 非暴力的力量

我对非暴力深信不疑，因为我知道唯独它能够带来人类最高的善，不只是对于来世而言，对于今生也是如此。我反对暴力，是因为

当它看起来为善时，这种善往往只是短暂的，而它所做的恶却是永恒的。

《青年印度》，1925 年 5 月 21 日，第 178 页

非暴力是人类所能支配的最伟大力量。它的力量比人类所能发明的最有力的毁灭性武器还要强大。毁灭并不是人类的法则。只有视死如归的人才能自由地生活着，如果需要的话——他宁愿死在兄弟的手上也不去杀他的兄弟。对他人实施的每一次谋杀或伤害，不管什么原因，都是违反人性的一种犯罪。

《哈里真》，1935 年 7 月 20 日，第 180 页

五十多年来，我一直以一种科学的严谨性实践非暴力。我把它运用于生活的每一方面，制度的，经济的或政治的。据我所知，没有哪一次是失败的。对于有时看起来失败的地方，我认为失败的原因在于我的不完美。我声明自己是不完美的，但是我愿意把自己称为一个热心追求真理的人。在这个追求的过程中，我发现了非暴力。我一生的使命就是传播它。如果不履行这一使命，我就失去了活下去的兴趣。

《哈里真》，1940 年 7 月 6 日，第 185—186 页

在这个充满惊奇的年代，没人会说由于某个东西或某个想法是新的，因此是无价值的。再次，说某件事情由于它很难做到，因此是不

可能的，这样的说法与这个时代的精神格格不入。过去想象不到的事情现在已经每日可见，曾经的不可能正在变成可能。这些日子，我们常常被暴力领域中令人惊讶的发现震惊。但是我坚持认为，人们更想不到的和看似不可能的发现，也会发生在非暴力领域。

《哈里真》，1940 年 8 月 25 日，第 260 页

阿希姆萨是一门科学。在科学的字典中没有"失败"这个词。未能获得预期结果，常常是为进一步的发现做准备。

《哈里真》，1939 年 5 月 6 日，第 113 页

非暴力就像镭元素的放射治疗。即使极少量的镭元素也会作用于癌细胞，它会持续不断地、安静地产生作用，直至癌细胞死亡。同样地，即便只有一点点真正的非暴力，以一种无声的、稳定的、看不见的方式行动，它也会影响整个社会。

《哈里真》，1938 年 11 月 12 日，第 327 页

表面上，我们的生活被斗争与流血环绕，人们互相厮杀以求生存。但是某个伟大的先知早已洞识真理的核心，说："通过非暴力（而不是斗争与暴力），人类才能实现其命运及其对同类的义务。"这是一种比电流更强大的力量，甚至比其他任何力量都强大。在非暴力

的中心，有一种自我行动的力量。

《哈里真》，1936 年 3 月 14 日，第 39 页

11. 非暴力主义者的品格

对于真正的阿希姆萨信徒，即使被人攻击而处于生命临终之际，他也会面带微笑。只有带着这样的阿希姆萨，我们才能待对手如朋友，并赢得他们的爱。

《哈里真》，1940 年 3 月 2 日，第 19 页

非暴力是强者的武器。对于弱者来说，它很容易变成伪善。恐惧与爱是对立的概念。爱是不计后果的给予，不去想将获得什么回报。"爱"常与这个世界较劲，正如它与自己较劲一样，并且最终获取对所有其他情感的控制权。我的日常经验，正如那些与我一起工作的人一样，就是只要我们决定把真理与非暴力法则作为生活法则，每个问题就会自然而然地得到解决。对于我来说，非暴力与真理是一枚硬币的两面。

《青年印度》，1931 年 10 月 1 日，第 287 页

每一次行动都是许多力量，甚至是对立力量产生的结果，并不

存在能量的浪费。这是我们在物理书中学到的知识。对于人的行为来说，这同样是真实的。区别就在于，在前一种情况中，如果我们大体知道力量在起作用，就通过数学计算预测它的结果。但是对于人类行动来说，它们是各种力量共同作用的结果，我们对这些力量大多没有认知可言。但是我们不要因为这种无知而对这些力量的作用产生怀疑。毋宁说，正是这种无知要求我们有更大的信仰。非暴力作为世界上最强大的力量，在实践中又是最难以捉摸的，因此它要求最强大的信仰操练。正如我们忠诚地信仰真理，我们也必须忠诚地信仰非暴力。

《哈里真》，1939 年 1 月 7 日，第 417 页

一个实践阿希姆萨的人不会是一个懦夫，阿希姆萨的实践会带来最大的勇气。在战士的众多品格中，它是最具军人气质的美德。

《现代评论》，1916 年 10 月

阿希姆萨是一种拥有无比力量的武器。它是生命的至善，它是勇者的一种品质，实际上，它是他们的一切。阿希姆萨不是懦夫所能做到的。它不是僵化的、无生命的教条，而是一种真实的并能给予人生

命的力量。它是特殊的精神品性，这是它又被称为最高达摩①的原因。

《青年印度》，1928 年 9 月 6 日，第 301 页

我的阿希姆萨既不是无能的，也不是软弱的，它是无所不能的。哪里有阿希姆萨，哪里就有真理，因此，存在适用于所有人的法则。在这个世界上，真理与非暴力无论在哪里掌握最高权力，哪里就有平安与福佑。我们找不到它们，这只说明它们暂时向人类隐藏了起来，但是它们不会一直隐匿不见。这种信念必定会支撑着它的忠实信仰者。

《哈里真》，1946 年 9 月 29 日，第 332 页

非暴力与真理之路犹如刀锋般险峭。它的实践比日常饮食更重要。正确的饮食支撑着身体，正确的非暴力实践支撑着精神。对于身体所需的食物，我们只能食用一定的数量并要间隔一段时间。非暴力是精神的食粮，我们必须不断地食用，不存在所谓的间隔。我必须每时每刻认识到正在追求的这个目标，并以这个目标检验自己。

《哈里真》，1938 年 4 月 2 日，第 65 页

---

① 达摩（Dharma），印度教的教规，最高的法则。

你的阿希姆萨要想有效果，就必须通过你的言辞、你的行动、你的整体行为举止表现出来。一个阿希姆萨的信仰者必须培养不辞劳苦、不停自我控制的习惯。

《哈里真》，1939 年 5 月 6 日，第 113 页

非暴力的第一步是在日常生活中培育我们之间的诚实、谦卑、宽容、热爱良善。在英语中，"诚实是最佳策略"。但是根据非暴力法则，诚实不仅仅是一种策略。策略是会改变的，而非暴力是一个不可改变的信条。当你面对身边日益泛滥的暴力时，你仍然要坚持这个信条。面对一个不实施暴力的人，非暴力信条是没有价值的。事实上，我们已经很难说到底是不是非暴力了。但是当它与暴力对立的时候，人们就能分辨两者的区别。我们无法做到这一点，除非我们不断觉醒，不断警惕，不断努力。

《哈里真》，1938 年 4 月 2 日，第 65 页

阿希姆萨要求人们夸大自己的错误，缩小敌人的错误。他把自己眼中的灰尘视为梁木 ①，而把敌人眼中的梁木视为灰尘。

《哈里真》，1939 年 5 月 13 日，第 121 页

---

① 这里把灰尘比喻为小缺点，把梁木比喻为大缺点。

一个阿希姆萨信仰者必须在他所处理的事情上清廉、公正、正直、诚实、率直，并且完全无私。他还必须做到真正地谦卑。

《哈里真》，1939 年 5 月 20 日，第 133 页

人们发现最容易的事情常常是最难做到的，这看起来很奇怪，但确实是一个事实。借用一个物理学概念，出现这种现象的原因在于我们的惯性。物理学家告诉我们，惯性是一种基本的、最有用的物质属性。正是惯性使宇宙稳定运行，避免它在圆周运动的切点离开轨道飞出去。如果没有惯性，宇宙就会处于一种无序运动状态。但是如果惯性把人的思想束缚于陈规陋习之上，它就会变成沉重的负担及罪恶。正是这种惯性导致我们根深蒂固的偏见，以致我们难以实践纯洁的阿希姆萨，除掉这种梦魇是我们的责任。我们要朝这个方向走出第一步，坚定地禁止所有的虚假与希姆萨，无论付出多大的代价。因为它们表面上看起来可以获取利益，实际上却是致命的毒药。

如果我们决心坚定并且信念清晰，这意味着这场战斗已经赢了一半，这也使我们在实践这两种品德时变得相对容易。

《哈里真》，1940 年 7 月 21 日，第 215 页

如果暴力的方法要经过大量的训练，那么非暴力的方法则需要更多的训练，并且这种训练远比暴力的训练困难得多。这种训练的第一要素是有真正的信仰。真正有信仰的人不会在口头上打着正义的名义做邪恶的事情。他不会依靠刀剑。但是你会说，一个懦夫也会冒充有

信仰者并说他没有使用过刀剑。怯懦不是有信仰的标志。真正有信仰的人有力量使用刀剑，但他不会使用。

《哈里真》，1938 年 5 月 14 日，第 110 页

"在阿希姆萨面前，敌意消失了"是一句伟大的格言。它意味着最大的敌意要求用同样强大的阿希姆萨来消除。培养这种美德需要长时间的实践，甚至可能需要几代人的时间，这个代价是有意义的。朝圣者沿路前进，日复一日地积累起大量的经验，这使他最终能够瞥见只有在峰顶才能看到的美景。这将增加他的热情。因此，没有人有资格要求这条路像无刺玫瑰铺成的地毯那样舒适。正如一首诗歌写的："通往真理的道路只属于勇者，它永远不属于怯懦者。"

《哈里真》，1947 年 12 月 14 日，第 468 页

非暴力作为一种强大的力量，必须从思想开始。仅仅是身体的非暴力而没有思想的配合，这是弱者或懦夫的非暴力，因而是没有力量的。这是一种可耻的行为。如果我们心怀怨恶和仇恨，只是假装不去报复，这必定会使我们遭到报应并导致我们的毁灭。

《青年印度》，1931 年 4 月 2 日，第 58 页

要达到精神上的非暴力状态，需要经过一个相当刻苦的训练过程。

日常生活中，非暴力必须有一个训练的过程，尽管人们不喜欢它，例如士兵的生活。但是我同意这样一种观点，除非有思想上的真正配合，否则单纯的外在服从只是一种掩饰，于人于己都是有害的。只有当思想、言论和行为处于恰当的协调时，才能达到最完美的境界。

《青年印度》，1931 年 10 月 1 日，第 287 页

坐在家里是无法学会非暴力的，它需要有进取心。为了考验自己，我们必须学会不怕危险与死亡，克服肉欲并获得克服所有困难的能力。一个人如果看到两群人在打架就害怕得颤抖或者逃跑，这不是非暴力主义者而是懦夫。一个非暴力主义者会牺牲他的性命来阻止这场争斗。非暴力主义者的勇敢远远胜于暴力者的勇敢。暴力的标志是他的武器——矛、刀剑或来福枪。真理是非暴力主义者的盾牌。

《哈里真》，1940 年 9 月 1 日，第 268 页

我们最好在国内学校学习阿希姆萨的基本原理。我可以根据自身经历说明，如果我们确保在国内获得成功，就能在任何地方获得成功。对于一个非暴力主义者来说，整个世界就是一个大家庭，因此他不会害怕任何人，其他人也不会惧怕他。

《哈里真》，1940 年 7 月 21 日，第 214 页

非暴力不是仅摒弃武力。它也不是弱者及无力者的武器，一个无力挥动棍棒的小孩子并不是在实践非暴力。非暴力比任何武器都要强大，它是这个世界上一种独特的力量。它是一种比野蛮力量更强大的武器，还没意识到这一点的人无法理解它的真实本质。这种非暴力不能通过口头话语教导，但是它能通过造物主的恩典在我们心中被点燃，作为诚心祷告的回应。

《哈里真》，1938 年 12 月 10 日，第 377 页

非暴力不能用于说教，它必须被实践。

《哈里真》，1937 年 3 月 20 日，第 42 页。

人与人的行为各不相同。好的行为值得赞扬，恶劣的行为要受到谴责。这些行为的主体，无论善恶，根据具体情况而定，都值得尊重或同情。"憎恨罪恶，但不憎恨犯罪的人"，这虽然是一个易于理解的观念，但要付诸实践却非易事。这也是憎恨的种子能够遍布全世界的原因。

《自传》，1966 年，第 206 页

如果一个人不在自己与他人的私人关系上实践非暴力，却希望在更大的事情上使用它，那么他就犯了很大的错误。非暴力就像仁慈一样，必须从家庭开始。如果说个人在非暴力行动中有必要接受训练，

那么对于民族来说则更有必要接受训练。一个人不能在自己的小圈子里是非暴力的，而在圈子外是暴力的。

《哈里真》，1939 年 1 月 28 日，第 441 页

如果你真的想培养非暴力精神，就应该立下誓言，无论遭遇何事，都不会对家庭成员动怒，或发号施令，或对他们作威作福。因此你可以利用日常生活中的每件小事培养自身的非暴力精神，并且把它教导给你的孩子。

《对和平的朝拜》，1950 年，第 90 页

我认为非暴力不仅仅是一种个人美德，也是一种社会美德，就像其他美德那样需要培养。的确，社会在很大程度上是由人们相互交往中的非暴力调节的。我希望的是，把非暴力扩展到一个更大的民族的和国际的领域。

《哈里真》，1939 年 1 月 7 日，第 417 页

我们不能把真理与非暴力仅仅当作个人实践的事物，而要让各群体、共同体与民族实践它。不管怎样，这都是我的梦想。无论生死我都要竭力实现它。我的信念每天都在帮助我发现新的真理。阿希姆萨是精神属性，因此每个人都要在生活中的每件事情上实践它。如果它

无法在各方面付诸实践，就没有实际价值。

《哈里真》，1940 年 3 月 2 日，第 23 页

　　由此可见，如果非暴力能够在一个地方获得成功，它的影响会扩散到每个地方……非暴力的实践遵循的基本原则是，对于一个人是好的东西，同样适用于整个人类。

《哈里真》，1938 年 11 月 12 日，第 327 页

　　仅适用于个人的非暴力对于社会来说没有太大作用。人是一种社会存在。他的非暴力技能要想对社会有用，就必须能被获得。只能在朋友之间运用的非暴力不过是它的一点闪光而已，根本配不上阿希姆萨的称号。

《哈里真》，1947 年 12 月 14 日，第 468 页

　　在世俗事务中实践非暴力，要懂得它真实的价值，就要把它从天堂搬到人间。并没有所谓的另一个世界，所有的世界都只是一个。没有"这里"，也没有"那里"。正如金斯①已经说明的，整个宇宙——包括最遥远的星星，甚至无法通过最强大的望远镜看到的星星——都可以被压缩为一个原子。所以我认为，把非暴力局限于离群索居的

---

① 　詹姆斯·哈珀伍德·金斯（James Hopwood Jeans，1877—1946），英国天体物理学家。

人，或者为了来世得到一个想要的地位而积德，都是错误的。所有的美德如果不能服务于生活的每个方面，就不再有用。

《哈里真》，1942 年 7 月 26 日，第 248 页

有时候，我们把最简单的事情当作最困难的事情。如果我们的心是敞开的，就不会有困难。非暴力是一个与心灵相关的事物。我们无法通过知识技巧获得它。想象一滴水被抛离大海，飞到数百万英里之外是什么样子。在离开其生存环境之后它变得无助，并且再也无法感受到大海的力量与威严。但是如果有人指出它代表着大海，它的信念就会恢复，它会快乐起舞，而整个大海的力量与尊严再次在它身上得到体现。这些都是在非暴力行动中获得的。

《哈里真》，1939 年 6 月 3 日，第 151 页

如果一个人骄傲又自高自大，他就不会采取非暴力。没有谦卑，是不可能采取非暴力的。我的经验是，无论何时，当我采取非暴力的行动时，都会受到一个更大的不可见力量的鼓舞，带领我走向并坚持非暴力。如果只是通过我自己的意志，我早就惨遭失败了。

《哈里真》，1939 年 1 月 28 日，第 442 页

我已经吸取了这个教训——对于人来说不可能的事，对于造物主却易如反掌。如果我们信仰这位掌管所有造物命运的神圣者，我毫不

怀疑，所有的事情都是可能的。在这个终极期盼中，我会活着并用一生的时间努力遵行他的旨意。

《青年印度》，1931 年 11 月 19 日，第 361 页

我很清楚这条道路。它笔直而狭窄，就像刀刃一样。我很快乐地走在上面。在我滑倒时我会哭泣，神灵对我说："努力奋斗的人绝不会灭亡。"我完全相信这个应许。因此，尽管我因自身的缺点而失败无数次，但绝不会失去信仰。

《青年印度》，1926 年 6 月 17 日，第 215 页

12. 非暴力与怯懦

我真的认为，如果在怯懦与暴力之间只能选其一，我会建议选择暴力……但是我相信非暴力远远胜于暴力，宽恕远比惩罚更有男子气概，宽恕能让一位勇士锦上添花。但是只有当你有力量惩罚的时候，你的克制才是宽恕。对于一个无能为力的人来说，假装宽恕没有任何意义。

《青年印度》，1920 年 8 月 11 日，第 3 页

非暴力在一定程度上能被弱者使用，这是事实。我们也是这样使

用它。但是，当它用于掩饰我们的懦弱时，会使我们柔弱无力。与柔弱无力相比，使用暴力的勇敢要好得多。与怯懦相比，决一死战要好得多。也许人类原本就是动物，并且我也愿意相信，我们通过一个漫长的进化过程从动物进化成了人。虽然我们生来就有动物的力量，但作为人就要认识我们心中的造物主。这确实是人的独特之处，这使他与动物区别开来。然而，认识造物主就是在所有生物中看见他，也就是要意识到我们与所有生物的一体性。除非我们自愿摒弃暴力，并且培养潜伏在每个人身上的非暴力意识，否则这是不可能的。这只能来源于人的勇气。

《哈里真》，1938 年 4 月 2 日，第 65 页

非暴力与怯懦是相对的概念。非暴力是最大的美德，怯懦是最大的恶行。非暴力在爱中涌现，怯懦则来自仇恨。非暴力总是承受苦难，怯懦总是造成痛苦。

《青年印度》，1929 年 10 月 31 日，第 356 页

非暴力与怯懦不相容。一个全副武装的人，其内心却可能是一个懦夫，手拿武器表明他心里有恐惧。如果没有无所畏惧的品格，真正的非暴力就是不可能的事情。

《哈里真》，1939 年 7 月 15 日，第 201 页

力量并非来自身体能力，而是来自不可征服的意志。

《青年印度》，1920 年 8 月 11 日，第 3 页

一个拥有坚定意志的小团体，被不可抑制的使命信念激发，将能改变历史的进程。

《哈里真》，1938 年 11 月 19 日，第 343 页

哪里有信仰，哪里就没有恐惧。

《青年印度》，1926 年 9 月 2 日，第 308 页

让我们敬畏神灵吧，这样我们就不再害怕人。

《圣雄甘地演讲与著作》，1933 年，第 330 页

灵性与理解经文无关，也不是进行哲学讨论。它是一种心灵陶冶，是一股不可估量的力量。灵性首先要求无畏的品格，懦夫绝不会是合乎道德之人。

《青年印度》，1921 年 10 月 13 日，第 323 页

13. 什么是萨提亚格拉哈

我的目标是与世界为友，并且能够把最大的爱与对恶最强的抵制联系在一起。

《青年印度》，1920 年 3 月 10 日，第 5 页

非暴力不是"放弃一切反抗邪恶的真实战斗"。相反，我设想的非暴力与报复行动相比，是一种更积极、更真实的反抗邪恶的战斗，报复在本质上助长了邪恶。对于不道德的事情，我试图采取一种精神的因而也是道德的抵抗方式。我试图使独裁者的刀剑变钝，但不是举起一件更锋利的武器来对抗他，而是使他对我会以武力反抗的期待落空。我将以精神抵抗而不是逃避他。一开始他会感到迷惑，但最终他不得不承认我们的诉求，这种承认并不会使他受羞辱，反而会使他道德提升。

《青年印度》，1925 年 10 月 8 日，第 346 页

在扔掉刀剑之后，我唯一能做的就是把友爱之杯给予那些反对我的人。正是通过给予爱，我希望他们能与我更亲近。

《青年印度》，1931 年 4 月 2 日，第 54 页

在过去三十年里，我一直忙于传讲与实践萨提亚格拉哈。正如我

今天所知道的，萨提亚格拉哈原则的形成是一个逐渐演化的过程。

萨提亚格拉哈与消极抵抗截然不同，正如南极与北极的差别。消极抵抗被认为是弱者的武器，并且没有排除使用身体力量或暴力来达到他们的目的。而萨提亚格拉哈已经被认为是最强者的武器，并且不使用任何形式的暴力。

萨提亚格拉哈这个词是我在南非的时候创造出来的，以此表达印度人在那里运用了八年的一种力量。我之所以创造这个词，是想区别于当时正发生在英国和南非的被称为消极抵抗的运动。

它的基本含义是坚持真理，因此坚信真理的力量。我也称之为爱的力量。在实践萨提亚格拉哈的早期，我发现追求真理并不容许人们对敌人使用暴力，而是通过耐心与同情使他改正错误。这是因为，一个人认为是真理的东西，另一个人可能认为是谬误。耐心意味着自我受苦。因此这个信条意味着对真理的拥护，不是要给敌人施加痛苦，而是要自己承受苦难。

但是在政治领域，为人民利益的斗争大多数在于反对各种形式的不公正法律的错误。当你无法通过请愿等方式使立法者认识到错误，并且你不想向错误屈服时，纠正这个法律错误的办法就是，要么通过暴力迫使他向你屈服，要么违反这个法律并接受惩罚，从而使自己承受痛苦。因此，萨提亚格拉哈大多数时候是作为文明不服从或文明抵抗出现在公众面前的。它是文明的，这意味着它是无罪的。

违法者偷偷地违反法律并且试图逃避惩罚，文明抵抗者并不是这样。他总是遵守所属国家制定的法律，这不是出于对制裁的恐惧，而是因为他认为这些法律对社会的福利是有好处的。但有时候，尽管这种情况通常比较少见，他认为某些法律是如此不正义，以致服从它们就是一种耻辱。因此，他公开并文明地违反它们，并默默地承受相应的惩罚。并且为了表达他对立法者行为的抵制，他可以选择不服从其他这样一些法律而退出他与国家的合作关系，即便违反这些法律也不算道德上的卑劣行为。

在我看来，萨提亚格拉哈的美善与效力是如此之大，其教义又是如此简单，以至于它能够向孩童讲授。我就曾经向千万个被称为印度用人的男人、女人和孩童传讲过，效果非常好。

萨提亚格拉哈字面上的含义是坚持真理，它意味着"真理之力量"。它排除了使用暴力，这是因为人不可能认识所有的绝对真理，因此没有资格惩罚他人。这个词是我在南非的时候创造出来的，以便将南非印度人的非暴力抵抗与当时的"消极抵抗"及其他运动区别开来。它并不是作为弱者的武器被构想出的。

消极抵抗是在传统英语意义上使用的，包括妇女参政权运动①及非英国国教徒的抵制运动②。消极抵抗被人们当作一种弱者的武器。在避免暴力发生的同时，在消极抵抗者认为必要的情况下，他们也不排除使用暴力。但无论如何，人们总是把它与武力抵抗区别开来，并且

---

① 妇女参政权运动，指 19 世纪末英国妇女在米利森斯·霍彻特（Millicent Fawcett）女士领导下开展的妇女选举权运动。运动的目标在于试图通过非暴力抗争手段，使女性获得与男性同样的选举权。

② 非英国国教徒的抵制运动，指 1902 年约翰·克利福德（John Clifford）博士领导的非国教徒的消极抵抗运动，号召教徒拒绝缴纳税收来支持英国国教的学校。

它的实践曾在一段时间内局限于基督教殉道者。

文明不服从是以文明的方式违反政府制定的不道德的法律。据我所知，这个短语是梭罗①在表达他对一个蓄奴州法律的抵抗时创造的。他留下了一篇有名的关于文明不服从之责任的文章。但是梭罗或许并不是一名彻底的非暴力拥护者。此外，梭罗对法律的违反或许仅局限于税收相关的法律，也就是纳税制度。然而到了1919年，文明不服从的实践已经发展为对任何不道德法令和法律的违反。它体现了抵抗者以一种文明的，也就是非暴力的态度来违反法律。他请求法律的惩罚，并快乐地承受牢狱之苦。它是萨提亚格拉哈的一部分。

不合作主要意味着退出与政府的合作。在不合作者看来，政府已经变得腐败，并且前面描述的激烈形式的文明不服从也不适用了。不合作就其特性而言，即便是懂事的孩子也能参加，并且民众实施起来很安全。文明不服从则预先假设人们具有愿意服从法律、不惧怕法律制裁的素质。因此，在任何情况下，它只能作为最后手段使用，并且首先由少数人实践。不合作也和文明不服从一样是萨提亚格拉哈的组成部分，萨提亚格拉哈涵盖所有为拥护真理而进行的非暴力抵抗活动。

《青年印度》，1921 年 3 月 23 日，第 90 页

当萨提亚格拉哈被运用到极限时，它不再依赖金钱和其他物质的支持。即便是在它的基础形式中，也不依赖物质力量或暴力。确实，暴力是对这种伟大精神力量的否定。只有那些完全摒弃暴力的人才能

---

① 亨利·戴维·梭罗（Henry David Thoreau，1817—1862），美国著名诗人、作家，著有散文集《瓦尔登湖》、论文《论公民的不服从责任》，他对甘地有很大的影响。

培育这种力量。这种力量能够被个体使用，也能被群体使用。它既能在政治事务上使用，也能在家庭事务上使用。它的普遍适用展示了其持久性与战无不胜的特性。它能够被男人、女人甚至孩童使用。因此，认为它只是没有能力以暴制暴的弱者使用的武器，这种说法是完全错误的。这种荒谬观念的兴起是因为英语短语——"消极抵抗"的表达有缺陷。那些自认为是弱者的人是不可能采用这种力量的。只有那些意识到人的身上有某些东西超越了自身的动物性，并且动物性总是服从于这些东西的人，才能成为有力的萨提亚格拉哈战士。这种力量对于暴力、所有暴政和不正义而言，就像光明与黑暗一样无法共存。在政治领域中，它的运用建立在以下永恒公理的基础上——只有当人民自觉或不自觉地同意被统治的时候，人民的政府才是可能的。我们不想被 1907 年南非德兰士瓦省的"亚细亚法令"[①]（The Asiatic Act）管制，在强大的反对力量面前这个法令不得不撤销。当时我们有两个选择，要么在我们被命令服从这个法令时使用暴力反抗，要么接受这个法令施加的惩罚，并以此表达、展现我们精神的力量，在足够长的一段时间内，对统治者或法律制定者的良知与情感施加影响。我们花了很长的时间才实现我们奋斗的目标。这是因为我们的萨提亚格拉哈并不是最完整的类型，所有的萨提亚格拉哈战士都不理解这种力量的全部价值，我们也缺少始终确信要克制暴力的参与者。对这种力量的使用要求人们恪守贫穷，这意味着，无论我们是否有资金吃、穿都无关紧要。在过去的斗争中，所有的萨提亚格拉哈战士——如果

---

① 德兰士瓦省的"亚细亚法令"于 1906 年制定，1907 年议会通过，其中对印度侨民的规定：所有年满八岁的印度人必须在警察局登记并领取盖有个人手印的身份证，随时接受检查，否则会被处以重罚或驱逐出境。

有的话——都没有准备做到这种程度。一些人只是名义上的萨提亚格拉哈战士。他们参与时没有一点信念，常常带着复杂而不纯的动机。要不是受到最严格的监管，有些人甚至在参加非暴力斗争的同时已经准备使用暴力了。正是因为这样，这场斗争被拖延了，但由于运用了最纯洁的完美形式的精神力量，也带来了片刻的解脱。为了运用这种力量，对个人精神的长期训练是绝对有必要的。这样一名彻底的萨提亚格拉哈战士不得不成为一个近乎——如果不是绝对的话——完美的人，我们不可能马上变成这样的人。但如果我的观点正确的话——我认为是正确的，那么我们内在的萨提亚格拉哈精神越强大，我们就会变得越好。因此，我认为它的作用是毋庸置疑的。它是这样一种力量，如果它被全世界接受的话，就会使社会理想发生革命。并且，它会废除专制及不断增长的军国主义。西方民族正在这种军国主义之下饱受折磨，被压垮到死亡的地步，它甚至很有可能吞没东方民族。如果过去的斗争能够让许多印度人愿意竭力成为萨提亚格拉哈战士，那么他们现在不仅能够以最真实的方式帮助自己，也能够帮助全人类。这样看来，萨提亚格拉哈是最高尚、最优质的教育。它不需要等到孩子接受所谓的普通教育之后才开始。毫无疑问，一个孩子在学会写字并获得世俗知识之前，就应该了解什么是真理、什么是爱、什么是精神的内在力量。这是一个孩子应当学习的真正教育的核心。这样在生活的斗争中，爱就能轻而易举地战胜仇恨，真理战胜虚伪，自我受苦战胜暴力。

《青年印度》，1927 年 11 月 3 日，第 369 页

萨提亚格拉哈是一种对真理坚持不懈的追求，以及实现真理的决心。

《青年印度》，1925 年 3 月 19 日，第 95 页

非暴力在其主动的情境中意味着自觉受苦。它并不意味着对恶者的意志逆来顺受，而意味着以人的全部精神力量抵抗暴君的意志。在这个人类法则之下，一个人能够公然抵抗一个不正义帝国，以捍卫他的尊严与信仰，并为帝国的崩溃和重建打下基础。

《青年印度》，1920 年 8 月 11 日，第 3 页

在不正义的事业中是不可能产生萨提亚格拉哈的。但是在正义的事业中，如果它的拥护者没有决心，也没有能力去斗争并受苦到底，那么萨提亚格拉哈将是白费工夫，因为最轻微的暴力使用也会挫败这项正义的事业。萨提亚格拉哈拒绝使用任何模式或形式的暴力，不管是思想、言论还是行为上的。有了正义的目标，有了无止境的受苦能力并避免暴力，胜利就是必定无疑的。

《青年印度》，1921 年 4 月 27 日，第 129 页

萨提亚格拉哈获得成功的必要条件是：萨提亚格拉哈战士不能对敌人怀有任何仇恨；所针对的问题必须是真实的并且是实质性的；

萨提亚格拉哈战士必须准备为他的事业受苦到底。

《哈里真》，1946 年 3 月 31 日，第 64 页

既然萨提亚格拉哈是直接行动中最强大的一种方式，那么一名萨提亚格拉哈战士在诉诸萨提亚格拉哈之前，应先用尽所有其他方法。因此，他要持续不断地接触各种权威，求助于公众舆论并引导公众舆论，在那些想听他讲话的人面前平和而冷静地陈述他的理由。只有用尽所有这些方法，他才能诉诸萨提亚格拉哈。但是如果他听到自己内在的声音在迫切地召唤他，并且开始实行萨提亚格拉哈，他就已经破釜沉舟，没有退路。

《青年印度》，1927 年 10 月 20 日，第 353 页

萨提亚格拉哈的一个根本原则是，萨提亚格拉哈战士要抵抗的暴君虽然有权力主宰他的身体、占有他的物质财富，但没有权力主宰他的意志。即便身体被囚禁，意志也未被征服，并且是不可被征服的。萨提亚格拉哈的整个学说就是从对这个根本真理的认识中产生的。

《青年印度》，1931 年 5 月 21 日，第 118 页

萨提亚格拉哈是完全的自我隐忍、最大的谦卑、最大的耐心及最

辉煌的信念。它本身就是回报。

《青年印度》，1925 年 2 月 26 日，第 73 页

萨提亚格拉哈是和善的，它从不伤害他人。它绝不是愤怒或怨恨的结果。它永远不会挑剔、不会急躁、不会吵闹。它与强制截然对立，它是对暴力的完全替代。

《哈里真》，1933 年 4 月 15 日，第 8 页

14. 萨提亚格拉哈战士的资格与训练

萨提亚格拉哈的字面意思是坚持真理。这种对真理的坚持为它的信仰者装备了无可匹敌的力量。这种力量隐含在萨提亚格拉哈这个词中。萨提亚格拉哈，坦率地讲，也许会被用于对抗父母、妻子或孩子，反抗统治者，反抗同胞，甚至反抗整个世界。

这种普世适用的力量必然不会区分亲属和陌生人、年轻人和老年人、男人和女人、朋友和敌人。这样一种力量绝不可能是身体上的。它内部没有使用暴力的空间。因此，普世适用的唯一力量只能是阿希姆萨或爱。

爱并不会激发其他东西，它只会激发自身。因此，一名萨提亚格拉哈战士，也就是文明抵抗者，将会快乐地承受苦难直至死亡。

由此可见，一个文明抵抗者，尽管他会绷紧每根神经密谋现有

统治的终结，但他不会在思想、言论或行动上故意伤害一个英国人。对萨提亚格拉哈的这个简要解释，也许能够使读者理解并接受以下规则。

◇一名萨提亚格拉哈战士，即一个文明抵抗者，不能心怀愤怒。

◇他愿意承受对手的愤怒。

◇他要忍受对手的攻击而绝不报复，绝不会出于对惩罚等的恐惧而屈服于对手任何恼怒的指令。

◇当一个文明抵抗者被掌权者逮捕时，他自愿地接受逮捕；当政府要没收他的财产时——如果他有的话，他不会反抗政府扣押或带走他的财产。

◇如果一个文明抵抗者的财产是受人之托持有的，他应拒绝把它交出，即使他可能因保护它而失去生命。但是他绝不会报复。

◇不报复包括不诅咒、不辱骂。

◇一个文明抵抗者永远不会侮辱他的对手，并且不会参与传播新近被杜撰的任何违反阿希姆萨精神的谣言。

◇一个文明抵抗者不会向英国国旗敬礼，也不会羞辱它或羞辱官员，无论这个官员是英国人还是印度人。

◇在斗争过程中，如果有人羞辱官员或试图攻击他，文明抵抗者应当保护这位官员不受羞辱或攻击，即便是冒着生命危险。

《青年印度》，1930年2月27日，第69页

在萨提亚格拉哈运动中，人数永远不重要，而素质总是很重要，当暴力的势力最猖狂时更是如此。

常常被忘记的一点是，萨提亚格拉哈战士绝不会故意使作恶者难堪。永远不要诉诸恐吓，必须总是向他的内心呼吁。萨提亚格拉哈战士的目的是感化而不是强制作恶者。他所做的一切事情都要避免虚假，应怀着发自内心的信念自然而然地行动。

当读者把这些论述牢记在心后，也许就会接受以下这些我认为是每名印度萨提亚格拉哈战士都要具备的基本素质。

◇ 他必须拥有真实的信仰，因为信仰是他的唯一磐石。

◇ 他必须把真理与非暴力作为他的信仰，并因此相信人天性善良。他期待着通过他的受苦表达真理与爱，唤醒人天性中的良善。

◇ 他必须过一种圣洁的生活，并愿意为他的事业献出生命及一切。

◇ 他必须养成穿土布衣服并纺纱的习惯，这对于印度来说是至关重要的。

◇ 他必须滴酒不沾，并远离其他瘾品，从而使自己总是保持理智并意志坚定。

◇ 他必须全心全意执行那些时不时可能会被撤销的纪律规则。

◇ 他应该执行监狱规则，除了专门制定出来伤害他自尊的那些。

以上所列的这些资格条件并不是详尽无遗的，它们只是一些例证。

《哈里真》，1939 年 3 月 25 日，第 64 页

不久前，我提议成立一支和平部队，该部队成员要冒着生命危险处理暴乱，尤其是群体性暴乱。我的想法是，应该用这支部队取代

警察甚至军队。这听起来野心勃勃，也许被证明是不可能实现的。但是，国大党要想在它的非暴力斗争中取得成功，就必须培养能够和平处理这些情况的队伍。

因此，让我们看看一个设想中的和平部队成员应当具备什么样的素质。

◇他必须对非暴力有真实的信仰。没有真实的信仰，他就不会有至死也不愤怒、不惧怕及不报复的勇气。这种勇气来自这样一种信念：造物主在所有人的心中，并且由于造物主的同在而无所畏惧。造物主的无处不在也意味着要尊重所有的生命，甚至包括所谓的敌人或暴徒。当人的兽性占主导地位的时候，这种沉思冥想就会成为一种干预程序，使人的暴怒平息。

◇这个和平使者必须平等对待世界上所有的信仰。因此，如果他是一个印度教徒，就应尊重印度国内其他现有的信仰。因此，他也必须了解这个国家各种不同宗教所信仰的基本原则。

◇大体而言，这项和平工作只能由当地人在自己的地区完成。

◇这项工作可以由个人单独完成，也可以由群体完成。因此人们不需要等到有了同伴才开始。不过，人们会很自然地在自己的地区寻找同伴，并组成一支地方队伍。

◇这个和平使者会通过个人的服务，培养他与当地民众或特定圈子的联系，所以当他处理险恶情况时，不至于像一个可疑的或不受欢迎的陌生人一样，突然出现在暴乱的民众中。

◇无须多说，和平使者必须拥有一种无可指摘的品格，并且必须以他的严格公平而知名。

◇一般而言，动乱到来前会有预先的警报。如果这些都已经被知晓，那么和平部队就不能坐等灾难发生，而应尽可能预先控制局面。

◇ 当运动扩展的时候，如果有一些全职的工作人员比较好，当然这也不是绝对必要的。我的想法是拥有尽可能多良善与诚实的人。只有志愿者来自各行各业，并且有足够空闲的时间培养他们与周围民众的友好关系，这个想法才可能实现。另外，志愿者还要具备一个和平部队成员的资格条件。

◇ 设想中的和平部队成员要穿着与众不同的服装，以至于在斗争过程中能够被轻易辨认出。

这只是一般性的设想。每个中心点都可以在此基础上制定出它的章程。

《哈里真》，1938 年 6 月 18 日，第 152 页

尽管萨提亚格拉哈能够悄无声息地起作用，但它要求萨提亚格拉哈战士采取某些行动。例如，一名萨提亚格拉哈战士必须首先通过广泛、集中的宣传，动员公共舆论对抗他试图根除的邪恶。当对抗社会弊端的公共舆论被充分唤醒时，即便是最高的权威，也不敢作恶或公开支持它。一种觉醒的、明智的公共舆论是萨提亚格拉哈战士最有力的武器。如果一个人完全无视公共舆论的一致看法而支持一种社会恶行，那么社会就有明显的理由排斥他。但是这种排斥的目标绝不应直接针对这个人，并对他造成伤害。社会排斥意味着社会对令人厌恶的个人采取完全不合作策略。这个观点的恰当含义是，一个人如果故意蔑视社会，就无权接受社会的服务。对于各种实际目的来说，这个定义已经足够。当然，要根据特殊情形采取特定的行动，并且其实践方

式也根据每种情形的特点有所不同。

《青年印度》，1929 年 8 月 8 日，第 263 页

阿希姆萨规定了一定的职责，这些职责只能由那些经过身体训练的人完成。因此，我们非常有必要考虑一个非暴力主义者应当接受什么样的身体训练。

适用于暴力军队的规则极少能应用于非暴力团体。暴力军队的武器不是用于炫耀，而是用于摧毁目标的。非暴力团体是不愿意使用这样的武器的。因此，他们把剑打造成犁，把矛打造成修枝刀，不想用它们来杀人。暴力部队的士兵通过训练射击学习如何使用暴力。一名非暴力战士却没有这样的时间：他要看护病人，要冒着自身生命危险拯救处于危险之中的人，要巡逻以防盗贼和土匪，要在必要时不顾生命危险劝阻他们放弃目标。非暴力战士通过做这些事情获得所有的训练。甚至两者的制服也是不同的。暴力战士会穿着保护他的盔甲，并且他的制服会迷惑人们。而非暴力战士与穷人的衣服是一样的，显得很谦卑，它的作用只是避热、防寒、挡雨。一个暴力战士不管怎样求助造物主之名，都将依靠武器保护自己，他会毫不犹豫地花费大量金钱在武器上。对于非暴力战士来说，他对造物主毫不动摇的信仰是他唯一的盾牌与防御。两者的信念也是两极对立的。暴力战士总是策划各种方案摧毁敌人，并祈祷造物主实现他的目标。在此有必要提及英国人的国歌，它向造物主祈求保护国王，粉碎敌人的阴谋诡计并摧毁他们。成千上万的英国人心怀敬意地站立同声高唱这首国歌。如果造物主是怜悯的化身，他不会喜欢听到这样的祈祷。但是，这首国歌难

免会影响歌唱者的思想，并且在战争期间，它只会激起他们的仇恨与愤怒并使其达到白热化程度。保持对敌人的熊熊怒火是赢取一场暴力战争的重要条件。

在非暴力团体的词典中并不存在"外敌"这个词语。即便面对假想的敌人，他也心怀怜悯。他相信没有人故意成为邪恶的人，并且造物主赋予了每个人分别善恶的能力，如果这种能力得到充分发展，它一定会成长为非暴力。因此他会向造物主祈祷，求他赋予假想的敌人以正义感，并且祝福他。他为自己所做的祷告总是祈求他内心的怜悯之泉永远涌动、他的道德力量不断增强，从而使他无所畏惧地面对死亡。

既然两者的思想差异犹如对立的两极，他们的身体训练也就截然不同了。

我们都或多或少知道军事训练是怎么样的，但我们几乎没有想过，非暴力训练必定是截然不同的类型。我们也从未留心关注这样的训练是否在过去的某些地方存在。我认为过去有过这种训练，甚至现在偶尔也能找到。各种形式的哈塔瑜伽①（Hatha Yoga）练习就具有这种倾向。以这些方式进行的身体训练会带来别的益处，身体的健康、敏捷及承受冷热的能力……我提及瑜伽只是想表明这种古老的非暴力训练形式仍然存在，尽管我认为它有改进的空间。我不知道这一学问的创始人对于非暴力群众运动有何看法。这种练习的背后有一种个人拯救的愿望。各种练习的目标是增强或净化身体以确保对意念的控制。我们正在考虑的群众非暴力运动，要适用于各种宗教的民众。因

---

① 哈塔瑜伽，一种瑜伽体系，包含身体的体态、姿势以及呼吸练习，用来锻炼身体以及思想，以达到自我实现。——原注

此，我们要建构的规则，必须能被所有阿希姆萨的信仰者接受。这样，当我们考虑建立一支非暴力部队，也就是说成立一个萨提亚格拉哈团队的时候，只能重新接受古老的方法作为我们的基础。让我们想想一名萨提亚格拉哈战士需要的身体训练。如果一名萨提亚格拉哈战士身心都不健康，可能就无法具备无畏的勇气。他还应当具备日夜坚守岗位的能力，即便承受冷热与风雨也不会病倒；他必须有上刀山下火海的胆量，有独闯无人荒野与鬼门关的勇气；他要毫无怨言地忍受击打、饥饿甚至更糟的事情，并且坚守职责岗位毫不退缩；他要足智多谋并有能力应对一场看似混乱复杂的骚乱；他渴望并有能力拯救那些住在高楼顶层被大火围困的人；他要无所畏惧地投入洪水中，去拯救那些被洪水冲走的人，或者跳入深井，拯救溺水的人。

以上内容还可以随意增加。总而言之，我们应当培养在危险与灾难中拯救民众的能力，并且快乐地承受任何可能施加在我们身上的苦难。那些接受这些基本原则的人很容易就能制定出萨提亚格拉哈战士的身体训练规则。我坚信这种训练的基础就是有坚定的信仰。如果缺少这个基础，人们接受的所有训练在关键时刻都可能失败。

但愿没有人对我的主张一笑置之，说国大党中有许多人羞于提及造物主之名。我只是想以科学的词语来说明我所知道及发展起来的萨提亚格拉哈观念。萨提亚格拉哈战士唯一的武器是信仰，无论他被称为什么。如果没有信仰，萨提亚格拉哈战士在一个拥有恐怖武器的对手面前就会软弱无力。大多数人会屈服于物质力量，但是一个把坚定的信仰作为唯一护佑者的人，绝不会在强大的世俗权力面前屈膝。

正如信仰对一名萨提亚格拉哈战士而言是关键的，禁欲也同样如此。不禁欲，萨提亚格拉哈战士就会没有神采，没有内在力量徒手对抗整个世界。在这里，禁欲这个概念使用的是传统的严格含义，即通过节制性欲保存至关重要的精力，而不是我曾经给出的那个广泛的定义。任何想要过一种节食生活的人，如果不想要外部的补充，又想要体力充沛，就必须保存至关重要的精力。这是人所拥有的最宝贵的资本。能够保存它的人，会一直通过它汲取新的力量。那些有意无意地耗尽它的人会变得虚弱萎靡。在关键时刻，他会因力量不足而失败。关于保存这种精力的方法，我过去已经写了许多文章，读者可以去读这些文章，并将提供的指导付诸实践。那些放纵眼目情欲或接触色情的人，绝不可能保存其生命能量，那些贪恋色情场所的人也是如此。那些想保存这种能量却不想严格遵守纪律的人也无法取得成功，正如一个人想逆流游泳却又不想耗尽全身力气一样。那些在肉体上节制却在思想上放纵的人，比那些没有宣誓禁欲而只是过一种有节制家庭生活的人还要糟糕。那些思想放纵的人永远不会得到满足，最终毁坏他的道德并成为世人的累赘。这样的人永远不会成为一名萨提亚格拉哈战士。那些追逐名利之人也是如此。

这就是一名萨提亚格拉哈战士身体训练的基础。在此基础上，训练过程的具体规则很容易建立。

现在很清楚了，在一名萨提亚格拉哈战士的身体训练中，刀枪这类杀人武器的训练是不存在的。因为，今天世界上的很多武器比我们见过的可怕得多，并且每天都有更新式的武器被发明出来。一个人只能靠培养能力来克服所有的恐惧——无论是真实的还是想象的，刀剑能帮助他摆脱什么恐惧呢？我从未听说有人学习舞剑就能摆脱所有的恐惧。马哈维亚①和其他接受阿希姆萨的人，没有因为他们懂得武器的使用而摆脱恐惧，反而因摆脱了所有的恐惧而不再使用武器。

一个人稍微自省一下就会明白，那些常常依靠刀剑的人很难扔掉它。但是，如果他深思熟虑之后把刀剑丢弃，就会发现他的阿希姆萨精神更加持久。但这并不意味着，为了成为真正的非暴力主义者，一个人必须先拥有并懂得如何使用武器，否则有人会以同样的推理，只有贼才懂得诚实，只有病患才懂得健康，只有一个放荡的人才应变为禁欲者。但事实情况是，我们已经形成按照传统规则思考的习惯，不愿意跳出它们的束缚。并且，由于我们无法具有一种超然的立场，无法得出正确的结论，因而陷入虚妄的陷阱。

《哈里真》，1940 年 10 月 13 日，第 318—319 页

我们的座右铭永远是，通过温柔的说服，不断感化人的头脑与心灵，促使人转变。所以，对那些与我们意见不同的人，我们必须永远保持谦虚与耐心。

《青年印度》，1921 年 9 月 29 日，第 306 页

一名萨提亚格拉哈战士要无所畏惧，他永远不害怕信任敌人。即便敌人欺骗他二十次，萨提亚格拉哈战士还是愿意信任他第二十一

---

① 马哈维亚（Mahavir），被认为是印度耆那教的创始人。

次，因为绝对相信人的本性，是他的信条本质所在。

《圣雄甘地的思想》，1967 年，第 170 页

萨提亚格拉哈战士永远准备战斗，也同样渴望和平。他必须欢迎任何有尊严的和平机会。

《青年印度》，1931 年 3 月 19 日，第 40 页

一名萨提亚格拉哈战士绝不会错过，也绝不能错过一次能达成有尊严的妥协的机会。如果最终失败，他就要时刻准备战斗。他并不需要事前的准备，他可以随时应战。

《青年印度》，1931 年 4 月 16 日，第 77 页

一旦我们开始像对手那样考虑问题，就能够完全公正地对待他们。我知道这要有一种不偏不倚的思想境界，而这种境界是非常难达到的，但对于萨提亚格拉哈战士而言这是绝对必要的。如果我们能够站在对方的立场理解他们的观点，这个世界四分之三的不幸与误解将会消失。我们将很快与对方达成一致，或者宽宏大量地对待他们。

《青年印度》，1925 年 3 月 19 日，第 95 页

因为我一直认为，一个人只有用放大镜检视自己的错误，而宽容

看待别人的错误，才有能力对二者做出一个比较客观公正的评价。我还认为，一个想成为萨提亚格拉哈战士的人，必须严格而认真地遵守这个规则。

《自传》，1966 年，第 356 页

对于一名萨提亚格拉哈战士来说，他不受时间的制约，他承受苦难的能力也是无限的，因此在萨提亚格拉哈中没有退败这一说。

《青年印度》，1925 年 2 月 19 日，第 61 页

如果你相信萨提亚格拉哈的功效，就会在漫长的折磨和受苦中感到喜悦。你就不会觉得，日复一日地走到烈日之下静坐是不舒服的。如果你相信萨提亚格拉哈的目的与手段，并且有坚定的信仰，对你来说烈日就会变得凉爽。你不会觉得疲惫，不会问"还有多久"，并且永远不会急躁。

一分钟也不要浪费在无谓的交谈上，而要投身于我们目前的工作中。如果每个人都以这样的精神面貌工作，你就会感觉工作本身是快乐的。

不要浪费一粒米饭或一张纸，同样不要浪费每分钟时间。它不属于我们，它属于民族，我们只是受托使用它。

《青年印度》，1925 年 3 月 19 日，第 95 页

我的建议自始至终都是萨提亚格拉哈。此外没有其他更好的途径通向自由。

《哈里真》，1946 年 9 月 15 日，第 312 页

我越来越确信这一点，即对人们来说至关重要的东西不是单靠理性来争取的，而是通过他们的苦难来换取。承受苦难是人类的法则，争夺则是丛林法则。但是承受苦难的法则远比丛林法则更强大，因为它能改变敌人的信念，使他们倾听理性声音。

《青年印度》，1931 年 11 月 5 日，第 341 页

真正愿意承受苦难的人并不认为自己在受苦，也绝不会去计较。它带来的快乐超过了所有其他快乐。

《青年印度》，1931 年 3 月 19 日，第 41 页

一名萨提亚格拉哈战士与胜利无关。他确信这一点，同时必须要明白胜利来自真理。他所做的只不过是承受苦难而已。

《青年印度》，1927 年 10 月 13 日，第 345 页

一个纯洁无罪者的自我牺牲，比杀害他人时导致一百万人死亡，其力量要强大一百万倍。无罪之人的自愿牺牲，是对傲慢暴君最强有

力的打击。

《青年印度》，1925 年 2 月 12 日，第 60 页

15. 不合作

不合作不是一种消极的状态，而是一种热烈的积极状态，甚至比身体对抗或暴力更积极。"消极抵抗"是一个不恰当的词语。我使用的"不合作"必须是非暴力的，因此它既不是惩罚性的，也不是报复性的，更不是建立在阴谋、敌意或怨恨的基础上的。

《青年印度》，1920 年 8 月 25 日，第 2 页

如果爱促使我拒绝合作，那么我采取的不合作就不是一种暴力方式，而是一种爱的行动。事实上，所有的"不合作"都是非暴力的，并且"非暴力不合作"绝不可能成为一项暴力行动。它或许不总是一种爱的行动，因为爱是一种内在的积极品格，人们常常无法从某种行为本身推断它是否出于爱。正如一名外科医生做了一台非常成功的手术，但是他对病人不一定有爱……

当拒绝管制成为一项权利和义务时，不合作就不是暴力，即使由于它的实行，某些人不得不遭遇痛苦。当不合作完全为了作恶者着想

时，它就是一种爱的行动。

《青年印度》，1924 年 4 月 10 日，第 122 页

非暴力精神必然带来谦卑。非暴力意味着要信奉万古磐石般的造物主。如果我们要寻求他的帮助，就必须带着谦卑与悔改的心来到他面前……我们必须行动，正如枇果树结满果子的时候会低垂，它的谦逊展现了它的高贵品格……

一个不合作主义者不是通过暴力，而是通过他的谦卑吸引人们的注意并树立榜样。他通过踏实的行动为他的信条辩护，他的力量在于他所持立场的正确性。并且，当他不妄加评判自己及对手的行为时，对手心里就会更愿意承认其立场的正确性。言论，尤其是当它姿态傲慢时，会无意识地暴露说话者的不自信，并使他的对手怀疑行为本身的真实性。因此，谦卑是迅速获得胜利的关键。

《青年印度》，1921 年 1 月 12 日，第 13 页

若要公开反对有效果，其背后必须有某种力量作支持。当一个儿子反对父亲的某种行为时他会怎么做呢？他会要求父亲停止那种行为，例如写给他一封充满敬意的请求信。如果他的父亲不顾他的再三请求而不同意，那么他就可以对父亲采取不合作行动，甚至离开父母的家，这完全是公正的。如果父子都不是文明开化之人，他们就会互相争吵、谩骂，甚至常常斗殴。一个顺服的儿子永远是谦让的，永远是安静并且充满爱意的。正是他的爱迫使他对当前的情况采取不合作

行动。这位父亲自己会明白这种爱的不合作行动，他无法忍受被儿子离弃或父子分离，心里悲痛并懊悔。当然，这样的事情并不常有。但儿子不合作的责任是清楚的。

这种不合作也可能发生在君王与臣民之间。在特定的情况下，它或许成为臣民的义务。只有当后者天性上具有无所畏惧的品格并且热爱自由时，这种情况才会出现。他们通常遵守国家的法律，并自愿地遵守而不害怕惩罚。理性、自愿地遵守国家法律，是不合作的第一门功课。

第二门功课是宽容。一个儿子或许并不赞同父亲的某些命令，但仍然服从。只有当命令不值得容忍并且不道德时，他才不服从。父亲会马上理解这种带着敬意的不服从行为。同样的道理，只有当人们通过遵守国家的诸多法律，证明他们的积极忠诚之后，才能获得文明不服从的权利。

第三门功课是承受苦难。那些没有受苦能力的人无法采取不合作行动。没有学会牺牲财产甚至在必要时牺牲家庭的人，绝不能进行不合作行动。被不合作行动激怒的君主可能会施行各种各样的惩罚。这是对爱、忍耐和力量的考验。那些没有准备好承受残酷考验的人，不能采取不合作行动。并且，如果只有一两个人掌握以上功课，就不能说全体人民已经准备好采取不合作行动了。因此，在他们采取不合作行动之前，大部分人必须做好准备，匆忙的不合作行动最终只能带来伤害。一些爱国的年轻人没有理解我强调的限制条件，他们变得没有耐心。与所有重要事情一样，事前准备对于不合作来说是必需的。一个人仅有愿望，不可能成为一个不合作主义者，他必须接受训练。

《青年印度》，1925 年 1 月 8 日，第 14 页

如果人们不了解不合作运动的界限，它就会变成一种放肆而不是责任，并因此成为一种犯罪行为。错与对的分界线常常是细微的以至于难以辨认，但它确实是一条明白无误却又容易被僭越的界线。

那么，那些因坚持正义而入狱的人与因做坏事而入狱的人之间有什么区别呢？两者穿着同样的服装，吃着同样的食物，并且表面上服从着同样的监狱规定。但是，后者服从监狱规定大多数是不情愿的，并且会偷偷地违反它，甚至在可能的情况下公开地违反它。而前者会自愿地、尽最大可能地遵守监狱的规定。并且证明，与待在监狱之外相比，这样做对于他们的事业来说更有价值、更有用。

确实，文明不服从一方面授权一个人不服从他们所要推翻的不正当或不道德的国家法律，另一方面要求人们温顺地、自愿地承受不服从法律导致的惩罚，并因此快乐地接受监狱的规定及其随之而来的痛苦。

因此，现在已经很清楚，一旦文明抵抗者被监禁，他的抵抗就结束了，他服从的状态也就恢复了。在监禁过程中，他出于不服从运动的文明原则，请求不享有任何特权。在监狱里，他甚至能够通过行为榜样改变身边的罪犯，感化监狱看守以及其他狱卒的心。这种来自知识与力量的温顺行为，最终使暴君的专政消解。正因如此，我把自愿

受苦视为根除暴政与不正义的最快、最好的方法。

《青年印度》，1921 年 12 月 29 日，第 434 页

　　非暴力是不合作最关键、最核心的组成部分。我们或许在其他每件事情上都会失败，但只要坚持非暴力，就能继续战斗。相反，如果我们无法坚持非暴力，就会惨遭失败。我们的任何暴力行为，都必然展现我们的愚蠢、无知及无力的暴怒。在最严重的挑衅下保持克制才是合格战士的真正标志。兵法的初学者都懂得，必须避免敌人的埋伏。每一次挑衅都是一次危险的埋伏，我们必须坚定地躲避。

《青年印度》，1921 年 7 月 28 日，第 237 页

　　我认为，不合作是一种如此强大以及纯洁的工具，如果用一种诚挚的精神实施它，人们会意识到他们真正的力量。他们就能够学会守纪、自我控制、联合行动、非暴力、组织群众的价值，以及其他能使一个民族变得伟大而美好的事物。

《青年印度》，1920 年 6 月 2 日，第 3 页

16. 文明不服从

　　不合作与文明不服从是同一棵树的不同分支，这棵树叫作萨提亚

格拉哈。

《青年印度》，1924 年 12 月 26 日，第 429 页

每名萨提亚格拉哈战士必定抵抗所有他认为不正义的法律，这种抵抗并不具有犯罪属性，而是要使政府向人民的意志低头。

《青年印度》，1920 年 1 月 21 日，第 3 页

如果我发现，我的父亲把一项与我的良知相悖的法律强加给我，我认为我能采取的一种最温和的行动，就是恭敬地告诉他我不能服从。在这个过程中我没有做什么，只不过是公正地对待我的父亲……我自己就是这样做的，并已经获得极大的益处，此后我一直在宣传它。如果我对自己的父亲说这样的话不算无礼，那么，我对朋友及政府说这样的话也不算无礼。

《青年印度》，1920 年 1 月 21 日，第 4 页

群众性文明不服从运动的立足点有所不同。它只能够在一个平静的氛围中使用，它必须是一种有力量的平静而不是虚弱的平静，是知识的平静而不是无知的平静。个人的文明不服从或许是代表群众利益的；而群众的文明不服从却可能是自私的，因为群众中的这些个人希望从他们的文明不服从行动中获得私人利益。因此在南非，卡伦巴

赫及波拉克① 采取了代表别人利益的文明不服从，他们没有赢得任何东西。而很多人采取文明不服从则是因为他们期待获取个人利益，例如，取消施加于契约工人及其妻儿的年度人头税。在一场群众性文明不服从运动中，如果抵抗者能够理解该原则的运用，就足够了……

我们必须打消这样的观念，即每当有人被逮捕就举行大规模的示威以威胁政府。相反，我们必须把被捕视为一个不合作主义者生活中的正常状况。这是因为我们必须敢于面对被捕入狱，就像一名战士抱着必死之心上战场。我们希望通过主动寻求入狱而不是避免入狱的方式，甚至以全体愿意被捕入狱的方式，回应政府的打压。这样文明不服从意味着我们愿意向一个没有武器的警察投案自首。我们的胜利就在于千万人被带入监狱，就像羊羔被带到屠宰场。如果羊羔自愿地被带走，那么它们很久以前就已经可以从屠夫刀下拯救自己的性命了。再说一遍，我们的胜利在于没有犯任何错误而入狱。我们越无辜，力量就越大，胜利来得也就越快。

这样的政府实际上是怯懦的。如果我们害怕入狱的话，政府正利用了我们对牢狱的恐惧。只要我们的兄弟姐妹不惧怕进监狱，我们就不会为被捕入狱的亲朋好友担心，我们在南非的同胞给监狱起了个绰号，叫"国王陛下的饭店"。

我们在精神上不服从国家的法律太久了，并且经常偷偷地违反它们，以至于突然无法适应文明不服从。不服从要想做到文明，就必须是公开且非暴力的。

彻底的文明不服从是一种和平的反叛状态——拒绝遵守国家制定

---

① 卡伦巴赫（Kallenbach），德国人，一位建筑师；波拉克（Polak）是一位编辑。他们都是甘地的好友，共同参与了甘地在南非凤凰村的生活实践以及非暴力运动。

的每一项法律。这无疑比一场武装反叛更危险。因为，如果文明抵抗者做好了面对极端困难的准备，就绝不会被镇压。无辜者的受苦是绝对有效果的，这是文明不服从的信仰基础。一个文明抵抗者通过不吵不闹地进入监狱确保一个平静的氛围。没有遭到抵抗，做坏事的人就会厌倦做坏事。因为当受害者放弃抵抗时，他们就会失去所有的乐趣。至少在人民代表这方面，在我们开始发动一场规模如此巨大的运动之前，必须充分掌握文明不服从成功所需的条件。最快速的解决方法总是伴随最大的危险，并要求用最好的技巧处理它们。

《青年印度》，1921 年 8 月 4 日，第 244 页

我希望我能够说服每一个人，让他们相信文明不服从是一个公民固有的权利。只要他还想做一个人，就不能放弃它。文明不服从绝不会带来无政府状态，但犯罪的不服从则会导致这样的后果。每个国家都用武力镇压犯罪的不服从，不这样做它就会毁灭。但是要镇压文明不服从，就是试图囚禁良知，只会增强文明不服从的力量与纯洁性。一个文明的抵抗者绝不使用武器，因此他不会危害国家，只不过是想让国家听听公众的意见。对于一个独裁政权来说，他却是危险的。因此，当政府变得无法无天或腐败时，文明不服从就成为一项神圣的义务。与这种政府勾结在一起的公民，就会沾染它的腐败或变得无法无天。

因此，我们可以质疑对特定法令文明不服从是否明智，也可以建议推迟行动并警惕行事，但文明不服从的权利本身是不容置疑的。这是人们与生俱来的权利，放弃它就放弃了人的自尊。

我们在主张文明不服从权利的同时，必须通过各种规则约束它的运用。每个规则的制定，都是为了防止暴力的发生及普遍的违法状态。文明不服从的适用领域与范围，也必须局限于最必要的情况。

《青年印度》，1922 年 1 月 5 日，第 5 页

我们不能把信念全都寄托于文明不服从。这就像人们对刀的使用，如果真的需要使用，也要尽量节约地使用。我们只有在其他方面遵守事物的发展规律，对文明不服从的使用才会是合理的、必要的及有效的。因此，相对于"不服从"，我们应该赋予"文明的"这个形容词更完整、更大的价值。没有文明、纪律、辨别力，非暴力不服从必定是一场毁坏活动。不服从与爱结合在一起就是生命的活水。文明不服从是一个美好的词语，它用于表示生命的成长，而不表示导致死亡的冲突。

《青年印度》，1922 年 1 月 5 日，第 3 页

文明不服从并不要求也不需要一分钱的支持。它需要的是勇敢的心，带着绝不在任何危险面前逃离的信念，以最灿烂的笑容面对最严酷的审判。文明不服从是受苦的同义词。但是，如果人们真的愿意欣赏一个事物好的一面，那么他们最好先了解它令人害怕的一面。不服从是每个人的权利，并且当它源自文明与爱时，就成为一项神圣的

义务。

《青年印度》，1926 年 4 月 1 日，第 122 页

我们追求的目标是群众的文明不服从。它无法人为制造，它必须是自发的，如果它名副其实并期待成功的话。如果群众的"土壤"事先没有被"开垦"、"施肥"和"浇水"，当然不会有群众响应。并且无论在哪里，我们都要以最大的努力防范暴力冲突。同时，正如我已经说过的，即使暴力可能发生，这次文明抵抗也要继续下去，这是真实的。但同样真实的是，我们一方出现的暴力将损害我们的斗争，并阻碍它的进程。这两种对立的力量永远无法合作并互相帮助。文明不服从的计划就是用于抵制暴力，以最终完全取消暴力，并以非暴力取而代之，以爱取代仇恨，以和睦取代冲突。

《青年印度》，1930 年 3 月 27 日，第 109 页

除非我们能够在最严重的挑衅面前克制自己的情绪，否则胜利是不可能的。能在受到攻击时保持平静，是一名战士不可或缺的品格。一个不合作者如果不能在猛烈的挑衅攻击下保持平静与泰然，他就一无是处……

我们绝不能有闪失。民众能够像纪律严明的士兵那样行动，文明不服从才可能成功。并且，我们能够确保每个英国人在印度如同在他们的家里那样安全，才能诉诸文明不服从。我们仅仅给予保证是不够的，还必须让每个英国人感到安全，不是因为他们拥有刺刀，而是因

为我们真诚相信非暴力信条。这不仅是成功的条件，也是我们能够在当前形势下开展这种运动的条件。此外，没有其他方法可以指导不合作运动。

《青年印度》，1921 年 8 月 25 日，第 268 页

我从未宣称自己是最早的萨提亚格拉哈战士，我只是宣称要把这个信条在全世界范围内应用，并且目前仍然有待人们了解与证明的是，它能够被成千上万不同年龄、地区的人们接受。因此，我知道我的非暴力实践只是其中的一个尝试，这种认识使我保持谦卑并脚踏实地。这种谦卑的态度会使我紧紧跟随每名真正的萨提亚格拉哈战士典范，就像孩子依恋母亲的乳房一样。

《青年印度》，1927 年 9 月 22 日，第 317 页

一个文明抵抗者不会在监狱里肆无忌惮地违反监狱规则，使监狱当局难堪。当然，在监狱中也可以进行文明不服从斗争。但是，它是有明确规则的。这里要强调的是，文明抵抗者的斗争不会因其入狱而结束。一旦我们入狱，相对于外面世界而言我们已经丧失公民的权利。但在监狱里面，我们感化那些监狱官员内心的行动才刚刚开始……

非暴力的一个特别之处在于，它的行动是永不停止的。它不同于刀剑与子弹。子弹能够摧毁敌人，非暴力却能够把敌人变为朋友。文

明抵抗者能够吸收敌人的力量，使其成为自己的力量。

《对和平的朝拜》，1950 年，第 88—89 页

17. 萨提亚格拉哈中的绝食

绝食是萨提亚格拉哈"军火库"中的一种强大武器，不是每个人都能使用它……仅仅具备身体条件是不够的。没有真实的信仰，绝食是没有任何用处的。它绝不是一种机械化的努力，或一种模仿，它必须来自人内心深处。因此，它总是罕见的。

《哈里真》，1939 年 3 月 18 日，第 56 页

在纯洁的绝食行动之中，不能存在自私、怒气、无信仰及急躁……无限的耐心、坚定的决心、对目标的专一、完全的平静且没有怒气，这些都是不可或缺的。但是，一个人不可能马上具备所有这些品质，因此，任何没有献身于阿希姆萨法则的人，都不能采取萨提亚格拉哈战士的绝食行动。

《哈里真》，1940 年 10 月 13 日，第 322 页

绝食至死是萨提亚格拉哈"军火库"中的终极武器，也是最强大的武器。它是一件神圣的事情。因此，绝食者必须接受它所有可能的

194

结果。绝食本身不重要，它包含的意义才是重要的。

《哈里真》，1946 年 8 月 18 日，第 262 页

不能机械地绝食。它是一种强有力的行动，但如果不能熟练运用它，也是危险的行动。它要求完全的自我净化，远比面对死亡却心怀报复的人纯洁得多。对于全世界来说，这样一种完美的牺牲行动就足够了。耶稣就是这样一个例子。

《哈里真》，1946 年 10 月 27 日，第 372 页

当然，不可否认，绝食可能确实具有强迫性。这样的绝食是为了实现自私的目的。为了向某人索要金钱，或实现诸如此类的私人目的而进行绝食，会产生不良影响。我会毫不犹豫地主张抵制这种不正当的绝食。我自己就成功地抵制过那些针对我或威胁我的绝食行动。如果有人说，自私目的与无私目的之间很难界定，那么我就要劝告人们，如果一个人认为某次绝食具有自私目的或卑劣目的，他就要坚定地不向这种绝食屈服，尽管这样做会导致绝食者死亡。如果人们都培养这样的习惯，无视那些在他们看来有着卑劣目的的绝食，那么这种强迫性绝食及其不正当影响就会消失。就像所有的人类制度一样，绝食可以被合理使用，也可能被滥用。

《哈里真》，1933 年 9 月 9 日，第 4 页

一个人无论多么受欢迎、多么伟大，如果他从事不正当的事业，并且为捍卫它而绝食，那么他的朋友（包括我自己）、同事及亲戚就有责任宁可让他死，也不能为了让他活下来而使一种不正当的事业获胜。当追求的目的不正当时，最正当的手段也会变得不正当。

《哈里真》，1946 年 3 月 17 日，第 43 页

绝食是阿希姆萨信仰者"武器库"中最后的武器。一旦人类的聪明才智失败，阿希姆萨信仰者会绝食。这种绝食会鼓舞祈祷的精神，也就是说，这种绝食是一种坚守信仰的行为。绝食行动对人们生活的影响表现为，当所有人都知道这个人绝食的时候，他们沉睡的良知就会被唤醒。但是存在这样的危险，即人们由于错误的同情心，为了拯救他们所爱的人的生命而违背自己的意愿。我们必须面对这种危险。如果一个人确信绝食行动的正当性，人们就不应阻止他做正确的事情，但可提醒他绝食行动要慎重。这样一种绝食是遵照内在的声音采取的，因此不会草率行事。

《哈里真》，1947 年 12 月 21 日，第 476 页

萨提亚格拉哈纲领中，绝食至死是一个不可或缺的组成部分，并且在特定情况下，它是非暴力"武器库"中最强大、最有效的武器。如果不经过适当训练，不是每个人都能做到。

《哈里真》，1942 年 7 月 26 日，第 248 页

18.萨提亚格拉哈战士的领袖

在任何一场纯洁的社会运动中，其领袖只允许纯洁的战士加入。

《我在南非二十年》，1950 年，第 139 页

萨提亚格拉哈是以真理的真实存在和引领为前提条件的。其领导者不是依靠自己的力量，而是依靠真理。他要跟从内心声音的引导而行动。

《青年印度》，1928 年 8 月 2 日，第 260 页

如果我们要避免暴民法则，并希望国家有序进步的话，那些宣称要领导大众的人，必须坚定地防止被大众领导。我认为，一味压制个人的意见而屈从于大众的意见，不仅仅是做得不够好，还可能是生死攸关的事情。如果大众的意见是非理性的，领袖则不应该采纳。

《青年印度》，1920 年 7 月 14 日，第 4 页

在虔诚的萨提亚格拉哈运动中，不存在好斗、情绪化、炫耀。那些参与其中的人，必须平等地尊重各种宗教信仰，以及不同信仰者的情感。这是因为哪怕是一点点的狭隘与不尊重，都可能被敌人夸大很

多倍。

《哈里真》，1939 年 5 月 27 日，第 144 页

我一直主张，我们需要一支萨提亚格拉哈队伍，它的人数远少于那些现代军事训练的士兵。所以，比起国家用于军备的巨额开支来说，它的费用是可以忽略不计的。

《哈里真》，1938 年 10 月 22 日，第 298 页

如果要求所有群众都理解萨提亚格拉哈的全部内涵，实现规模庞大的萨提亚格拉哈运动是不可能的。我都不能声称已经理解它所有的含义，甚至不能说了解它们。军队里的士兵并不一定知晓所有的军事科学知识；同样，一名萨提亚格拉哈战士也不可能懂得萨提亚格拉哈的所有学问。如果他相信他的指挥官，忠实地听从他的领导，并且愿意承受苦难，至死也不对所谓的敌人怀有怨恨，这就足够了。

《哈里真》，1938 年 10 月 22 日，第 298 页

现在我明白在发起文明不服从运动之前，人们应该先理解该运动更深层的含义。那么，在重新发起群众性文明不服从运动之前，有必要组建一支历经磨难、心无旁骛且完全了解非暴力抵抗运动严峻形势的志愿者队伍。他们可以向人们解释清楚，并且时刻保持警惕，以确

保正确的发展方向。

《自传》，1966 年，第 357 页

在非暴力队伍接受的训练中，只有很少部分与军队的基础训练相同，这就是纪律、操练、合唱、挥舞旗帜、发信号，诸如此类。甚至这种训练也不是绝对必要的，并且其基本原则也不一样。一支非暴力队伍必要的训练是坚定不变的信仰，愿意完全听从非暴力队伍领袖的指挥，并且队伍各分队之间实现内外一致的协作。

《哈里真》，1946 年 5 月 12 日，第 128 页

◇萨提亚格拉哈战士之间，必须具有同样的真诚。

◇他们必须对其指挥官全心服从，不能有精神上的保留。

◇他们必须准备牺牲一切，不仅包括个人的自由、财产、土地、金钱等，还包括他们家庭的自由与财产。他们必须做好准备，勇敢乐观地面对子弹与刺刀，甚至被折磨而慢慢死去。

◇他们不能对所谓的"敌人"或自己人存有思想、言论或行为上的暴力。

《哈里真》，1938 年 10 月 22 日，第 298 页

过去的经历教会我一个进取的法则，这个法则可应用于每一场正义的斗争。在萨提亚格拉哈运动中，这个法则等同于公理。随着萨提

亚格拉哈斗争的展开，许多其他因素会助推它的发展，并且产生的影响也会持续增大。这种情况是不可避免的，并且与萨提亚格拉哈的首要原则紧密相关。因为在萨提亚格拉哈运动中，最低限度就是最高限度，当最低限度无法更低的时候，也就不存在后退的问题了，唯一可能的运动就是向前发展。在其他斗争中，即便它们是正义的，一开始也会把要求提得高一些，以便将来容许一些缩减。因此，进步法则并不能毫无例外地应用于所有人。

《圣雄甘地的思想》，1967 年，第 174 页

19. 面对暴乱与侵犯的萨提亚格拉哈

要想以非暴力方式平息暴乱，人们心里就必须有真实的阿希姆萨，一种即便是对犯错的小流氓也给予温暖拥抱的阿希姆萨。这种态度是无法培养的，它只能来自人们和平时期付出的长期与耐心的努力。那些愿意成为和平部队成员的人，必须与身边所谓的"流氓暴徒"紧密联系并增进了解。他必须了解所有人，也要被所有人了解，并且通过踏实而无私的服务赢取所有人的心。绝不能把某部分人认为是卑贱的或低劣的，不愿意与之为伍。"流氓暴徒"不是天上掉下来的，也不是像邪恶的幽灵那样从地下钻出来的。他们是社会的产物，因此社会必须为他们的存在负责。换言之，应当视他们为我们政治共同体腐化的一种病症。要想祛除这种疾病，我们必须挖掘深层次的原

因，这样才能相对容易地对症治疗。

《哈里真》，1940 年 9 月 15 日，第 285 页

"一个反战的中立国怎么会坐视其他民族被摧毁？在上一次战争中，要不是我们的军队在前线备战应敌，我们早就被摧毁了。"

冒着被视为空想家或白痴的风险，我必须照我所知的方式回答这个问题。一个中立国坐视它的邻国被一支军队毁灭确实是怯懦的行为。但是，战争中的战士与非暴力战士之间在两个方面存在共通点。首先，如果我是瑞士的公民①，并且是联邦的总统，我要做的就是拒绝侵略军通过，并拒绝给予所有供给。其次，你可以在瑞士重演塞莫皮莱战役②，通过把男人、女人和孩童排成一堵活生生的人墙，然后邀请侵略者踏着你们的尸体走过。你或许会说这种事情超出了人类所能经历与承受的范围，我认为并不是这样，它是很可能做到的。去年在古吉拉特，妇女们在警棍攻击前毫不畏惧地站立着；在白沙瓦，千万人站在枪林弹雨中也没有诉诸暴力。③想象一下，这些男人与女人站在一支要求安全通过去侵犯另一个国家的军队面前。你也许会说这支军队将会残忍地践踏他们。那么我要说，通过牺牲自己，你已经履行了你的义务。因为一支胆敢踏着无辜百姓尸体通过的军队，将没有能

---

① 瑞士在两次世界大战中都保持中立，所以甘地以瑞士为例。
② 塞莫皮莱战役，公元前 480 年，古希腊联军与波斯帝国侵略军之间发生的战役。希腊联军首领、斯巴达国王列奥尼达率领三百斯巴达勇士在塞莫皮莱关卡抵挡数十万波斯军队，最后全部壮烈阵亡。
③ 1930 年，为了支持甘地的"食盐进军"，当时印度的古吉拉特与白沙瓦都爆发了非暴力运动，数万民众被捕。

力再做这种事情。你或许不相信这些男人和女人有这样的勇气，但是在这种情况下，你不得不承认非暴力是由坚强的人造就的。它永远不是弱者的武器，而是最勇敢心灵的利器。

《青年印度》，1931 年 12 月 31 日，第 427 页

如果我把与希特勒达成的协议 ① 称为"无尊严的和平"，这不是为了指责英国或法国政客。我毫不怀疑，张伯伦 ② 先生想不到更好的办法了，他知道他的国家的局限性。他想要避免战争，如果能够避免的话。除了没有投入战争，他已经竭尽全力支持捷克了。因此，无法挽回尊严并不是他的错。每次与希特勒或墨索里尼的斗争都是这样。

不可能有其他结果。民主害怕流血。而这两个独裁者持有的哲学，却把大屠杀面前的退缩称为怯懦。他们竭尽诗歌艺术之所能来颂扬有组织的谋杀。他们所言所行毫不掩饰，他们永远准备着进行战争。德国或意大利没有人可以阻挡他们的道路，他们的话就是法律。

而张伯伦先生或达拉第 ③ 总理则不同，他们要讨好他们的国会和议员，他们要安抚他们的政党。如果他们对此采取民主讨论方式的话，他们无法坚持进行一场持久战争的主张。

战争科学使人走向完全的专制，而非暴力科学能使人走向纯粹的

---

① 这里是指 1938 年 9 月英、法、德、意签订的《慕尼黑协议》。英法为了避免战争而向纳粹德国妥协，把捷克苏台德区割让给德国。

② 亚瑟·内维尔·张伯伦（Arthur Neville Chamberlain，1869—1940），当时的英国首相，对希特勒的扩张采取容忍策略。

③ 爱德华·达拉第（Edward Daladier，1884—1970），当时的法国总理。

民主。英国、法国和美国必须做出他们的选择。这是对两个独裁者的挑战。

我有必要对捷克人，并且通过他们对所有被认为"弱小"的民族，提出一个建议。我想对捷克人陈述我的看法，因为他们的不幸使我感到悲伤。如果我不与他们分享我心中涌现的想法，就会觉得自己是一个怯懦的人。很明显，弱小民族要么被独裁者瓜分，要么成为欧洲和平的一个持续性威胁。尽管得到全世界善良意愿的支持，但英国和法国却无法拯救自己。他们的干预只会意味着前所未有的流血与毁灭。因此，如果我是一个捷克人，会免除这两个国家保卫我国的义务。可是现在，我必须活着。我不愿意成为任何民族或个人的附庸。我必须要么绝对独立，要么毁灭。寻求在一场武装冲突中获胜，只不过是故作勇敢而已。不然的话，如果我反抗那个将会剥夺我独立权的人，就会拒绝服从他的意志，并愿意被徒手杀害。尽管这样做我会失去生命，但会赢回我的尊严。

这种不光彩的和平正好是我的机会。我必须一雪前耻，获取真正的独立。但是有人会开导我说："希特勒不懂得怜悯，你精神上的努力不会从他那里得到任何东西。"

我回答："你也许是对的。历史没有记载过哪个民族曾经使用过非暴力抵抗。如果希特勒没有因我的受苦而感动，那也没关系。因为我不会失去任何有价值的东西。我的尊严是唯一值得保存的东西，它不依赖于希特勒的怜悯。但是作为非暴力的信仰者，我不想限制非暴力的可能性。时至今日，他①与他的同类已经揭示一条不变的经验：

---

① 指希特勒。

人会向暴力屈服。因此对于他们来说，那些手无寸铁的男人、女人和孩童进行非暴力抵抗并且心里毫无怨恨，这对他们而言将是一种全新的经验。谁敢说他们本性上会对这些更崇高、更杰出的力量无动于衷呢？他们有着与我一样的灵魂。"

我认为，如果我是一个捷克人，这就是我要做的事情。第一次发起萨提亚格拉哈运动的时候，我没有同伴。我们是一万三千个男人、女人和孩童，对抗整个能够把我们压碎毁灭的民族。我不知道谁会听从我，但所有人很快就蜂拥过来了。这一万三千人都没有进行暴力战斗。他们中的很多人倒下了，但挽回了整个民族的尊严。南非萨提亚格拉哈运动书写了新的历史。

一个更恰当的例子可能是阿卜杜勒·加法尔汗[1]。他把自己称为神灵的仆人，帕坦人[2]喜欢称他为阿富汗的骄傲。当我写这些话的时候，他就坐在我前面。他已经使他民众中成千上万的人扔掉武器。他认为他已经明白非暴力的教导，但他并不清楚他的民众是否也明白了。我来到边境省，或者说是他把我带到了这里，让我亲眼看到追随他的人正在干什么。坦率地讲，这些人对非暴力知之甚少。他们拥有的最宝贵的东西就是对领导者的忠诚。我不把这些和平战士当作完美的例子，我只把他们作为这样一个例证：一名战士真诚地努力把自己的战友带向和平道路。我可以证明这是一次真诚的尝试，并且不管其结果是成功还是失败，都会给将来的萨提亚格拉哈战士带来经验教训。如果我能够成功地触动这些人的心，那么我的目的就达到了。并且我要

---

[1] 阿卜杜勒·加法尔汗（Abdul Gaffar Khan），印度西北边境省的穆斯林领袖，领导了1930年白沙瓦的非暴力运动，对后来的巴基斯坦非暴力运动影响很大。

[2] 帕坦人是住在当时印度西北国境的阿富汗人。

让他们明白，与拥有武器及使用武器的能力相比，如果他们的非暴力没有使他们更勇敢，则应当放弃非暴力（被认为是怯懦的别称），重新拿起他们的武器。除了他们自己的意志之外，没有任何东西能阻止他们再次拿起武器。

我为爱德华·贝奈斯①博士提供了一种勇敢者的武器，而不是弱者的武器。没有比这个更勇敢的了：坚绝不向任何世俗权力屈膝，无论它有多强大，并且在精神上毫无怨恨，完全相信只有精神长存不朽。

《哈里真》，1938 年 10 月 15 日，第 290—291 页

如果我能够成功地带给人类大家庭这样的信念，即每个人——无论身体多么脆弱——都是他的自尊与自由的捍卫者，那么我的工作就完成了。这样的捍卫是有用的，尽管整个世界都可能压迫这些抵抗者。

《甘地选集》，1957 年，第 43 页

---

① 爱德华·贝奈斯（Eduard Benes），当时的捷克总统。

第三节　意识形态比较

20. 关于萨沃达亚

　　在我接受教育期间，实际上没有阅读什么课外书。当我投入忙碌的生活之后，我也没有多少时间阅读。因此，我不敢声称自己学到了很多书本知识。然而，我并不认为这使我失去很多东西。或许可以说，有限的阅读反而能使我完全消化。在这些书籍中，有一本使我的生命发生了真实的转变，它就是《给那后来的》①。后来我把它翻译成古吉拉特文，起名为《萨沃达亚》（万人之福）。

　　我觉得我从拉斯金这本伟大著作中找到了一些我最深层次的信念。这就是它如此吸引我并使我的生命发生转变的原因。诗人就是一

---

① 《给那后来的》（ *Unto This Last* ），英国作家、艺术家约翰·拉斯金（John Ruskin，1819—1900）的著作。"给那后来的"这个短语来自《圣经·新约》。
　　《马太福音》中耶稣讲了一个故事作为比喻：一个葡萄园主请工人来帮忙，先来帮忙的工人与最后来的工人所得的报酬是一样的，因此先来的工人抱怨不公平，葡萄园主回答说他们得到了事先议定的工钱，并说"我给那后来的和给你的一样，这是我愿意的"。一般认为，这个故事比喻在造物主的拯救面前人人平等。

个能够唤起人类心中内在良善的人。诗人并不能以同样的方式影响所有人，因为每个人成长的方式不同。

我所理解的，《给那后来的》中的教义如下。

1. 个人的利益隐含在所有人的公共利益中。

2. 律师的工作与理发师的工作具有同等价值，因此，所有人都具有通过其工作谋生的同等权利。

3. 一种劳作的生活，例如耕种土地的农夫的生活和手艺人的生活，才是值得过的生活。

第1点我知道，第2点我只有模糊的认识，第3点我却从未想过。《给那后来的》让我明白，第2点和第3点包含于第1点之中。我如梦初醒，准备把这些原则付诸实践。

《自传》，1966年，第224页

一名阿希姆萨的信仰者不会赞同功利主义原则（最大多数人的最大利益）。他会为所有人的最大利益而奋斗，并为实现该理想而献身。所以，为挽救其他人的生命，他宁愿牺牲自己。通过牺牲，他可以使自己安息。所有人的利益不可避免地包括最大多数人的利益，因此他与功利主义者在所从事的事业上有许多一致的地方。但是，当某个时刻到来时，他们会分离，甚至可能走向对立。功利主义者在逻辑上永远不会牺牲自己，绝对主义者则愿意牺牲自己。

《青年印度》，1926年12月9日，第432页我不相信最大多数人具有最大利益这个信条。它赤裸裸地表明这样的含义，为了实现百分之五十一的人的利益，可能牺牲百分之四十九的人的利益，或者说，应该牺牲。这是一个无情的信条，并且已经伤及人性。唯一真正高贵的人类信条应该是所有人的最大利益，而它只能通过完全的自我牺牲实现。

《马哈迪夫·德赛日记》（第 1 卷），1953 年，第 149 页

如果我们想要看到潘查雅特[①]治理的梦想——也就是真正的民主——得到实现，就要把那些卑微的底层印度人与这片土地上的最高阶层看作平等的印度统治者。这就预先假定所有人都是纯洁的，或将变为纯洁的，如果他们现在还不纯洁的话。并且，人们的纯洁必然带来智慧的增长。这样任何人都不会在群体与群体之间，种姓阶层与无种姓的贱民之间设置差别。每个人都会把别人看作是与自己平等的，并连接为一个友爱的网络。没有人会把他人视为不可接触者。我们会对麻布织工与富裕的资本家同等相待。每个人都懂得如何通过辛勤劳动正直地生活，并且知识分子与体力劳动者之间没有区别。为加快这一目标的实现，我们要自愿地将自己转变为清洁工。任何有智慧的人都不会沾染鸦片、酒或其他使人上瘾的东西。每个人都要把司瓦德西作为生活原则，并把每个妇女，除了他的妻子，根据她们的年纪视为自己的母亲、姐妹或女儿，永远不要在心中起贪恋她们的淫念。他应

[①] 潘查雅特是印度乡村的一种传统自治制度，由村民选举五人组成村小组管理村务。详见"乡村共同体"介绍。

随时准备在需要的时候献出自己的生命，而绝不应夺取他人的生命。

《哈里真》，1948 年 1 月 18 日，第 517 页

21. 论社会主义

社会主义是一个美丽的词语。就我所知，在社会主义下所有的社会成员都是平等的，没有人高贵，没有人低贱。在一个人的身体中，头不会因它位于身体的顶部而高贵，脚也不会因它们接触地面而低贱。正如一个人身体的各部位是平等的，社会各成员也同样如此。这就是社会主义。

在社会主义社会中，王公与农民、富人与穷人、雇主与雇员都是平等的。用宗教的术语来说，社会主义中没有"二元性"，所有人都是一体的。看看全世界所有的社会，它们只有二元对立或多样性，明显缺失统一性。这个人高贵，那个人低贱，这是一个印度教徒，那是一个穆斯林，还有基督徒、帕西人、锡克教徒、犹太人。甚至在这些群体中还存在进一步的划分。在事物形态的多样性中存在完美的统一性，这就是我的统一性观念。

为了达到这种状态，我们不能用哲学的态度看待事物，认为在所有人相信社会主义之前不要开始行动。如果我们不去改变自己的生活，而是继续演讲，组织政党，并且像猎鹰一样，在有利于我们的时候夺取竞选游戏的胜利，这就不是社会主义。我们越是把它当作争权夺利的游戏，它就离我们越远。

社会主义开始于第一个皈依者。如果第一个已经存在，你可以在这个 1 的后面加上很多个 0，加第一个 0 意味着 10，并且每加一个 0 都相当于原有数字的 10 倍。然而，如果开始是 0，换言之，没有人开始行动，加上再多的 0 也只能是 0。花费时间与纸张来书写这么多的 0，将是一种巨大的浪费。

这种社会主义纯洁如水晶，因此它要求用水晶般纯洁的手段实现。不纯洁的手段会带来不纯洁的结果。因此，砍掉王公的头并不会使王公与平民平等化；同样，通过一个剥夺继承权的法律程序，也无法使雇主与雇员平等。一个人不可能通过反真理的行为获得真理，只有符合真理的行为才能通达真理。非暴力与真理不正是孪生的吗？答案很明确：是的。非暴力内含于真理之中，反之亦然。因此有人说它们是一个硬币的两面，一方无法离开另一方。我们看硬币的任一面，上面写的字不同，但它们的价值是一样的。没有完全的纯洁性，这种幸福的状态是不可实现的。当你容许头脑或身体不纯洁时，你内心也就出现了不诚实和暴力。

因此，只有真诚的、非暴力的和心灵纯洁的社会主义者，才能在印度和全世界建立社会主义社会。如果没有前面描述的这些条件，这样一个国家是不可能存在的。

《哈里真》，1947 年 7 月 13 日，第 232 页

真理与阿希姆萨必须在社会主义中得到体现。然而，要使它们得到体现，社会主义的追随者必须拥有真实的信仰。机械化地坚持真理与阿希姆萨，在紧要关头是很容易垮掉的。因此，正如我说过的，真

理是真正的力量，我们的生命就来自这种力量。任何人如果否认这种伟大力量的存在，他就无法使用这种无穷的力量，从而持续软弱。他就像一艘没有舵的船，到处摇摆不定，直到毁坏也没有前进一步。这样的社会主义不会把他们带向任何地方，对于他们所处的社会来说更是这样。

如果这是真的，是否意味着没有社会主义者相信真理？如果有的话，为什么他们没有取得任何明显的进步呢？接着我们又问，在此之前已经出现过很多虔诚的人，为什么他们没有成功地建立一个社会主义国家呢？

要完全解答这两个疑惑很困难。不过，我们能够确定地说，一个有信仰的社会主义者，也许从来没想过他的社会主义与神灵信仰之间有任何联系。同样可靠的说法是，作为一个宗教规则，虔诚敬拜神灵的人也从未对信众称赞过社会主义。

尽管不少人虔诚信奉真理，但迷信思想还是在世界各地泛滥。直到最近，在印度教中，不可接触制度迷信仍然占据着主流地位。

这个事实意味着，人们总是热衷于研究并认识这种伟大的神秘力量及其潜在的可能性。

我的观点是，萨提亚格拉哈的发现就存在于这种追求与探索之中。然而，这并不是宣称萨提亚格拉哈的所有法则都已经被制定或被发现。我可以坚定地、毫不畏惧地说，每个有价值的目标都可以通过萨提亚格拉哈实现。它是最高级的、不会失效的手段，是最伟大的力量。社会主义不可能通过任何其他手段实现。萨提亚格拉哈能够为社会消除所有政治的、经济的和道德方面的罪恶。

《哈里真》，1947年7月20日，第240页

　　早在我认识的那些人在印度公开宣传他们的社会主义之前，我就已经声称自己是一个社会主义者。但是对我而言，我的社会主义是自然而然产生的，不是来自任何书本。它源自我不可动摇的非暴力信仰。一个人要成为积极的非暴力主义者就必须反抗社会的不公正，无论它发生在哪里。

　　我总是认为，社会正义——即便是为了那些最卑微和最普通的人——是不可能通过暴力实现的。我进一步认为，通过为这些卑微的人提供适当非暴力手段的训练以纠正他们遭受的不公，社会正义是可以实现的。这种手段就是非暴力不合作。有时，不合作与合作一样，也是一项重要的义务。没有人有义务与他人合作来毁灭自己或奴役自己。通过依赖他人力量而获得自由，不管他人如何仁慈，当他人的力量撤回之后，这种自由就无法维持。换言之，这种自由不是真正的自由。但是，当卑微者一旦学会通过非暴力不合作的艺术争取自由时，他们马上会感受到自由的光芒。

《哈里真》，1940年4月20日，第97页

　　社会主义并不是诞生于人们对资本家滥用资本的发现。正如我

已经说过的，社会主义甚至共产主义，在《至尊奥义书》①（*Ishopani-shad*）的第一篇中已经表述得很清楚。真实的情况是，一些社会改革者对皈依宗教的改革方法失去了信心。我现在致力于解决那些科学社会主义者面临的同样的问题。但是，我采用的方法总是并且只能是通过纯粹的非暴力，这种方法或许会失败。如果它真的失败，那也是因为我对非暴力方法缺乏足够的认识。我或许是一个非暴力学说的蹩脚倡导者，但是我对它的信念正在与日俱增。

《哈里真》，1937 年 2 月 20 日，第 12 页

社会主义的基础是经济平等。在当前这个少数人腰缠万贯而大众却没有足够食物的不正义、不平等的国家中，是没有罗摩的统治的。当我还在南非的时候，就已经接受了社会主义理论。

《哈里真》，1947 年 6 月 1 日，第 172 页

我所说的社会主义意味着"给那后来者平等"。我不想把社会主义建立在盲人、聋人和言语障碍者的骨灰之上。在他们的社会主义设想中，这些人可能没有位置，他们的目标之一是物质上的进步。例如，美国的目标是让每一个公民拥有一辆汽车，我不想这样。我想充分表达我的个性自由，只要我想，我甚至可以拥有建造一个通向天狼

---

① 一部非常有名的《奥义书》，揭示了精神的独特性，以及人的生命目的。——原注

星的梯子的自由。尽管这并不意味着我想要做任何这样的事情。

《哈里真》，1946 年 8 月 4 日，第 246 页

22. 论马克思

"马克思向我们证明，我们的意识形态、制度、伦理规范、文学、艺术、习俗，甚至宗教，都是我们经济环境的产物。"

我不同意我们的意识形态、伦理规范和价值观统统都是我们物质环境的产物，除此之外没有任何绝对的基础。相反，我们的人是什么样子，我们的环境就会变成什么样子。

"瓦尔达基础教育方案①不正是建立在这样一个假设上的吗？——手工劳作不仅塑造了我们的思想，也塑造了我们的整体个性。这不是很接近马克思提出的关于知识的唯物主义理论吗？"

机器的作用是把工人从体力劳动中解放出来。我则从另一个方面认为机器使工人受到束缚，只有通过手的灵巧劳作才能给工人带来自由和幸福。

马克思主义者把思想看作"大脑的产物"，意识是"物质环境的反映"。但如果我意识到那个真实存在于我内心的原则，就没有人能

---

① 瓦尔达基础教育方案，是 1937 年甘地制定的印度基础教育方案，方案强调将手工劳动作为重要的儿童教育方法。瓦尔达（Wardha），印度马哈拉施特拉邦的一座城镇，是该邦教育最发达的城镇。甘地 1936 年曾经在瓦尔达的塞瓦格拉姆村建立了一座静修院。

够束缚我的意志。身体可以被毁灭，但精神将得到自由。对于我来说这不是一个设想，而是经验之事实。

"马克思主义者承认一个人或许能够超越其物质环境，但阶级行为本质上由环境决定。除非经济环境发生变化，否则它不会改变。为了改造资本家，资本主义秩序必须被摧毁。"

一个个体能做的事情，整个阶级的民众也能被引导做到。所有的问题在于找到正确的方法。我们整个非暴力不合作运动——目的在于改变英国的统治阶级——就建立在这样的假设基础之上。托管制是我给出的阶级矛盾问题的答案。

"战争是资本主义体系中私有制不可避免的结果。"

不，经济因素不是唯一的原因。就其根源来说，是看不见的力量支配着这些事件的发生——这种力量甚至存在于那些制造事件的人的头脑中。假设希特勒今天死了，那么当前历史的整个过程将发生改变。同样，假设所有资本家都在一场地震或其他自然灾难中死亡了，那么阶级战争的历史将被改写。

这种改变至少是那些对历史进行经济解释的学者期待的。如果当年不是张伯伦而是一个更强硬的人成为英国首相，或者如果张伯伦在那个关键时刻能够展现出政治勇气，现在的历史难道不会有很大的不同吗？

"要消除战争，就必须消除财产私有制。"你也同样被教导过，财产私有制与非暴力生活方式是不相容的。

这种观点只是部分正确。特洛伊的海伦难道不是导致特洛伊战

215

争的原因吗？拉杰普特人①的战争跟财产私有制有关系吗？没有！要消除战争，我们有更多的事情要做。我们必须根除心中的占有欲、贪婪、性欲及自负。为消除社会中的战争，我们不得不在自己的心里开展战争……

《圣雄甘地：最后阶段》（第 2 卷），1958 年，第 137—139 页

---

① 拉杰普特人（Rajputs），中世纪在印度中西部兴起的一个部族。

第四节　一个世界

23. 民族主义与国际主义

对我而言，爱国主义等同于人的天性。我是爱国的，因为我是一个人，并且是仁慈的人。爱国主义不是排外的。我不会通过伤害英国或德国为印度利益服务。在我的生活计划中，帝国主义是没有位置的。爱国者法则与家长的法则并无不同。如果一个爱国者对人道主义漠然处之，那么他将是一个糟糕的爱国者。私人法则与政治法则之间没有冲突。

《青年印度》，1921 年 3 月 16 日，第 81 页

一个非民族主义者也不可能是一个国际主义者。只有当民族主义成为事实的时候，也就是，当属于不同国家的人民自己组织起来，并且能够像一个人那样采取行动的时候，国际主义才可能实现。民族主义并不邪恶，邪恶的是那些毒害现代民族的狭隘、自私、排外观念。我希望印度民族主义能够开辟一条不一样的道路。为了人类的普遍利

益，它要把自己组织起来，或者找到完整的自我表达。

《青年印度》，1925 年 6 月 18 日，第 211 页

我的使命不仅仅是为了印度人民的兄弟情谊，也不仅仅是为了印度的自由，尽管目前它毋庸置疑地占据着我的整个生命和所有时间。然而，通过实现印度自由，我希望继续开展并实现人类兄弟情谊的使命。我的爱国主义并不是排外的东西，它是包容一切的，并且我不能接受那些试图在其他民族痛苦之上的崛起，或者剥削其他民族的爱国主义。我的爱国主义观念，如果不能在任何情况下毫不例外地与人类最广泛的普遍利益一致，那么它就是毫无意义的。不仅如此，我的宗教也是如此。我的爱国主义源自我的宗教信仰，它包含所有的生命。我不仅想实现那些被称为人类存在者的兄弟情谊，或把他们视为一体，还想实现与所有生命的一体化认同，甚至是那些在地上爬行的生物。我之所以想把自己与那些地上爬行的生物视为一体，如果不会让你感到惊讶的话，是因为我们都源自同一造物主。正因如此，所有的生物，无论其外在表象如何，它们在本质上是一体的。

《青年印度》，1929 年 4 月 4 日，第 107 页

我们的民族主义不会成为其他民族的威胁，因为我们不会剥削任何人，正如我们不允许任何人剥削我们。我们可以通过自治服务整个

世界。

《青年印度》，1931 年 4 月 16 日，第 79 页

正如今天爱国主义的崇拜者教导我们的，个人必须为家庭而牺牲，家庭必须为村庄而牺牲，村庄必须为地区牺牲，地区必须为省区牺牲，省区必须为国家牺牲。即便如此，一个国家还必须获得自由，以至于在必要的时候，可以为了全世界的利益而牺牲。因此，我的民族主义之爱，或我的民族主义观念就是，如果有需要的话，可以牺牲整个国家，使人类种族能够延续下去，我的国家就会成为自由的国家，这里不存在种族仇恨。让它成为我们的民族主义吧。

《甘地在印度乡村》，1927 年，第 170 页

24. 不同种族是同树异枝

在万物的创造者眼中，他的造物都是平等的。如果他在人与人之间区分任何高贵与低贱，它们必然是明显可见的，正如大象与蚂蚁的区别那样。但是，他公平地赋予了所有人同样的外形及同样的自然需求。

《哈里真》，1933 年 12 月 22 日，第 2 页

把某些人看作比我们更低贱，这是错误的，也是罪恶的。地球上没有人低贱，也没有人高贵。我们都是造物主的造物。正如在父母眼中，所有的孩子都是完全平等的，同样在造物主的眼中，所有的造物都是平等的。

《哈里真》，1934 年 1 月 5 日，第 8 页

尽管存在种族与宗教的差异，我们还是要学会宽容与相互尊重，并且要把所有人视为造物主的孩子，把彼此视为兄弟姐妹。造物主是所有生命的创造者，因此所有造物在他眼中都是平等的。人类是一棵巨大的树，有无数分枝与叶子，也有同样的生命脉搏。这种多元一体的实现，就在于废除不可接触制度。

《哈里真》，1933 年 12 月 1 日，第 6 页

"你希望两个种族之间有什么样的关系？"

尽可能亲密的那种关系。但是，当我摒弃一个非洲人和一个印度人之间的所有隔阂时，并不意味着我没有认识到他们的不同。人类的不同种族就像一棵树的不同分枝。一旦我们认识到，我们都是在共同的树干上长出的，就意识到人类大家庭的根本统一性。因此，敌意与有害的竞争就没有存在的空间。

《哈里真》，1939 年 2 月 18 日，第 12 页

我相信人本质上的一体性，以及……所有生命的一体性。因此，我相信如果一个人获益……则全世界跟他一起获益。如果一个人跌倒，则全世界在这个意义上一起跌倒。我在帮助对手的同时也在帮助自己，以及我的合作者。

《青年印度》，1924 年 12 月 4 日，第 398 页

一个人不可能在生活的一个领域做正确的事情，同时在另一个领域做错误的事情。生活是一个不可分割的整体。

《青年印度》，1927 年 1 月 27 日，第 31 页

它（南非白人的政策）虽不可见，却埋藏着世界战争的种子。

《哈里真》，1946 年 3 月 24 日，第 52 页

（白人的）真正的优越性，是否需要以立法的形式给予外部支持？

《哈里真》，1946 年 3 月 24 日，第 52 页

如果一个文明社会保留着道德上可疑的种族立法及私刑，它配得

上 "文明社会" 这个称谓吗?

《哈里真》，1946 年 6 月 30 日，第 204 页

总有一天，黑人会像复仇的阿提拉 ① 那样反抗他们的白人压迫者，除非有人向他们提供萨提亚格拉哈武器。

《哈里真》，1946 年 5 月 19 日，第 134 页

……如果南非还允许私刑以某种理由存在的话，它将成为白人文明史上的污点。我希望南非政府及人类开化的良知废除它。

《哈里真》，1946 年 6 月 30 日，第 206 页

这个新的种姓（制度），比那种古老但垂死的印度种姓制度更糟糕，后者还有一些可取之处，即便它正在死去。但是这种新的、文明化的版本却一点可取之处也没有。它不知羞耻地宣称，白人的文明社会要树立法律屏障，以保护自己并防范亚洲人与非洲人。

《哈里真》，1946 年 6 月 2 日，第 157 页

有些人赞同必须消除种族不平等，但他们没有采取任何行动抵抗

---

① 阿提拉（Attila，433—453），匈奴帝国国王，罗马帝国的入侵者，甘地在此比喻为使用暴力。

这种罪恶，这些人是软弱的。对于这样的人我无话可说。毕竟受压迫者必须通过自己的努力获得拯救……

解决的办法很大程度上掌握在印度人手中。如果印度内部的所有事务都正常的话，印度就可能在伸张正义的事上承担积极的角色……

如果联合国不能公正处理南非人与印度人的冲突，联合国将丧失威望。毫无疑问，联合国只有秉持公正才能获得威望。

《哈里真》，1947 年 10 月 26 日，第 385 页

难道他们忘记了人类最伟大的导师都是非白人的亚洲人吗？这些人如果重返人间并且来到南非，他们将不得不住在隔离区内，并且被划为亚洲人与有色人种，根据法律，他们没有资格与白人平等相处。

《哈里真》，1946 年 6 月 30 日，第 204 页

25. 原子弹

世界已经发生翻天覆地的变化，我是否还要坚持对真理与非暴力的信仰呢？原子弹是否已经把这个信仰炸得粉碎了呢？不仅没有，反而向我证明了这对"孪生子①"形成了世界上最强大的力量。在它们

———————————

① 真理与非暴力。

面前，原子弹没有任何作用。这两种对立的力量是截然不同的，一种是道德的与精神的，另一种是物理的与物质的。一种在本质上有一个终极目标，极大地优越于另一种。精神的力量是永远前进并且永无止境的，它的完美表现使它在世界上不可战胜。我知道我说的这些都已经是众所周知的事情。我只不过是为这个事实提供证据而已。更重要的是，这种力量存在于所有人心中，男人、女人、孩童，无论肤色如何。在许多人的心里，它处于沉睡状态，但我们可以通过明智的训练把它唤醒。

进而可以看出，如果不承认这个真理并努力实现它，我们就无法摆脱自我毁灭。补救的方法在于，每个人在生活的每个方面训练他的自我精神表达，而不顾邻居的反应。

《哈里真》，1946年2月10日，第8页

一些美国朋友暗示说，原子弹将使阿希姆萨变得毫无用处。

确实会这样，这意味着原子弹的摧毁性力量会使全世界如此憎恶，以至于使世人暂时厌弃暴力。这就好像一个人，美味食物吃得太饱以至于要呕吐，并且厌弃这些食物。但这只会导致他在呕吐反应消失之后，加倍热衷这种美食。同样的道理，在世人对原子弹的憎恶反应消退之后，这个世界将以新的热情回到暴力中。

善果确实经常从恶行中产生，但那不是人类的方案。人们知道只有恶带来恶，正如善带来善。

尽管原子能被美国科学家与军人用于摧毁性的目的，但它也可以被其他科学家用于服务人道主义，这无疑是可能的。但这不是我的美

国朋友要表达的意思。他们不会如此简单地提出一个明显是事实的问题。就像一个纵火犯为破坏性和邪恶的目的使用火，而一个家庭主妇则用火为人们准备有营养的食物。

就我所知，原子弹已经使支撑人类很长时间的美好感觉逐渐丧失。过去我们有所谓的战争法，它使战争变得能够被容忍。现在我们认识到赤裸裸的事实。除了力量之外，战争没有任何法则。原子弹给盟军带来了胜利，但它同时导致日本人民的伤亡。对于那些实施摧毁的民族①精神有什么影响，现在还言之过早。自然力量是以神秘的方式起作用的。但是，我们可以根据类似事件的已知结果推导出未知结果，来揭示这个秘密。一个奴隶主为了管制一个奴隶，不得不把自己或他的代理人也关进监禁奴隶的铁笼。但愿没有人误认为我想为日本人追求的邪恶目的及其罪行辩护。但这两者②只不过是程度上的差别。相比之下，我认为日本的贪婪是更可恶的，但这不应成为无情摧毁日本平民生命的理由。

我们从原子弹这个最大悲剧中得出的道理就是，原子弹无法被反原子弹摧毁，正如暴力无法被反暴力消除。仇恨只能通过爱化解，以仇报仇只能增强仇恨。

我知道，我正在重复那些我已经讲过很多次的，并且以我的最大努力和能力实践过的东西。我一开始就说，它不是什么新观点，它就像众山一样古老。只是我没有照背书本上的格言，而是明确宣告我全身心信仰的东西。我在各行各业的人群中实践了六十年，这强化了我的信念，也强化了我的朋友们的体验。无论如何，它是一个可以使人

---

① 这里指美国。
② 指日本的罪行与盟军的原子弹。

坚持而毫不畏惧的核心真理。我相信麦克思·缪勒^①多年前讲过的一番话，大意是，只要还有人不相信，真理就需要被重复。

《哈里真》，1946 年 7 月 7 日，第 212 页

我认为把原子弹用于对人类的大规模毁灭，是对科学最恶魔化的使用。

《哈里真》，1946 年 9 月 29 日，第 335 页

26. 裁军

如果德国现在改变政策，并决定行使她的自由，不是为了瓜分世界贸易，而是因道德上的优越性而保护地球上的弱小种族，她无疑不需要武器也能做到。人们很快就会发现，在欧洲开始普遍裁军之前，某个民族将不得不大胆解除自己的武装并承担巨大的风险。除非欧洲打算自杀，否则总有一天必须这样做。如果真的发生这样的事情，那么这个民族的非暴力水平自然会提升到很高的水平，从而赢得全世界的敬意。她的判断将毫无过失，她的决定将坚定不移，她英雄般的自我牺牲器量也将伟大非凡，并且她希望为其他民族而活，正如为自己

---

① 弗雷德里赫·麦克思·缪勒（Friedrich Max Muller，1823—1900），英国语言学家，西方比较宗教学的创始人，曾组织翻译印度教经典。

而活一样。

《青年印度》，1925 年 10 月 8 日，第 345 页

不相信永久和平的可能性，就是不相信人天性中的虔敬。目前为止，所有使用的方法都失败了，因为那些为和平而奋斗的人缺乏最基本的真诚，他们也没有意识到这个缺点。和平无法实现，部分是因为环境使然，就像条件没有达到的时候，化学反应是无法发生的。如果那些控制着毁灭机器的人类公认领袖彻底放弃对它们的使用，并完全明白这种放弃的意义，那么永久和平就会实现。但这很明显是不可能的，除非这些庞大的世俗权力愿意放弃他们的帝国主义企图。这一点看来同样是不可能的，除非这些民族停止所信奉的毁灭信仰的竞争，停止欲望的膨胀及由此而来的物质财富增长。我确信，邪恶的根源在于缺乏真实的信仰。那些宣称相信被称为"和平之君"的耶稣福音的世人，在真实的生活实践中却极少表现出他们的信仰，这真是头等人类悲剧。我从小就被教导，并且也根据经历检验过这些真理，即那些人类种族中最卑微的人也能培养起人的主要美德。正是这种无可置疑的普世可能性，使我们能够把人与其他造物区分开来。哪怕有一个伟大的民族，采取无条件放弃武器的最高尚行动，我们大多数人也会在有生之年看到世界和平的出现。

《哈里真》，1936 年 5 月 16 日，第 109 页

各国列强在任何时候都可以实行非暴力，使他们获得荣耀，也挣

得子孙后裔的永恒福分。如果他们或他们中任何政权能够摆脱毁灭的恐惧，如果他们放弃武器，他们将会帮助其他国家清醒过来。然而，列强必须为此放弃帝国的野心，放弃对所谓未开化或半开化的民族的剥夺，并改变他们的生活方式，这意味着一个彻底的革命。但总体而言，这是几乎不可能发生的。各国列强已经根据其价值观选择了一条不断争取胜利的路，我们很难期待他们走上相反的道路。但是这样的奇迹以前发生过，即便是在当前这个平凡的时代也可能发生。有一点是确定的。如果疯狂的军备竞赛继续下去，它必定带来史无前例的大屠杀。如果最终剩下一个胜利者，那么这个获胜民族得到的胜利只不过是凄惨的生活。只有勇敢并且无条件地接受非暴力方法及其伟大含义，才能躲过这个无人能逃的即将到来的厄运。

《哈里真》，1938 年 11 月 12 日，第 328 页

27. 世界联邦

世界各国的目标不是孤立的自主，而是自愿的相互依赖。

《青年印度》，1924 年 7 月 17 日，第 236 页

今天，全世界的才智之士都不想拥有互相交战的绝对独立国家，而是想拥有由相互依赖的国家组成的友好联邦。要实现这一目标还差得远。我不想替我们的国家发表这个伟大的主张。但是，如果我们表

达出希望全球相互依赖而不是印度独立的意愿，我认为没有比这个主张更伟大的了。

《青年印度》，1924 年 12 月 26 日，第 425 页

没有任何限制可以约束我们跨越国家制定的边界，把我们的服务推广到邻国。

《青年印度》，1931 年 12 月 31 日，第 427 页

正是独立的渴望点燃了欧洲所有民族的激情。但是民族独立并不排斥自愿的合作。帝国主义野心与合作是格格不入的。

《哈里真》，1937 年 7 月 3 日，第 165 页

世界联邦的结构只能在非暴力的基础上建立。并且要在世界事务中彻底摒弃暴力。

《甘地与政府的通信——1942 年至 1944 年》，1957 年，第 143 页

对于各个自由的民族来说，联邦毫无疑问是一个更伟大、更崇高的目标。对于它们来说，为联邦的发展而努力的目标，比以自我为中心、只寻求保护自己的自由更伟大、更高贵。……通向世界联邦的第

一步，就是承认被征服民族与被剥削民族的自由。

《哈里真》，1942 年 8 月 9 日，第 265 页

今天，对国家贸易的保护可能意味着使用军事力量把商业贸易强加在一个不愿意接受的民族身上。然而它们本来应该是，男人和女人为人类共同利益而团结起来的一种和平联合。就后者而言，他们的力量不在于使用弹药的技术，而在于拥有更高级的道德关系。

《青年印度》，1926 年 10 月 21 日，第 366 页

28. 明天的世界

也许，人们关于未来的思考从没有像今天这么多。我们的世界将来还是一个暴力的世界吗？将来的世界还是这样贫穷、饥饿、悲伤吗？将来我们会拥有一种更坚定的信仰吗？如果人类社会将要发生一次巨大的变迁，那么这个变化将如何产生？通过战争，还是通过革命？还是将和平地实现？对于这些问题，不同的人有不同的回答。每个人都把未来世界的蓝图描绘成自己希望的那样。我的回答不仅来自我的信仰，也来自我的确信。明日之世界将是一个建立在非暴力基础上的社会。这是第一法则，其他祝福都来源于它。这看似一个遥远的目标，一个不现实的乌托邦。但是，既然非暴力目前能够在这里发挥作用，那么这个目标就不是不可实现的。一个人能够采取未来的生活

方式——非暴力的方式——而不需要等其他人也这样做。并且，如果个体能够这样做，那么群体为什么不行呢？整个民族为什么不行呢？人们常常不愿意开始行动，因为他们觉得那个目标整体上不可能实现。这种思想态度正是阻止我们前进的最大障碍，每个人只要愿意就能清除这个障碍。

平等分配——未来世界的第二个伟大法则，在我看来也是来自非暴力。它意味着世界上的物品不应该被任意划分，每个人都应该有必要的资金以满足他的自然需求，此外没有更多。举一个简单的例子，如果一个人每个星期需要四分之一磅面粉，另一个需要五磅，那么不能武断地每个人都给四分之一磅或五磅，而应给予他们各自需要的量。

现在我们遇到的可能是最关键的问题，与未来世界的塑造有关。这种平等分配将如何实现？那些富人是不是必须被剥夺所有的财产？

非暴力的回答是"不"。任何暴力都无益于人类的长期利益。强制性的财产剥夺会使社会丧失许多伟大的天才。这些富有的人懂得如何创造与建造，他们不应丧失这些能力。相反，他们必须被允许保留财富，这样他们能够使用合理要求的一部分财产满足个人所需，并且他们要作为其余财富的托管人，将它们用于为社会谋利益。过去和现在都存在这样的人。在我看来，如果一个人把自己视为社会的仆人，为此而赚钱，为此而花钱，那么他所赚取的就是正当的，并且他的生意投资就是有利于社会的。

但是，非暴力的整个观念不正是意味着人性的改变吗？这样的人性变化在历史上有过记载吗？我必须强调是有的。许多人已经改变了吝啬的、自私的、贪婪的观念，把社会看作一个整体，并且为它的利

231

益服务。如果个体能够做出这样的改变，那么群体也可以做出同样的改变。

　　我看到的未来世界没有贫穷、没有战争、没有革命、没有流血。并且在那个世界中，人们的精神信仰比过去更广、更深。

　　　　　　　　　　《圣雄甘地的思想》，1967 年，第 458—460 页

第五节　宗教与文化

29. 所有宗教本质上的一体性

不存在高于真理与正义的宗教。

《甘地选集》，1957 年，第 254 页

让我解释一下我所说的宗教意味着什么。它不是指印度教，而是指超越印度教的宗教。它改变一个人的真实本性，把人与真理不可分离地连接在一起，并使人得到永恒的净化。它是人性中永恒的部分，人们为寻求它的全部真谛而不惜一切代价。

《青年印度》，1920 年 5 月 12 日，第 2 页

宗教的根基是"约束者"。它的梵语是"达摩"，基本意思是"掌控者"。它无与伦比地支撑着人的生命，它是最基本的道德。当道德在一个活生生的人身上体现出来时，就变成了宗教信仰，因为它

在磨炼的过程中约束着、控制着、支撑着他。

《哈里真》，1934 年 1 月 26 日，第 7 页

宗教信仰使人与人紧密结合在一起。

《哈里真》，1940 年 5 月 4 日，第 117 页

不顾现实事务并且无助于解决问题的宗教，不是宗教。

《青年印度》，1925 年 5 月 7 日，第 164 页

我拒绝任何不诉诸理智并且与道德冲突的宗教信条。我容忍不理智的宗教情感，只要它没有违反道德。

《青年印度》，1920 年 7 月 21 日，第 4 页

真正的宗教与真正的道德是不可分离地相互结合在一起的。宗教对于道德，就像水对于土里的种子一样重要。

《甘地选集》，1957 年，第 255 页

真正的道德不是随大流，而是为自己找到正确的道路并且沿着它

勇往直前。

《甘地选集》，1957年，第254页

我相信世界上所有伟大宗教的基本真理，并且认为它们对于那些信仰这些宗教启示的人来说是必要的。我还认为，只有当所有人能够站在不同信仰者的立场阅读他们的经文时，才会发现它们在本质上是一样的，并且对彼此都是有教益的。

《哈里真》，1934年2月16日，第5—6页

我相信世界上所有宗教的真理。并且自青少年时期以来，我就竭力谦恭而持久地理解世界上所有宗教的真理，采纳这些宗教中我觉得最好的东西并将其吸收进自己的思想、言论与行为中。我接受的信仰不仅允许我这么做，还把它当作我的一项义务，要求我接受那些最好的真理而不管其来源。

《哈里真》，1934年2月16日，第7页

对我来说，不同的宗教是同一个花园里的美丽鲜花。或者说，它们是同一棵参天大树上的不同枝条。因此，它们是同等真实的，尽管人们接受并解释它们的方法同样是不完美的。

《哈里真》，1937年1月30日，第407页

为了人类的发展，每种宗教都做出了自己的贡献。我把世界上伟大的信仰视为同树异枝，尽管它们有着共同的根源，但各分支截然不同。

《哈里真》，1939 年 1 月 28 日，第 448 页

所有的祈祷，无论采用何种语言或来自哪种宗教，都是对造物主的祈祷，并且教导人们：所有人类属于同一个大家庭并且应该彼此相爱。

所有宗教都在敬拜同一位无处不在的造物主。他甚至存在于一滴水或者一粒尘埃中。

不同的宗教就像一棵树上的叶子。没有两片叶子是相同的，然而它们之间不存在敌意对抗，在叶子生长所依靠的枝条之间也是如此。由此，我们在所有造物中，看到了多样性中存在一致性。

《哈里真》，1946 年 5 月 26 日，第 154 页

"那么，你是否认为你的宗教是对所有宗教的综合？"

是的，如果你愿意这样认为的话。但是我会把这个综合体称为印度教。而对于你来说，这个综合体就是基督教。如果我没有这么做，你就总是对我屈尊施恩，正如许多基督徒现在所做的那样，说："如果甘地接受基督教该多好啊！"穆斯林也会做同样的事情，说："如果甘地接受伊斯兰教该多好啊！"这马上会在你我之间设立一个障碍。

你看到了吗？

《哈里真》，1937 年 3 月 6 日，第 27 页

除了学习自己的宗教经文之外，每个人都有义务学习其他宗教的经文。这使人们能够保持他们的宗教纯洁并除去瑕疵。此外，在我们中间存在基督徒、穆斯林、帕西人以及其他信仰者。印度教徒如果要把他们视为兄弟的话，理所当然要学习他们的宗教圣典。

《哈里真》，1947 年 5 月 25 日，第 166 页

对我来说，在所有主要的宗教在它们都是真实的这个意义上讲，它们都是平等的，都能满足人类精神进步的需求。因此，照料穆斯林、帕西人和基督徒儿童，培养他们自己的信仰，对我而言没有任何困难。确实，当他们的家长想要我根据专门的经典教他们特定的敬拜方式的时候，为了孩子的缘故，我不得不学习一些文献。

《哈里真》，1934 年 4 月 6 日，第 59 页

我认为每个有文化的人都有义务感同身受地阅读世界上所有的宗教经文。如果我们尊重其他人的宗教，正如我们要求他们也尊重我们的宗教，那么对世界上各种宗教进行友好的研究就是一项神圣的

义务。

《青年印度》, 1926 年 9 月 2 日, 第 308 页

所有人生而自由平等, 但是一个人可能在身体及精神上会比另一个人更强或更弱。因此, 表面上看这两个人是不平等的, 但他们之间其实存在本质上的平等。在我们的赤裸本性中, 造物主不会把我看作甘地而把你看作凯坦。那么我们在这个庞大的宇宙中是怎样的呢?我们比原子还要小, 而在原子之间无法再比较谁大谁小。我们天生就是平等的。种族与肤色的差异, 思想与身体的差别, 气候与民族的不同, 都是暂时的。同样的道理, 所有宗教在本质上也是平等的。

《哈里真》, 1937 年 3 月 13 日, 第 38 页

它们是同样真实的, 并且同样是不完美的。你画出的直线越精细, 就越接近欧几里得所说的真正直线, 但是它永远不是那条真正的直线。宗教之树也是这样, 各枝条之间不存在外形上的相同。它们都在成长, 那些属于正在成长的分支的人不能骄傲自满, 并且说:"我的是更高级的。"没有宗教更高级, 也没有宗教更低级。

《哈里真》, 1937 年 3 月 13 日, 第 38 页

正如一棵树有百万片叶子, 同样, 尽管造物主只有一个, 但是有

多少个男女就有多少种宗教，虽然他们都源自造物主。

《哈里真》，1947 年 3 月 16 日，第 63 页

我是世界上所有伟大宗教的真理的信仰者。除非我们学会宽容，还要像尊重自己的信仰那样尊重别人的信仰，否则这个世界将不会有持久的和平。对人类不同导师的话语进行恭敬的研究，是实现这种相互尊重的一个步骤。

《寻找至高者》（第 3 卷），1962 年，第 10 页

信奉独一造物主是所有宗教的基石。但是实际上，我无法预见什么时候这个世界上将只有一种宗教。理论上，由于只有一个造物主，因此是可以做到只有一种宗教的。但是在实践中，就我所知，没有两个人对造物主的理解是完全相同的。因此，将来也许总是会有不同的宗教来迎合不同人的性格与气候条件。但是我可以清楚地看到，这样一个时代即将到来——属于不同信仰的人将像尊重自己的信仰一样，尊重他人的信仰。我认为我们不得不在多样性中寻找统一性。……我们都是同一个造物主的孩子，因此是绝对平等的。

《哈里真》，1934 年 2 月 2 日，第 8 页

如果在表面的多样性背后存在一个涵盖一切的根本统一性，怎么还会存在高贵与低贱之分呢？这是你在日常生活中经常遇到的事实。

所有宗教的最终目的都是实现这个本质上的统一。

所有宗教的本质是一样的，只是它们的实现途径不同。

《甘地的生活观》，1954 年，第 158 页

通过书本传播真理与非暴力，不如实实在在地把这些原则实践于生活之中更有效。真正的生命实践远胜于书本。

《哈里真》，1939 年 5 月 13 日，第 122 页。

在长期研究与经历之后，我得出了这样的结论：所有宗教都是真实的，所有宗教都不是完美的，所有宗教几乎都像我自己信仰的印度教一样令我珍爱。这是因为，一个人应该把所有人当作自己的亲人一样亲密对待。我对其他信仰的崇拜与对自己信仰的崇拜是一样的，因此不可能有转变信仰的想法。宗教交流的目标必须有助于一个印度教徒成为更好的印度教徒、一个穆斯林成为更好的穆斯林、一个基督徒成为更好的基督徒。屈尊式的宽容态度是对国际宗教交往精神的背离。如果我认为我的宗教信仰几乎是真实的，而其他的宗教几乎是虚假的、不真实的，那么即便我与他们有某种信仰交往，也绝不是我们在国际宗教交往中需要的那种方式。我们为他们的祷告不应当是这样："给他指引，正如你已经给我的。"而应该是这样："赐给他追求至善需要的全部指引和真理，只要祷告你的朋友成为更好的人，不用管

他们的宗教信仰是什么。"

《甘地选集》，1957年，第258—259页

我并不赞同人们向其他人宣讲他们的信仰，尤其是为了改变别人的信仰而宣讲。信仰无须宣讲，它必须被生活践行，从而自我宣传。

《青年印度》，1927年10月20日，第352页

讲道常常使我感到厌烦，在我看来不可理喻，并且会使我对讲道的传教士产生怀疑。但是我喜爱那些从不讲道，而是根据他们内心的亮光去生活的人。他们的生活虽然安静，却是最有效的信仰证明。因此，我无法告诉你讲道该讲些什么内容，但是我会说，一种极其朴素并为人服务的生活，就是最好的讲道。因此，如果你一直在为人们服务，并且请求他们也一起服务，他们就会接受。但是如果你不这样做，而是引用《约翰福音》中的经文，并要求他们相信它，这在我看来是不可理喻的，我相信人们也不会接受它。

玫瑰并不需要叫卖，它只需散发它的芳香。如果它有人类的理解能力，并且能够雇用很多传教士，那么这些传教士卖出的玫瑰不可能多于芳香本身。宗教信仰与精神生活的芳香无疑比玫瑰的香味更加美妙与细微。

《哈里真》，1935年3月29日，第50页

一旦你说生活必须以语言为补充，就不够谦卑。人类物种无须来到动物面前，大声对它们喊道："我们是人类。"动物知道他们是人类。心灵的语言从来不需要表达，它超越于身体。语言是对真理的限制，真理只能在人的生活中得到体现。

《哈里真》，1936 年 12 月 12 日，第 351 页

无需清楚的言辞，生活本身就是一种表达。我举一个多年前使用过的玫瑰的比喻来说明。玫瑰不需要对它散发四周的香味写一本书或做一次布道，也不需要为它有目共睹的美丽这样做。那么，精神生活价值远远高于美丽和芳香的玫瑰，并且生活中一旦存在精神性的表现，周围马上就会有人做出回应。《圣经》《薄伽梵歌》《巴噶瓦塔》《古兰经》中的许多段落都有力地表明了这一点。"无论在哪里"，我们可以读到，"克里希纳一旦出现，人们就如同着魔般跟从"，耶稣也是同样的情况。但是举一个你们更熟悉的例子，为什么无论贾瓦哈拉尔到哪里，人们都像中了魔法一样被感动？他们有些时候甚至不知道他已经来了，然而一想到他要来，就马上激动起来。现在它或许不会被描述成一种精神影响，但确实存在某种微妙的影响并且它不容置疑地在那里，不管你叫它什么。他们不想听他说什么，只是想去看他。这是很自然的事情。你不可能有其他的办法来对付这些老百姓。精神生活比马可尼电波具有更大的力量。我与我的造物主之间没有任何中介，并且我只是作为造物主的一个甘心乐意的器皿，他的影响力倾泻其中，直到我如恒河源头的水一样充满溢出。一个在真理中生活的人没有说话的欲望，真理是吝于言辞表达的。所以，没有比生活更真实

242

或更有助于传播福音的了。

《哈里真》，1936 年 12 月 12 日，第 353 页

这样的时代已经过去：一个某种宗教的信仰者站起来说，我们的宗教是唯一真实的宗教，其他的都是假的。面向所有宗教的宽容度在日益增加，这是未来的一种乐观征兆。

《圣雄甘地选集》(第 5 卷)，第 49 页

印度以及它的各种古老宗教，可以做出很多贡献。我们之间的团结纽带，可以通过对彼此宗教形式全心全意的同情与欣赏，得到最好的培养。我们在这个重要问题上采取的态度越宽容，意味着我们日常联系中的仁爱越广博，现存的误会将被消除。

《圣雄甘地选集》(第 5 卷)，第 50 页

"你如何使自己相信所有宗教都是真实的？"

这已经成为我多年的基本立场。它的潜在观念是，不要变成世界的审判者。这个世界存在着各种差异，未来也是如此。如果我们去调查，就会发现，有多少人就会有多少种宗教信仰。成百上千的人只是努力认识真理。他们会按照自己的方式理解真理。没有两个人用同样的词语表述真理。尽管我知道，全能的造物主在我们每个人心中，但我们是不完美的载体。我们都是不一样的，没有两个完全一样的身

体。树上的叶子也没有两片是完全相同的，它们总会有所差异。每个人都会根据自己的理解向造物主祈祷。我凭什么评判我比你祷告得好呢？我不会评判穆斯林、帕西人、基督徒及犹太教徒。如果我是一个真理的寻求者，这已经足够了。我不会说，因为我曾经以这样的方式见过造物主，全世界的人都应该以这种方式来见他。所有的宗教都是真实与平等的。但这并不意味着它们在宗教术语上是同样真实的，或者是绝对真实的。一个人的宗教信仰对于他来说是真实的，正如我的宗教对于我来说是真实的，我不可能去评判他的宗教信仰。这就是我的基本立场。

《甘地谈话集》，1949年，第85页

当前所需要的不是一种宗教，而是不同宗教信仰者的相互尊重与宽容。我们要达到的不是千篇一律，而是多样性中的统一性。任何想要根除传统、遗传因素、气候以及其他环境因素的企图，不仅必然失败，而且是一种悖理逆天的行为。

各种宗教的本质是相同的，但是它被包含在多种外形之中。外形的多样性会持续直到时间结束。有智慧的人会忽视外在的形态，看到各种不同外表下具有的统一性。

《青年印度》，1924年9月25日，第317—318页

30. 文明与文化

在古代，教育是没有限制的。它不受国家的控制，而是完全掌握在婆罗门的手中，他们为了人民的福祉建构了一个独立的教育系统。这个教育系统是以克制和禁欲为基础的。正是由于这个教育系统，印度文明在数千年的兴衰变迁中得以保存，而其他古代文明，例如古希腊、古罗马和古埃及文明，都已经消逝。毫无疑问，新文明的浪潮正在冲击印度。但是我相信它只是短暂的，很快就会消逝，而印度文明将获得重生。在古代，生活的基础在于自我约束，而现在则是享乐。其结果就是，人们变得无力而怯懦，并且抛弃了真理。文明的另一个影响已经到来，我们有必要在某些方面对自己的文明做出调整，以适应新的环境。但是，我们不要对那些连西方学者都认为最优秀的文化做出激进的变革。或许有人极力主张，我们有必要采取西方文明的方法与器械来实现该文明的物质力量。但是，来源于精神的力量——印度文明的根基，不是物质力量所能比拟的。印度是卓越的宗教信仰之地。对于印度人来说，他们最重要的义务是将印度文明传承下去。他们应该从宗教信仰中汲取力量。如果他们坚持走这条道路，那么他们所渴望并为之努力的自治，就会随之而来。

《圣雄甘地：他的生活、写作和演讲》，第 194—195 页

禁欲是印度教传统与生俱来的，并且是西方缺乏的。或许有人说，西方人民已经获得了繁荣，但是我要问他们的文明历史有多长。埃及、巴比伦、希腊以及其他伟大的文明都已经消逝，印度文明却仍

旧存在。其原因就在于，印度文明拥有许多它们没有的东西。

《圣雄甘地选集》（第 25 卷），第 321 页

我们只能希望，如果亚洲人对自己及其文明怀有信念的话，就不会贬低后者。并且我们也不怀疑，经过长期考验的亚洲文明，也会在当前这个次大陆上遭受的考验中安然度过。但是南非的少数亚洲人不得不记住这一点：如果他们不想令他们的原生国家或生活方式蒙受羞辱，就必须把它彻底地展示出来，但是不要呈现拙劣的模仿。他们必须把经过长期传承的传统道德规则付诸实践。对于他们来说，不能把诚实仅仅作为最好的策略，只有当它有利可图时才遵守，无论在什么情况下他们都要遵守诚实准则。对他们来说，强权不是公理，但公理永远是强权。他们与适者生存的原则毫无关系！他们必须自己活也让别人活。如果他们被现代竞争的狂乱精神影响，并且接受这种浮夸文明的贪婪本性，他们必然失败。

《圣雄甘地选集》（第 11 卷），第 193 页

我过去是现在还是现代文明的坚定反对者。我希望你们转过头来看看欧洲当前正在发生的事情。如果你得出结论，欧洲目前正在现代文明的车轮下呻吟，那么你们及你们的前辈，在我们的祖国效仿这种文明之前，将不得不再三考虑。

《圣雄甘地选集》（第 13 卷），第 65 页

现代化是欧洲与印度的一个灾祸，战争是现代化的直接产物。

《圣雄甘地选集》（第 13 卷），第 80 页

现代文明可以归结为两句话：它代表着永不停止的活动；它的目标是空间与时间的湮灭。现在每个人看起来都事务繁忙，在我看来这是一种危险的症状。所有人都如此热衷于谋生之道，以至于他们没有时间做其他事情。现代文明使他们变得物质化，使他们把心思都放在身体及增加身体舒适度的手段上。赫伯特·斯宾塞（Herbert Spencer）已经对现代人做了一个概括，说文明人过着复杂的生活，与野蛮人完全简单的生活截然相反。亚洲人在德兰士瓦遇到麻烦的根源在于，亚洲人的需求很简单，而欧洲人的需求很复杂，因而代价高昂。现代化的发展趋势也逐渐把原住民的生活变得更加复杂。原住民的需求是很容易满足的，他们中越开化的人，想要的装饰品越多。因此，他们需要更多的钱，并且当他们发现不能通过诚实而获得的时候，就靠欺诈。

对这个问题研究思考了十八年之后，我得出结论，我们不是正在变得更好，而是变得更糟了。我觉得简单的生活比复杂的生活更好，因为他们可以有时间致力于更高级的追求。在古代文明中，人们无论做什么都不会匆匆忙忙。现在人们常常埋头于尘世，而过去他们向上仰望天堂。

古代文明使他们关注生命的更高追求，对神灵的爱，对邻人的尊

重，以及对精神存在的认识。他们越快回归（简单的）生活越好。

《圣雄甘地选集》（第 10 卷），第 279—280 页

但是从现有的文明，或者更确切地说，从西方文明中产生了两个主张，它们几乎已经成为生活的准则，我把它们称为荒谬的准则。它们就是"强权即公理"及"适者生存"。那些提出这两条准则的人已经赋予了它们特定的含义。我不打算去探究我们理解的这两条准则的特定含义，但是他们确实明确地说过，"强权即公理"意味着物质力量就是正当，即身体的力量就是正当的和最强大的。他们中有些人还把智力与体力混在一起，但是我更愿意用心灵力量来取代这两者。并且我要说，任何仅拥有体力和智力的人，无法享受来自心灵的力量。纯粹的智力或纯粹的体力永远不可能取代这种心灵力量，或者拉斯金所说的社会情感。一个苏醒的灵魂只会对心灵的跳动做出回应。

《圣雄甘地选集》（第 8 卷），第 243—244 页

看来，西方文明是破坏性的，东方文明是建设性的。西方文明是离心外扩的，东方文明是向心内敛的。因此很自然，西方文明是割裂性的，而东方文明是联合性的。我还认为，西方文明没有一个目标，而东方文明总有一个目标在前面。我不会把西方文明与基督教的发展混为一谈。我不会把这些视为基督教发展的一种象征：我们的电报系统已覆盖全球大部分地区，我们有了电话和远洋轮船，并且有了时速高达五十英里甚至六十英里的火车。我不相信所有这些事情

意味着基督教的发展，但它确实代表着西方文明。我还认为庞杂的活动是西方文明的特征，冥想沉思是东方文明的特征。印度人已经被冥想的情绪淹没，他们已经忘记事物的本质，已经忘记要把他们的行动从生活的一个领域转到另一个领域，这样他们就不会游手好闲，就不会懒惰。否则结果就是，一旦遇到困难，他们就只能坐以待毙。这样的文明与西方文明接触是很有必要的，它有必要受到西方文明精神的刺激。这样我会毫不怀疑地说东方文明将变得强大有力，因为它有了一个目标。我想你们很容易就会明白，一种多方力量分崩离析的文明必然缺乏一个目标，而那些可以把力量汇集于一处的文明总有一个目标。这两种文明很有必要汇合在一起，并且我们将拥有一种完全不同的力量，它绝不是一种险恶的力量，也绝不是一种分裂的力量，而是一种团结的力量。这两种力量无疑是对立的，但也许在大自然的配置中它们都是必要的。只有我们，作为拥有心灵与智慧的人类，不得不去理解这些力量是什么，以及如何使用它们，不是盲目进行，而是深思熟虑；不是随波逐流，而是紧盯目标。一旦这些都得以实现，那么没有任何困难可以阻止这两种文明的汇合，并且是为一个良善目标而汇合。

《圣雄甘地选集》（第8卷），第244—245页

现代文明主要是物质上的，我们的文明主要是精神上的。现代文明致力于研究物质的规律，并且把人的天赋才能用于发明或发现生产方法及毁灭性武器。而我们的文明则主要致力于探索精神的法则。我们的印度教圣典明确规定了对真理、贞节的严格持守，诚心敬重所有

生命，克制而不觊觎他人财产，拒绝储藏任何超过日常所需之物，这对于一种正确的生活方式是不可或缺的。没有这一整套诫命，就不可能认识神圣事物。我们的文明大胆而明确地告诉我们，对阿希姆萨——它的积极形式是最纯洁的爱和怜悯——这种品格进行恰当与正确的培养，我们将征服全世界。这一发现者给出了丰富而令人信服的说明。

《圣雄甘地选集》（第 13 卷），第 261—262 页

现代文明的某些结果虽然是好的，但是我已经在伦理道德的范围内考察了它的发展倾向。我区分了那些已经超越其环境的个人理想，同时区分了基督教和现代文明。它的活动绝不可能局限于欧洲。它的爆炸性影响力目前正在日本被全力展示。并且，它现在威胁着要控制印度。历史告诉我们，那些处于旋涡之中的人，除了个别情况之外，将不得不找到他们命运的出路。但是我确实认为，只要采取一种谨慎的方法，那些尚未受现代文明影响的人，以及由一种效果良好的文明引导的人，必须得到帮助以保持他们现存的状态。我已经检验现代文明及古代文明给予的生活，并且忍不住要以最强烈的态度反驳这样一种观点，即印度人需要通过"竞争的鞭打，以及其他物质上、感官和知识上的刺激"唤醒。我不认为这些东西能够提升一点点道德高度。

《圣雄甘地选集》（第 10 卷），第 247 页

在西方文明还很年轻的时候，我们发现很多事情已经到了这样一

个关口，即除非彻底扔掉全部机械，否则人们会像飞蛾扑火一样毁灭自己。即使是在今天，我们还能每天看到越来越多人自杀的情况。

《圣雄甘地选集》（第9卷），第389页

但是我必须坦白承认，我对英帝国的稳定并不像对印度古代文明那样关心。英印政府制造了现代文明与古代文明的一种对抗。一方是战争之神，另一方是友爱之神。

《圣雄甘地选集》（第10卷），第189页

但是一旦你跟他们（村民）交谈，并且他们开始说话，你会发现他们的言语中满含智慧。在粗俗的外表之下，你会发现深厚的精神积蓄。我称之为文化。你无法在西方找到这样的东西。你尝试跟一个欧洲的农民谈话，你会发现他对精神上的事物毫无兴趣。对于印度村民来说，在粗俗的外貌之下却藏着古老的文化。去掉他的粗俗外表，消除他的无知，就成为一个有文化、有教养的自由公民的最佳模范。

《圣雄》（第5卷），1952年，第11页

一个民族的文化存在于人民的心灵与精神之中。只有当文化成为人民生活最重要的部分的时候，它才是人民的文化。

《圣雄》（第5卷），1952年，第12页

并不存在所谓的西方文明或欧洲文明，但是存在一种现代文明，它完全是物质化的。

《圣雄甘地选集》(第 9 卷)，第 479 页

只有西方几乎全部摒弃现代文明的时候，东方与西方才可以真正地融合。当东方也采取现代文明的时候，它们可以进行表面上的融合。但是这样的融合只是一个武装停战协议，就像德国与英国两个民族一样，他们之间的停战协议是为了避免一方被另一方毁灭。

《圣雄甘地选集》(第 9 卷)，第 479 页

我们这个时代的印度文化正在形成。我们中的许多人正在努力把看起来相互冲突的各种文化融合在一起。如果一种文化企图排外，它就无法生存。如今在印度，不存在纯粹的雅利安（Aryan）文化。这些雅利安人到底是印度本土人，还是不受欢迎的入侵者，对此我不感兴趣。真正使我感兴趣的是这样一个事实，我们遥远的祖先以最自由的方式彼此结合在一起，我们当前这一代人就是那次结合的一个结果。我们是不是正在为我们生于斯的国家，以及支撑着我们的小小寰球做有益的事情，或者，我们会不会成为国家的一个负担，未来见分晓。

《哈里真》，1926 年 5 月 9 日，第 100 页

我不希望我的房子被高墙围困，窗户也被堵住。我希望各地方的文化尽可能自由地涌入。但是我不想被任何一种文化冲击。我拒绝生活在他人的屋檐下，像一位不速之客、一个乞丐或者奴隶。我拒绝为了虚荣或者不道德的社会特权，把必须学习英语的压力施加于我的姐妹。我会让我们的年轻男女基于提文学品位学习他们喜欢的英语及其他世界语言，然后期待他们用所学造福印度及世界，就像玻色、拉伊或者诗人所做的。但是，我不愿任何一个印度人忘记、忽视他的母语，或者为他的母语感到羞耻，并且认为他用本国语言无法思考或表达最好的思想。我的语言不是一种牢房式的宗教。

《青年印度》，1921 年 6 月 1 日，第 170 页

古吉拉特学院并不打算仅仅教导或重复古代文化，它更希望在过去的传统上建立一种新的文化，并以近代的经历丰富它。它代表着各种传入印度并扎根的不同文化的融合，这些文化已经影响了印度人的生活，并且反过来，它们也已被这片土地上的精神影响。这种文化融合很自然将是司瓦德西类型的，它保证每种文化都有合法地位；它不是美国模式———一种主导文化吸收其余的文化，其目标不是促进文化的和谐共存，而是人为的、强制的统一。

《青年印度》，1920 年 11 月 17 日，第 6 页

对于人们去西方寻求光明的习惯，我无法给予太多指引，我整个一生都没有为此提供过任何指引。光明过去一直来自东方。如果东方

的思想宝库已经变得空乏，将很自然地不得不借助于西方。我怀疑光明是否会一直枯竭——如果它是光明而不是毒气的话。当我还是一个小男孩的时候，我听说光明会随着给予而增长。不管怎样，我一直秉持这个信念来行动，并因此利用祖传的思想财富，它从未令我失望。然而，这并不意味我必须像井底之蛙那样做事。没有任何东西可以阻止我从西方的光明中获取益处。只是，我必须小心，不被西方的魔力压倒。我绝不能把这种魔力误认为是真正的光明。

《哈里真》，1940年1月13日，第414页

第六节　艺术、文学与科学

31. 论艺术

事物总有两个方面——外在的与内在的。对我而言，问题只在于以哪个方面为主。除非外在方面有助于内在方面，否则就是毫无意义的。所有真正的艺术都是内在精神的表达。因此，外在形式只有作为人内在精神的表达时才具有价值。

我知道很多人称自己为艺术家，并且也被承认，但在他们的作品中却没有一丝精神的升华与激荡……

以奥斯卡·王尔德[①]为例。我之所以提及他，是因为我在英国的时候，他恰好被广泛地讨论与谈及。……王尔德简单地从外在形式来看待最高的艺术，因此，他在美化不道德方面获得了成功。所有真正的艺术一定有助于心灵认识内在的自我。就我自己的情况来说，我发现没有外在的形式，也完全可以做到心灵的自我认识。所以我可以宣

---

① 奥斯卡·王尔德（Oscar Wilde，1854—1900），著名文学家、艺术家，唯美主义代表人物，19 世纪 80 年代美学运动的主力，90 年代颓废派运动的先驱。1888—1891 年甘地在英国留学期间，恰好是王尔德声名鹊起的时候。

称，我的生活中确实有足够多的艺术，尽管你可能在我周围看不到称之为艺术品的东西。我的房间也许是四面空墙，甚至连屋顶也没有，这样我就可以凝望头上星光闪闪的天空，它有着广阔无边的美丽。当我仰望繁星满布的天空时，什么样的人工艺术能够带给我眼前展现的全方位景象？但是，这并不意味着我拒绝接受人们通常所说的艺术作品的价值，只是我个人觉得，这些作品与大自然中美的永恒象征比起来，显得多么贫乏。人类的艺术作品只有能帮助心灵走向自我认识时，它们才是有价值的。

我在真理之中，或通过真理看到了美。所有的真理，不仅包括真实的思想，还有真诚的面孔、真诚的图画或真诚的歌曲，都是极美的。人们通常看不到美就在真理之中，普通人远离真理，并且对其中的美视而不见。无论何时，只要人们开始在真理之中看到美，真正的艺术就会出现。

单靠外在形式不会使一种事物美丽。对一位真正的艺术家来说，只有内在闪露着真理光芒的面孔才是美丽的，与它的外貌毫无关系。就像我已经说过的，美从不与真理分离。另外，真理可能显现为表面一点也不美的方式。苏格拉底，我们听说他是那个年代最真实的人，然而他的外貌据说是希腊最难看的。但是在我的心目中，他是美的，因为他整个一生都在竭力追求真理。也许你会想起，他的外表没有妨碍菲狄亚斯①欣赏他内在的真理之美。尽管作为一名艺术家，菲狄亚斯也同样习惯从外在形式看待美！

真理和虚假经常并存，善与恶常常在一起。艺术家也同样如此，

---

① 菲狄亚斯（Phidias，前 480 年—前 430 年），古希腊雕刻家、画家和建筑师，被公认为是最伟大的古典雕刻家。

对事物正确的感知和错误的感知往往共存。当正确的感知发挥作用时，真正美丽的作品才会出现。如果说这样的时刻生活中很少有，在艺术中它们也同样罕见。

《青年印度》，1924 年 11 月 13 日，第 377 页

首先要做的事情是追寻真理，你会随之获得美与善。在我看来，耶稣是一位至高无上的艺术家，因为他明白并表达了真理；穆罕默德也是这样，在所有阿拉伯文学著作中，《古兰经》是最完美的作品——至少学者是这么说的。这是因为他们两人都竭力追寻真理，优美的表达自然而然地就随之表现出来了。然而无论是耶稣还是穆罕默德，都没有关于艺术的著述。这就是我所渴望的真理与美，我愿为此而生，也愿为此而死。

"难道没有一些艺术家能够在美之中并且通过美看到真理吗？"也许有些人能做到，但是在这里——就像在其他地方一样，我必须考虑数百万民众的情况。对于这么多的人，我们无法给予培训，使他们以这样一种方式获得对美的感知，从而可以在美中看到真理。要先向他们显示真理，随后他们才会看到美……在我看来，对那些忍饥挨饿的无数民众来说，任何有用的东西都是美的。让我们先给他们提供生活必需品，生活中所有的优雅和光彩将会随之而来。

《青年印度》，1924 年 11 月 20 日，第 386 页

人的美在于他的品格，牲畜的美在于它的身体外形。例如一头

牛，我们或许会因为它的皮肤、毛发、腿或角，说它多美啊！相反，对于一个人来说，我们不会因为他高五点五英尺就说他美，高四点五英尺就说他不美，或身高五点五英尺再加一英寸就说他更美。人是否美在于他的内心，而不在于他的外在或他积累的财富。

《甘地给静修院姐妹的信》，1952 年，第 102 页

真正的美最终在于心灵的纯洁。

《青年印度》，1927 年 10 月 20 日，第 350 页

我为何需要艺术家为我解释艺术作品？为什么艺术作品自身不会对我说话呢？我来告诉你我说的是什么意思。我在梵蒂冈的艺术藏品中看到一尊十字架上的基督雕像，我完全被它吸引并被迷住了。我是在五年前看到它的，现在仍然记忆犹新。当时并没有人给我解释它的魅力所在。在迈索尔的布鲁尔①，我在一座古代寺庙中看到石头托架上的一个小雕像，它好像在对我说话，我不需要任何人解释它的意思。这是一座半裸的女性雕像，正使劲把她的衣服褶带从丘比特（Cupid）的箭上拉扯下来，丘比特最终被击败，以一个蝎子的形状躺在她的脚下。我能体会到它表现出的极大痛苦——被蝎子蜇的痛苦。不管怎

---

① 布鲁尔（Belur）是卡纳塔克邦内有名的宗教与旅游胜地。

样，这就是我对它的阐释……我希望艺术与文学能够向大众说话。

《哈里真》，1936 年 11 月 14 日，第 315 页

那些宣称追求"为艺术而艺术"的人，并不能实现他们的主张。先不谈"什么是艺术"这个问题，在生活中艺术是有一定位置的。但艺术只能是实现我们既定目标的手段。如果艺术自身成为目标，就会奴役并贬损人类。

《马哈迪夫·德赛日记》（第 1 卷），1953 年，第 160 页

为艺术献身的人，几乎无人被认为实现了一种对艺术的奉献与纯洁的、无可非议生活的结合。我们已经习惯性地认为，艺术与个人生活的纯洁无关。我可以根据自身的所有经历说明，这种观点是极其错误的。随着我日益接近世俗生命的终点，我认为生活的纯洁是最高级、最真实的艺术。通过训练有素的嗓音提供美妙歌曲，这样的艺术很多人可以做到，但是在和谐与纯洁的生活中创造美妙音乐，这样的艺术却少有人做到。

《哈里真》，1938 年 2 月 19 日，第 10 页

真正的艺术不仅注重形式，也注重内涵。一种艺术扼杀生命，而另一种艺术可能赋予生命……真正的艺术，必须是作者的幸福、满足

和纯洁的表现。

《青年印度》，1921 年 8 月 11 日，第 253 页

"你难道不会要求人们在一小片土地上种花吗？色彩和美是心灵必需的，就像身体需要食物一样。"

是的，我不会。你为什么看不到蔬菜的色彩之美呢？此外，纯净无瑕的天空中也很美。然而你不想要这些，你想要彩虹的色彩，但它只是一种光学上的幻觉。我们已经被教导相信：美的东西不需要有用，有用的东西不可能美。我想说明的是，有用的东西也可以是美的。

《哈里真》，1946 年 4 月 7 日，第 67 页

美和功用的分离是不可想象的，这里的"功用"一词采用的是最广泛的含义。用四百块纱织成的布或许适合、或许不适合做成衣服来穿，但是一个人纺织如此精致的纱线付出的辛劳，他发现的纺纱秘诀，以及纺织过程中对遇到难题的解决，所有这些都对达里德拉纳拉延（Daridranaryana，以穷人形象出现的神灵）有益处……

在梵蒂冈使我着迷的那些画和雕像说明了什么？有能力欣赏它们之美的人并不多。但是，我们正在讨论的这些画家和雕刻家，一定是怀着服务人类的理念在创作。如果一幅画在观众的头脑中激起邪恶的想法，那么这幅画就不配称为艺术品。因为，艺术要引导人在道德之路上更进一步，并赋予他崇高的观念。如果它在道德上使人堕落，那

么就不是艺术，而只是淫秽。

《马哈迪夫·德赛日记》（第 1 卷），1953 年，第 224—225 页

谁能否认，今天很多被称为科学和艺术的东西是在败坏心灵，而不是提升心灵？是在迎合我们最低下的情欲，而不是唤醒我们最好的一面？

《青年印度》，1927 年 8 月 11 日，第 255 页

有一句著名的古老谚语现在变成了箴言：心中没有音乐的人，不是一个苦行者就是一只野兽。我们远不是苦行者，不过就缺乏音乐这个方面来说，我们与野兽倒很相似。理解音乐就是把它融入生活中。目前普遍的不和谐之音正是我们悲哀境况的一种表现……

哪里有不和谐之音，并且每个人各弹奏自己的曲调，哪里就有恶劣的政府或无政府状态……哪里有污秽、肮脏和不幸，哪里就不可能有和谐的音乐，它意味着一种截然相反的氛围。如果我们给予音乐一个宽泛的定义，即我们的音乐意味着团结、和谐、互相帮助，那么也许可以说，音乐是我们生活的任何方面都少不了的。

如今，音乐被当作一个女孩子唱歌的发音效果，我们不想把姐妹和女儿送到音乐学校。似乎存在一种误解，认为她们的嗓音失去原有的甜美才是最好的。

坦率地讲，音乐是一种古老而神圣的艺术。《娑摩吠陀》[①]中的赞美诗歌就是一座音乐的宝库；《古兰经》里的《阿雅特》[②]不能以非音乐的方式朗诵，大卫的赞美诗会带你进入喜乐，使你联想到《娑摩吠陀》中的赞美诗歌。让我们来复兴这种艺术吧……

但我们要做出进一步的努力。如果我们想要看到音乐进入无数穷人的家庭，所有人就应该穿上土布并进行手工纺纱。手摇纺车的音乐可以成为送给所有人的免费礼物，因此更加甜美悦耳。它是数百万民众的希望、慰藉和依赖，因此对于我来说是真正美好的音乐。

《青年印度》，1926 年 4 月 15 日，第 140 页

音乐带给我安宁。我记得很多时候，当我被某些事情搅扰得极其焦虑躁动时，音乐能立刻使我的心平静下来。音乐帮助我消除愤怒。我还能回想起我沉浸在一首赞美诗中的情景，尽管内容相同，但当它用散文来表达时却无法打动我。我还发现，唱得不和谐的赞美诗，它的含义我无法领会；当人们唱得恰如其分时，它就会给我留下深刻的印象。当我聆听人们用优美的音调朗诵的《薄伽梵歌》诗歌时，从不会感到厌倦。并且我听得越多，它的含义越深入内心。我小时候听过人们用动听的音调吟诵《罗摩衍那》，给我留下了深刻的印象，岁月的流逝也无法磨灭或削弱。我清楚地记得，人们以一种特别优美的旋律对我唱起赞美诗，"真理的道路是为勇者而非懦夫铺设"，它带给

---

① 《娑摩吠陀》，四本《吠陀本集》之一，是古代雅利安人充满感情的、非常深奥的作品。——原注

② 《古兰经》中的一篇诗歌。——原注

我从未有过的感动。1907 年，我在德兰士瓦遭到了几乎致命的袭击，当奥理芙·杜克（Oliver Doke）在我的请求下轻柔地对我唱《慈光引领》①时，我伤口的疼痛得到了缓解。

我希望没有人会因此推论我通晓音乐。相反，这样说或许更准确——我的音乐知识是非常粗浅的。我无法批判性地评论音乐，只能说我天生喜欢听朴实的、好的音乐。

我也不是要主张，由于音乐对我的影响一直都是好的，所以它也会对别人产生同样好的影响。相反，我知道许多人利用音乐去满足他们的肉体激情。总而言之，我们可以说，音乐会因人的性情差异而产生不同的影响。就像图尔西达斯②所唱的：

"在这个世界里，造物主创造的每一样东西，都是善与恶的结合。

"但是善人选择善而拒绝恶，就像寓言中的天鹅，据说只食用牛奶上的乳脂，把水分留在其中不喝。"

《青年印度》，1929 年 1 月 10 日，第 15 页

音乐会对我们产生巨大的影响。对于这个重要的事实，我们还没有给予足够的关注，否则我们早已为我们的男孩和女孩提供音乐教育了。《吠陀》圣歌被认为是在音乐的基础上创作出来的。协调悦耳的音乐具有抚慰心灵痛苦的力量。有时，我们发现在大规模的聚会中，人们普遍都是躁动不安的。如果所有人一起唱国歌，就会停止不安而平静下来。一大群人协调一致地唱歌，这是非常令人鼓舞和振奋的。

---

① 一首基督教赞美诗。
② 古斯瓦迷·图尔西达斯（Goswami Tulsidas，1532—1623），印度教的诗人与圣人。

成百上千的年轻人合唱一首充满冒险和勇敢精神的圣歌，这将是一个非常感人的场面。当船夫或其他工人工作的时候，他们常常呼喊"哈利哈尔①"和"阿拉-贝里②"，这样使他们工作起来更轻松一些。这是音乐力量的一个例子。我曾见过我的英国朋友通过唱歌抵御寒冷的天气。我们的孩子很容易就会从流行戏剧中学到一些歌曲，并学会用小风琴之类的简陋乐器演奏它。这会妨碍培养他们对好音乐的鉴赏力。反之，如果他们受过古典音乐的训练，他们现在浪费在流行歌曲（常常是无聊歌曲）上的时间，就可以得到更好的利用。正如一位受过训练的歌手不会走调或不合节拍，一个真正的音乐学习者也不会唱那些下流的歌曲。音乐必须在我们的教育规划中占有一定位置，它在文化方面唤醒人民的作用必须得到承认。

《真正的教育》，1962 年，第 30 页

"你真的关心音乐吗？"

这算什么问题！我从小就热爱音乐，尤其是祷告歌曲。当然，我要提醒你，我不敢自称专家，也不具有对音乐技巧的任何分析性知识。但我并不感到后悔，因为美好的音乐总能感动我——这是真的。毕竟这才是最重要的事情，不是吗？

"难道你不认为这样一种音乐知识，普遍加深了我们对作为一门艺术的音乐的欣赏力吗？"

也许是这样。但正如我刚才跟你说的，我从不追求专业技能。对

---

① 印度教徒对神灵的称呼。

② 穆斯林对神灵的称呼。

我来说，音乐是一种从中获得喜悦和鼓舞的东西，只要我得到这些就相当满足了。

记得我在南非的一家医院住院时，音乐给予我的喜悦、平静及安慰是多么美好。那时，我正在从伤病中恢复。我被一群暴徒打伤，他们受人指使想把我打成残废——这是我的消极抵抗运动逐渐成功导致的。在我的请求下，我的一位朋友的女儿经常为我唱那首著名的赞美诗《慈光引领》。这歌声就像止痛剂那样管用——总是如此！我仍然怀着感激之情记得这件事。因此，你是否已经相信我真的很关心音乐呢？是否还要我举出更多有说服力的证据呢？

米拉的歌总是很美妙。嗯，我知道很多她的歌。我喜欢我的静修院成员为我唱她充满爱意的歌曲——它们诚挚与诗意的抒发是如此动人心弦！

它们如此感人，因为它们是如此诚挚。米拉歌唱，是因为她忍不住要唱歌。她的歌直接从心里涌流而出——就像一股喷泉。这些歌与其他人的不同，它们不是为了获取名声或哗众取宠而创作的……

如果我们美妙的音乐因民众的忽视与漠不关心而消亡，这的确是一个悲剧。我总是这样说……

"坦率地讲，我认为在你的苦修生活信条中，艺术是没有位置的。事实上，我常常把你想象成一位令人敬畏的肯定反对音乐的圣人。"

反对音乐——我！……

"难道你的苦修生活不要为这种普遍的误解负有一定的责任吗？因为人们很难把苦修生活与艺术联系到一起，不过你肯定不会因此而过于责备他们吧？"

但是，我的确认为苦修是所有艺术中最伟大的。因为，艺术是什么？艺术不就是简朴的美吗？苦修是什么？苦修不就是在没有造作与虚假的日常生活中，简朴的美的最高体现吗？这就是为什么我总是说，一位真正的苦修者不仅要实践艺术，还要过艺术的生活……

我甚至无法设想没有了音乐，苦修生活如何继续。

"那么，人们为什么认为你对艺术不热心？"

嗯，我想，是有一些看似合理的原因。一个原因是，我无法从这段时期的所谓艺术品中看见任何东西。换言之，我的价值观是不同的。例如，我不会把一件需要精通专业知识才能欣赏的作品称为伟大的艺术品。对我来说，真正伟大的艺术品一定要具有大自然的美，具有普世的感染力。为了我的生活，我不可能要求自己用拘泥于细节的分辨能力进行艺术欣赏。真正的艺术及其欣赏，与复杂的装饰技巧毫无关系。它的表达必须是简洁而直接的，就像大自然的语言一样。

"但是，我听说你反对在你的房间墙壁上贴画。"

如果我认为墙壁只是用来为我们提供蔽护的，为什么墙壁一定要贴图画装饰呢？为什么我不能把它们用于其他目的？

"但如果其他人想贴图画呢？"

那是他们的事，不是我的问题。如果他们喜欢这样，那喜欢用多少就用多少画装饰他们的墙壁吧。只是我不需要它们来激发我的灵感，这就是我要说的。大自然能够使我满足，这就足够了。

难道我没有一次又一次凝望满天繁星的苍穹吗？它的神秘令人惊奇，巨大的全景图像几乎从来不让人感到厌倦。难道森林与大海、河流与山脉、大地与山谷没有满足我对美的渴望？谁能够想象出一幅图画，能够比星罗棋布的天空、宏伟庄严的大海、高耸的山脉更鼓舞人心？哪位画家的颜料色彩可以和黎明破晓的朱红色或傍晚黄昏的金黄色相比呢？不，我的朋友，除了大自然的灵感，我不需要其他灵感。她从未让我失望过，她让我感到神奇，使我感到晕眩，并使我入迷。我还要人类的幼稚色彩设计做什么呢？与造物主的创造相比，人的工艺不是显得毫无意义吗？并且——请更具体地——告诉我，当大自然这位最强大的艺术家满足了我们的需要的时候，艺术还怎么可能让人激动呢？

生活必然无限地超越所有艺术的总和。没有了生活之魂魄以及一种稳定而有价值的生活背景，你的这棵温室艺术植物又算什么呢？所有这些话或许只是对生活价值的一种有益的夸耀，但这种对艺术过分讲究的行为，如果总是让生活显得荒诞可笑而不是得到提高，其结果最终会怎样呢？有如此多的艺术家宣称艺术是创造的皇冠，是存在的最终意义，这种说法不是很荒谬吗？

艺术的确比生活更重要！就像你能够永远真正地生活在一句口号的庇护之下！就像心灵可以被一种享乐的道德准则填满！当这种高度伪装矫饰以艺术之名在这片土地上招摇喧哗时，我不得不喝止它。因为在我看来，最伟大的艺术家必定是过着最精致生活的人。因此，我并不拒绝艺术，而是拒斥它赋予自身的自以为是的玄虚。换言之，我的价值观是不一样的，就这样……

对我而言，生活是如此伟大的一个奥秘，是如此神圣的一个礼物，以至于难以从一个特定的角度充分评价它。这就是为什么我刚才如此直截了当地说，最伟大的艺术家是过着最精致生活的人。

《在伟人之中》，1950 年，第 61—67 页我并不是想提议，艺术应该受到所有人的严厉谴责。我难道不明白人们有着不同的性情吗？我的意思只不过是，就我而言，我并不需要绘画之类的艺术来激发自己的灵感。因为在星光点点的夜空景色中，我已得到充分的满足。也许欧洲需要绘画，他们没有我们这样的天空。

的确，欧洲人之所以热爱绘画，或许有其他的原因。我只是想让你记住这个事实：我个人觉得绘画是多余的……

我必须重复一次，我不喜欢画画……

我已经跟你说过，就我而言，大自然使我满足。但是对于其他人，如果他们真诚地认为绘画这样的艺术真的对人类有益，这样也好。只不过，要让艺术家警惕自欺与自恋，要让他时刻意识到他对民众的义务。只要他的艺术有益于民众，就能得到支持；否则就不应得到鼓励……

我不能赞同那些人的观点，他们完全相信专业化。一件真正的艺术品应该能够被所有人理解。

"你为什么这么反对专业化？"

我想问你一个相反的问题：你为什么那么反对艺术的普世化，反对使艺术在民众的反响这块处女地上获得真正的灵感？总之，为什么反对用人类的生命之源激发艺术的活力？大自然必然是所有真正艺术的最终灵感，并且永不枯竭。你为什么对这个简单的事实视而不见呢？她永远不会以这样一种方式专业化，使只有少数有文化的人才能享受她的馈赠，却冷酷地把绝大多数人排除在外。然后，你为什么要使艺术只为少数特殊人士服务呢？毫无疑问，真正艺术的使命，绝不是把它的感染力局限在一个精选出来的小圈子——小群鉴赏家之中。为什么艺术一定要与生活的土壤分离呢？除非艺术得到人民广泛需求的不断刺激，否则我不知道你能怎样改造艺术。如果不将艺术扎根于生活的土壤，你怎么挽救艺术呢？为什么把艺术变成上议院一小群人的玩物？……

我认为每种伟大哲学的最深奥言论，正如每种伟大的艺术一样，必须平等地面向所有人。我不希望我的生活中出现任何的专业化，它对广大民众毫无意义。专业化带来的唯一结果似乎是给了少数人自负的头脑，养成了对多数人的轻蔑，而他们本来应该培养对所有人的同情和理解。在这样一种颠倒的趋势中，什么东西是值得称赞的呢？或者，你认为这种只制造分裂而不利于团结的活动，是我们的荣耀？与其相比，我们全力减轻人类普遍存在的悲惨境遇，带着同情的慰藉与知识的光芒，擦去人们浸透大地内外的泪水，这样不是更好千百倍吗？

《在伟人中间》，1950 年，第 78—82 页

32. 论文学与报刊

我们要拥有自己的文学，这是为了谁的利益呢？肯定不是为了艾哈迈达巴德的那些名门望族。他们有钱聘请精通文学的人，他们的家里有大型图书馆。但是那些水井边的穷人呢？他们在罄竹难书的虐待之下，赶着牛群去拉皮革制作的大水桶……

现在有成千上万这样的穷人，我想提供给他们真正具有生命力

的文学作品，该怎么做呢？我现在住在西格昂①，这里有六百位居民，十人以上能够读写，但肯定不会超过五十人，很可能会更少。在这十人或更多能阅读的人里面，能够明白自己所读内容的不超过四人，并且女性之中没有一个有读写能力。百分之七十五的人口是哈里真。现在我考虑为他们建立一个小型图书馆。这些书当然必须是他们能理解的，因此我向两三个女孩要了十几本学校用书，这些她们已经不再需要。有一位年轻的法学学士帮助我，但他已经把他所有的法学知识抛之脑后而与我共命运了。他去村子里，为村民读这些书里他们能听懂、能吸收的内容。他带着一两份报纸，但怎样才能使农民明白我们的报纸呢？他们知道西班牙和俄罗斯吗？他们对地理有什么了解？要给他们读什么呢？……

你们一定知道我原本很想带一个西格昂的男孩来这里，但我没有这么做。他在这里能做什么呢？他会发现自己处于一个陌生的世界。而我作为他的代表及那些村民的代表来到这里。这是真正的民主。有一天，我会邀请你们一起去那里。我正在为你们扫清道路。当然，道路是铺满荆棘的，但我也知道没有荆棘就没有玫瑰花。

刚才，在我跟你们说话的时候，我想起了法勒教长②及其关于基督生平的书。我反抗英国的统治，但我不恨英国人或他们的语言。事实上，我喜欢他们的文学财富。并且，法勒教长的书是英语文学财富之一。你知道他是怎样辛苦写作这本书的吗？他读了所有关于耶稣的英文文献，随后去了巴勒斯坦，游览他能辨认的《圣经》中记载的每

---

① 西格昂（Segaon），印度马哈拉施特拉邦的一个小城镇，位于印度中西部。

② 法勒教长，即弗莱德里克·威廉·法勒（Frederic William Farrar，1831—1903），出生于印度孟买，英国国教牧师，著有《基督的生命》等著作。

一个地方，然后怀着信念和虔诚，用所有英国民众都能理解的语言，为他们写了这本书。这本书没有约翰逊（Johnson）博士的风格，而是具有狄更斯（Dickens）的通俗风格。我们中有法勒教长那样为村民创作伟大文学作品的人吗？我们的文学家乐于钻研迦梨陀娑 [①]、薄婆菩提 [②] 和英国作家，并且为我们提供模仿作品。我希望他们去乡村，研究乡村并且写出富有生命力的作品……

我希望艺术和文学能够面向成千上万的民众。

《哈里真》，1936 年 11 月 14 日，第 314—315 页

我要告诉你，没有小说或者那些被恰当地称为"虚构"的文学作品，古吉拉特语绝不会因此而贫乏。我们越少沉湎于小说的王国，对我们越好。四十多年前我去南非的时候，随身带了一些书，其中一本就是泰勒的《古吉拉特语语法》。我记得，这本书把我迷住了，但是此后再也没有机会重读。这本书是从当时我主管的图书馆里拿出来的，但除了泰勒为这本语法书所写结束语的一些评论之外，我什么也没有读。他在结束语中写的几句话把我吸引住了。"谁说古吉拉特语是一种贫乏或不丰富的语言？"泰勒先生充满热情地问道，"古吉拉特语——梵语的女儿，她怎么会贫乏？怎么会不丰富呢？"说话的人怎么样，他的语言就怎么样。这并不是古吉拉特语内在固有的贫乏，而是反映了说古吉拉特语的人的贫乏。这种贫乏是无法通过几篇小说

---

① 迦梨陀娑（Kalidas），4—5 世纪印度诗人，剧作家、梵文古典文学家，他的诗作代表了美文体的巅峰，如叙事诗《罗怙世系》及抒情诗《云使》。

② 薄婆菩提（Bhavabhuti），印度 8 世纪文学家，以戏剧和诗歌著称。

就能消除的。我举个简单的例子，如果我们拥有一批用本土语言写成的南达·巴特里斯（Nanda Batrishis）的小说，这对我们来说有什么益处呢？不，我必须再次返回乡村，并且告诉你我需要什么。以我一无所知的天文学为例。在耶罗伐达监狱 ^① 里，我看到卡卡萨希布每天晚上都凝望星辰，他的热情感染了我。我找人要了一些书，甚至一个望远镜。其中有许多英文书，但古吉拉特语的书一本也没有。后来送来了一本很小的书，但这一本的质量很差。现在，我们为什么不能提供给我们的人民、我们的村民好的天文学书籍？我们提供给他们还算说得过去的地理书籍吗？就我所知，一本也没有。真实的情况是，我们忽略了村民，尽管我们完全依赖他们获得食物，而我们的行为一直以来却像他们的雇主，他们像受我们监管的人。我们从未考虑过他们的需求。我们国家给世人呈现了这样一种独特的悲哀现象——一个国家竟然使用外国语言处理本国事务。我们的精神贫乏反映在语言中就不足为怪了。任何一本好的法文或德文书，都会在出版后短时间内被翻译成英文，甚至她的经典著作也制作得让普通大众，甚至孩子买得起，并以轻便的简写本出版，价格是最便宜的。我们有这样的东西吗？田野广阔但还未开垦，我希望我们的文学家和语言学家去探索它。我希望他们去乡村，感受人民的脉搏，考察他们的需求，提供他们想要的东西。我们在瓦尔达有一个乡村工作者培训学校，校长想写关于乡村题材的文章，我曾要求他亲自了解乡村手工技艺。不要说你的智力在乡村封闭的氛围中被堵塞而失去了创新力。问题不在于封闭的氛围，而是你带到那里的封闭心智。如果你注意听、注意看，打开

---

① 耶罗伐达监狱（YeravdaJail），在印度浦那附近，甘地总计在这个监狱中度过了三年半的时间，有一部分著作是在这个监狱中完成的。

272

心智，那么当你真切地接触纯洁的乡村空气时，就会感到焕然一新。

《哈里真》，1936 年 11 月 21 日，第 326—327 页

　　我听说我们的文学充满了一种对女性夸张的赞颂。这是一种完全错误的赞颂。让我们进行一个简单的测试。当你开始对她们进行描写的时候，你是从哪个视角考虑她们的？我建议你在提笔之前，把这位女性想象成你的母亲。我向你保证，最纯洁的文字将从你的笔尖流露，如同甘露从天而降滋润着干渴的大地。要记住，一位女性成为你妻子之前，把她想象成你的母亲。一些作者非但不去满足人们的精神饥渴，反而刺激他们的情欲，以至于贫穷无知的女性把她们的时间浪费在琢磨怎样做才符合小说对她们的描写。对她们身体的细致描写是文学不可缺少的部分吗？我对此感到怀疑。你在《奥义书》《古兰经》或《圣经》上能找到任何类似的描写吗？没有了《圣经》，英国人的语言就是空洞的，你不知道吗？三分《圣经》加一分莎士比亚，这就是对英语的形象描述。没有了《古兰经》，阿拉伯世界难以被更好地理解。并且想一想没有了图尔西达斯的印度教！你能从它里面找到当今文学作品对女性的那种描写吗？

《哈里真》，1936 年 11 月 21 日，第 327 页

　　一种语言会反映出那些使用它的人的品格。通过学习南非人的方言，我们会得到关于他们行为习惯的信息。一种语言是在它的表达者的品格与生活中形成的。我们可以毫不犹豫地说，一种语言没有反

映出勇气、真诚和怜悯的品质，那么使用这种语言的人也缺乏这些美德。从其他语言中引入表达勇气或怜悯的词语，并不能丰富或拓宽这种语言的内容，也不能让它的表达者变得勇敢与友善。勇气不像一份礼物那样随便拥有，如果它就在内心存在，那么即使它被锈迹掩盖，一旦锈迹消失，它也会重放光芒。在我们的母语中，我们发现大量的词语是用于表达过分顺从的，因为我们已在屈服之下生活了许多年。同样，世界上没有哪种语言像英语那样有如此多的航海术语。假如一位热心的古吉拉特语作家把航海学科的英文著作翻译成古吉拉特语，这样做不会为我们的语言增加一点广度和力量，也不会增加我们关于船的任何知识。但是，只要我们开始造船并且建立一支海军，那些必要的技术词汇体系将会自动建立。

《圣雄甘地选集》（第 14 卷），第 11—12 页

我已经答应《印度斯坦》报的编辑，在排灯节①号刊上发表一篇文章，但是我发现没有时间兑现这个承诺。然而，我觉得必须写点东西，于是我写了我对报纸的一些看法。由于特定情况使然，我过去恰好在南非的一个报社工作过，②并且对这个议题有很多想法。我在此要提出的这些观点，我已经实践。

依我看来，一份报纸不应当被用作赚取生计的工具。

一些特定的工作领域直接影响公众福利，如果一个人为了谋生而从事这类工作，就会带来很多危险——因为它会模糊并可能伤害公众

---

① 排灯节（Diwali），是印度教、锡克教的重大节日之一。
② 1903 年，甘地在南非创办了《印度舆论》，为南非印度侨民的权利呼吁。

福利这个核心目标。这个人应当把公众福利放在自己的利益之前。如果报纸不仅被用作维持个人生计的手段，还被用作赚取利润的工具，就会罪恶重重。对于那些熟悉报纸工作的人来说，他们已发现现今这种罪恶真的正在四处泛滥。

报纸主要用于教育民众，告诉他们当前世界历史的趋势，这是一项责任重大的工作。然而我们明白，读者不能过于依赖报纸提供的信息。人们经常发现事实与报纸的报道截然相反。如果报纸的编辑及工作人员认识到，他们的职责是教育民众，他们就会耐心核实所刊登新闻的真实性。确实，他们常常不得不在困难的条件下工作，筛选接收的大量信息，并且在他们所能掌控的有限时间内，匆忙地推断每个事件的真实情况。然而，我觉得在新闻的真实性没有得到确认之前，最好不要发布。

印度报纸对演讲的报道普遍存在问题。很少人能够在演讲过程中或结束后凭记忆把演讲逐字逐句地记录下来，这就导致很多歪曲和篡改。最好的办法是把演讲记录的校样送给演讲人修改，演讲人修改完成后，才能发表这份演讲记录。

一种常见的情况是，报社为了填补报纸的空白而发表文章，丝毫不考虑它的需求或重要性。这种做法普遍存在，在西方也是如此。其原因在于，大多数报纸只想着利润。毫无疑问，报纸为民众做出了巨大的贡献，因此这些缺陷可以忽略不计。但是在我看来，它们同样带来巨大的危害。西方有一些报纸，上面满纸废话，阅读它们都是一种罪过。许多报纸带着偏见，在民众之间制造并助长仇恨。有时它们甚至在家庭之间和群体之间制造怨恨与冲突。因此，报纸不能仅仅因为它们为人民的利益服务就可以免受批评。总的来看，报纸带来的益处和危害几乎是相等的。

现在报社的一个既定现实是，它们的主要收入来自广告而不是发行。这样的结果令人悲哀。同一份报纸，在社论中强烈控诉酗酒的罪恶，同时又刊登称赞酒的广告。我们会在同一份报纸上读到关于烟草危害的文章，还可以读到哪里能买到上好的烟草或香烟品牌的广告。或者，它可能一方面严厉谴责某个戏剧，另一方面却在它的一个专栏中刊登该戏剧的长篇广告。报纸最大的收入来源是医疗广告，这也给我们的民众带来了严重危害。这些危害几乎完全抵消了报纸给予民众的其他服务。我见识过这类广告的危害，很多人被它引诱去买各种药物——所谓增强男性生殖力、增强体魄等等。在这些药物中，很多助长了不道德行为。令人惊讶的是，这种广告甚至也在宗教报刊上找到了一席之地，这种做法是从西方学来的。无论付出多大的努力，我们都必须制止这种令人不快的做法，或至少对它进行改革。谨慎选择要刊登的广告，这是每一份报纸应尽的义务。

最后，一个同样重要的问题："在那些用《煽动性著作法案》和《印度防卫法案》等法律约束报纸自由的国家，报纸有什么责任？"为了冲破这个限制，我们的报纸发展出一种写作风格，从而使它既能阐明对特定事件的观点，看起来又仍在这些法案许可的范围之内。有些人把这种技巧完善称为一门科学。但在我看来，这种做法会给我们的国家带来危害。人们会逐渐变得说话模棱两可，并且无法培养说出真相的勇气。它改变了语言的形式，语言不再是表达一个人思想的工具，而成为隐藏思想的面具。我认为这绝不是教育民众的好方法。民众和个体都应该养成说出他们想法的习惯。报纸的职责是为他们提供这种训练。一种正确并最有利于我们的做法是，那些害怕上述法律并不想触犯它们的报社，应该停止发行报刊，否则就应该坦陈它们的真实观点，并承担相应的后果。史蒂文法官曾说过，心中没有恨意的人，他的语言里也不可能有仇恨。一个人心中不管有什么怨恨，都应该坦诚地表达出来。

如果他连这样做的勇气都没有，就不应该再出版报纸。这么做对我们的人民与国家都有好处。

《真正的教育》，1962 年，第 171—173 页

报刊的唯一目的应当是服务。

《自传》，1966 年，第 215 页

报纸的第一个目标是了解民众的感受并把它表达出来，第二个目标是唤醒民众中某种高贵的情感，第三个目标是无所畏惧地揭露普遍存在的弊端。

《印度自治》，1962 年，第 19 页

指出各国存在的种种弊端，无疑是报刊的一个必要内容，也是建构公众舆论的一种方法。只不过我的视野确实很有限，我不是为了报刊自身的利益而从事报刊工作，而是把它当作实现我一生使命的一种辅助工具。我的使命就是通过榜样和诫命，教导人们在严格的克制之下使用无可匹敌的萨提亚格拉哈武器，它是非暴力和真理的必然结

果。我焦虑担忧，的确急于证明除了非暴力之外，没有其他可以消除生活中各种弊病的方法。因此，出于对信仰的忠诚，我不会带着愤怒与怨恨写作。我不会写空洞的文章，也不会写刺激情欲的文章。读者可能不知道，我在一周又一周选择写作主题和词语的过程中都对自己施加约束。这是我的一项训练，它使我能反省内心并发现自己的弱点。我的虚荣心常常使我给出一种矫饰的表达，或者我的愤怒使我使用一个严厉的形容词。这是一种严酷的考验，但也是一次细致改正这些缺点的练习。读者看到《青年印度》的页面整洁美观，并且有时候，用罗曼·罗兰[①]喜欢说的一句话："这是多么细心的一位老人家啊！"嗯，但愿世人明白这种细心是人们谨慎、虔诚地培养出来的。如果那些和我持有相同观点的人能够接受这一点，那么我希望读者明白，当这种语言的精细变得完全自然而然的时候，也就是当我变得再也无法作恶，并且当刻薄或傲慢的语言不再（哪怕是片刻）占据我的思想世界的时候，只有从那时开始，我的非暴力才会感动全世界的人。我已经把并非不可能实现的理想或考验摆在了大家面前。

《青年印度》，1925 年 7 月 2 日，第 232 页

很不幸，对于一般人来讲，报纸已经变得比宗教经典更重要。我很乐意地劝他们不要再阅读报纸。他们这么做不会损失任何东西，因为他们心智和精神的真正给养存在于宗教经典以及其他优秀的文学作

---

① 罗曼·罗兰（Romain Rolland, 1866—1844），法国著名文学家、思想家，诺贝尔文学奖获得者，甘地在欧洲最有影响力的推崇者，著有《甘地传》并出版了甘地的文集。

品之中。

新闻媒体被称为"第四种族"（Fourth Estate）。它肯定是一种力量，但错误使用这种力量就是犯罪。我自己就是一名新闻工作者，我想呼吁新闻同行认识到自身的职责，在工作中除了高举真理旗帜外不要有其他想法。

《哈里真》，1947 年 4 月 27 日，第 128 页

对于那些没有商业动机，只是为公众服务而创办的所有报纸，它们的编辑必须时刻准备面对报纸的消亡。很明显，并不是所有报纸都会进入这个规则适用的范围，只有那些为公众服务的报纸才需要注意。这些报纸倡导在政府或人民内部，或在两者中同时进行改革。如果报纸刊登的某些内容激怒了政府，或者被认为违反某些法律，但它又完全是真实的，这时编辑应该怎么办呢？他应该道歉吗？我们当然说"不"！确实，他不是必须发表这类文章，但是这类文章一旦发表，编辑就应该承担相关的责任。

这就提出了一个非常重要的问题。如果我们已经制定的原则是正确的，那么接下来，如果有任何煽动性文章无意中被刊登，同时也没有给予道歉，结果将是报纸被禁止提供服务，包括其他服务，社区也得不到这方面的利益了。因此，这条原则不适用于无意刊登的情况，只适用于经过全面考虑后刊登的情况。如果一份报纸由于刊登了这种文章而陷入困境，我们认为关停报纸是对公众更好的服务。当一个人不得不面对他的所有财产被没收而变成穷光蛋时，在这种情况下争论是没有用的。这种意外事件当然可能会发生，并且正是因为这个

原因，我们说，那些献身于公众服务的报刊编辑必须永远做好牺牲的准备……

让我们举一个例子来说明。假设政府干了一件明显不正义的事情并且掠夺了穷人，结果会怎样？一份进步的报纸刚好在这样一个地区出版了。它发表了反对政府压迫措施的文章，并且劝告民众抵制政府的不公正法律。政府发怒并威胁说，如果不赶紧赔礼道歉就没收财产。作为改革者的报纸应该道歉吗？我们认为回答同样还是"不"。他应该承受财产被没收和报纸被关停的后果，但是绝不能说一句道歉的话。人民将随之明白，如果改革者愿意为人民的利益牺牲所有，人民也应该为自己的利益而反对这条法律。如果改革者道歉，这将会对民众产生完全相反的影响。人们会明白这位改革者不会很关心他们，甚至他们的房子着火了，他也只会站在安全的地方，沉浸在慷慨激昂但毫无意义的演讲中。当他自己陷入困境时，他懦弱地逃跑了。所以，人们也会考虑像他这样做，并且消极屈从于不可避免之事，他们因此而变得更软弱。因此很清楚，在这种情况下，改革者能提供的最好服务就是关停报纸。

《圣雄甘地选集》（第10卷），第226—227页

33. 论科学

我仍在想，我是从哪里进来的？像我这样一个乡下人在这里是没有位置的，只是怀着敬畏与惊奇默然站立着。我没有太多要讲的。我

只想说，你们在这里看到的所有这些巨大的实验室和电子仪器，都是来自千百万民众的劳动——非自愿的、强制性的劳动。因为，塔塔集团①的三百万卢比不是来自外部，迈索尔贡奉②也不是来自任何别的地方，而是来自这个强制劳动的世界。如果我们去见村民并且向他们解释，我们是如何把他们的钱用于建筑物和工厂的，这些东西永远不会给他们带来好处，但可能惠及他们的后代，他们是不会明白的，他们会漠然处之。然而，我们从未把他们当作可信任的朋友，我们认为这样的事情理所当然，并且忘记"无代表权不纳税"的原则也适用于他们。如果你想真正地把这个原则应用于他们，并且认识到你有责任向他们呈交一份账目，你将会明白所有这些财政安排的"另一面"③。然后，你将发现他们在你的心里不是无足轻重的，反而占据着重要位置。并且，如果你希望他们能够一直处于良好的境况中，就会用你的知识为千百万民众谋利益，你的教育全靠他们的劳动。我将会把你们给我的金钱用在达里德拉纳拉延上。我没有见过真正的达里德拉纳拉延，只是通过想象来认识他。甚至那些将得到这笔钱的手纺工也不是真正的达里德拉纳拉延，他住在遥远的、尚未被发现的村庄的一个偏僻角落。你们的教授告诉我，化学品属性的探究要花很多年来做实验。但是谁愿意去努力探索这些村庄呢？就像在你们的实验室中，有些试验会要求持续工作二十四小时，我希望你们心里也永远保持着热

---

① 塔塔集团（TaTa），创办于1868年，印度工业巨头，印度最大的集团公司，开辟了钢铁、电力、航空、汽车等行业。

② 这是指农民对迈索尔土邦王公的贡奉。

③ 甘地在这里想强调的是，财政安排不仅仅是配置财政支出，还要接受纳税人的监督，这是财政安排的"另一面"。

281

情，为千百万穷人谋福利。

我期待从你们这里得到的，远远超过对街上普通人的期待。不要为你们已经做的一点点事情而心满意足，并且说："我们已经做了该做的，现在我们去打网球和桌球吧！"我要告诉你们，在桌球房里和网球场上，要想到庞大的债务正在一天又一天地堆积在你身上。但是，乞丐岂能挑三拣四（Beggers cannot be choosers）[1]。我要感谢你们给予我的。要记得我的期待，并且把它转化为行动。不要害怕穿上贫穷妇女为你做的衣服；不要害怕因为穿土布衣服而被你们的雇主赶出门外。我希望你们像个男子汉，以坚定的信念站在世人面前。我愿你们对平民百姓的热情不会湮灭在对财富的追求中。我要告诉你们，你们可以发明一种更伟大的无线电工具，它不需要外在的研究，而是内在的研究——所有研究如果不能与内在研究相联系，都是没用的——它能够把你的心与民众的心连接在一起。除非你们所有的发明以穷人的福利为目标，否则就像拉贾戈帕拉查里[2]开玩笑时说的一样，你们的工作室真的并不比魔鬼的工作室好到哪里去。嗯，如果你们愿意反思，就像所有从事研究的学者应该做的那样，我已经给你们的思考提供了足够多的精神食粮。

《青年印度》，1927 年 7 月 21 日，第 235 页

对我来说，印度的人道主义工业政策意味着手工纺织业的一次荣

---

[1] 这是一句谚语。

[2] 拉贾戈帕拉查里（Rajagopalachari, 1878—1972），印度著名律师、政治家，曾任国大党主席。

耀复兴，因为单靠它就能立即消除这片土地上使数百万人在其村舍中生命枯萎的贫困。贫困消除后，其他事物就会随之而来，从而提高这个国家的生产能力。因此我希望所有具有技术知识的年轻人运用他们的技术来制造手摇纺车，如果可能的话，它将成为印度村舍中一种更有效率的生产工具。我不反对这样的科学进步。相反，西方的科学精神使我钦佩，但我对活体解剖深恶痛绝，我憎恶这种不可饶恕的、以所谓科学和人类的名义对无辜生命的屠杀。在我看来，沾染无辜鲜血的所有科学发现都是没有意义的。如果不实行活体解剖，血液循环的理论就不可能被发现，但没有这个理论人类也能过得很好。当西方诚实的科学家要对目前追求知识的手段进行限制时，我看到了黎明的曙光。将来采取的研究手段不仅要关注人类大家庭，也要关心所有生命。并且，我们正在缓慢但明确地发现，认为印度教可以通过贬黜他们中的"第五种姓①"获得繁荣，或西方可以通过剥夺和贬黜东方和非洲民族而崛起或生存，都是一种谬误。同样地，当时机成熟的时候，我们也将意识到我们对动物的支配不是为了屠杀它们，而是为了它们的利益——与我们的利益同等。

《青年印度》，1925 年 12 月 17 日，第 440 页

---

① 印度教把社会分为四大种姓，即婆罗门（僧侣、学者）、刹帝利（武士、官员）、吠舍（商人）、首陀罗（农民、仆役）。在种姓之外还有一个没有种姓的群体，即社会最底层的"贱民"，或称"不可接触者"，甘地所说的"第五种姓"就是指他们。

第七节　经济思想

34.经济学与伦理学

今天，人类活动的所有领域形成了一个不可分离的整体。你没办法把社会的、经济的、政治的和纯粹的宗教活动，切割为相互隔绝的部分。我不知道什么宗教能与人类活动分离。

《哈里真》，1938 年 12 月 24 日，第 393 页

我必须坦率承认，我没有在经济学和伦理学之间做出清晰的的区分。有损个人或民族道义性福利的经济学是不道德的，因此也是罪恶的。所以，允许一个国家掠夺另一个国家的经济学理论是不道德的。购买并使用"血汗劳工"制造的产品是罪恶的；食用进口面粉，而导致本地生产的面粉无销路，这是违背民族道义的；如果我知道我穿邻居纺织工人和织布工人做的衣物，就会使他们有饭吃、有衣穿，我却

穿着最新潮的丽晶街①的精美衣服，对我来说同样是有罪过的。

《青年印度》，1921 年 10 月 13 日，第 325 页

真正的经济学绝不会抵触最高的伦理准则，就像所有名副其实的真正的伦理学，必须是良善的经济学。真正的经济学应支持社会公正，它平等地推进所有人的福利，包括最弱小者，它是有尊严的生活不可缺少的。

《哈里真》，1937 年 10 月 9 日，第 292 页

忽视或罔顾道德价值的经济学是不正确的。非暴力法则在经济学领域中的推广，意味着在国际商业的管制中，一定要把道德价值作为一个重要因素考虑。

《青年印度》，1924 年 12 月 26 日，第 421 页

我斗胆认为，世界上各种宗教经典中关于经济规律的论述，甚至比一些现代经济学教科书中的更可靠、更有道理。

《圣雄》(第 1 卷)，1951 年，第 238 页

---

① 丽晶街（Regent Street），也翻译为摄政街，位于英国首都伦敦西区的一条街道。它是伦敦的主要商业街，以高质量的英国服装店著称。

你们都知道，亚当·斯密在他的《国富论》中，根据经济现象确立了支配经济活动的原理，接着描述了其他事物构成的"干扰因素"，阻碍了经济规律自由发挥作用，其中主要的"干扰因素"是"人的要素"。现在土布运动的整个经济依靠的就是"人的要素"。而人的自私——亚当·斯密所说的"纯粹的经济动机"，则成为我们不得不克服的"干扰因素"。

《哈里真》，1934 年 9 月 21 日，第 253 页

土布经济与一般的经济截然不同。后者丝毫不注重人的因素，而前者的关注点则是人。

《哈里真》，1931 年 7 月 16 日，第 181 页

35. 人的至上性：充分就业

人是最高等的关怀对象。

《青年印度》，1924 年 11 月 13 日，第 378 页

每个人都有生存的权利，因此有权利寻求必要的手段养活自己，并获取衣物、住房等必需品，对于这种非常简单的行为，我们并不需

要经济学家或他们的法律来协助。

《圣雄甘地的演讲和著作》(第 4 版)，第 350 页

通过土布运动，我们要努力树立人的至上性，以取代凌驾于人类之上的动力机器的至高地位。

《哈里真》，1947 年 12 月 21 日，第 476 页

在我们接受使用机械力量这个概念之前，必须先利用所有可用的人力进行劳动。

《哈里真》，1946 年 8 月 25 日，第 281 页

我衷心地支持这个观点，即开采一个国家的原材料，而忽视更强大的潜在人工力量的任何计划，都是不公平的，绝不可能推动人类平等的建立……

真正的计划包括：最佳利用印度全部人力，并在印度无数的村庄中分配初级产品，而不是把它们运往国外，然后再以惊人的价格买回成品。

《哈里真》，1947 年 3 月 23 日，第 79 页

美国是世界上工业化程度最高的国家，然而它还没有消除贫困与

堕落。这是因为它忽视了普遍适用的人力，并且把权力集中在少数人手里，少数人通过牺牲多数人的利益聚积财富。

《哈里真》，1947 年 3 月 23 日，第 79 页

在我观察俄罗斯的时候——她已经成为工业化的典范，那里的生活并不能吸引我。如果一个人丧失个性而仅仅成为机器上的齿轮，就会贬低人的尊严。我希望每个人都成为斗志昂扬、全面发展的社会成员。

《哈里真》，1939 年 1 月 28 日，第 438 页

每个人都是一台机器，但它必须保持油润，并且得到适当的修理，这就是我正在努力做的事情。

《哈里真》，1935 年 1 月 25 日，第 399 页

饥饿的民众恳求一种美好的事物：使身体健壮的食物。但是不能把食物赠送给他们，他们必须赚取食物。并且，他们只能通过流汗的劳动来赚取。

《圣雄甘地的演讲和著作》(第 4 版)，第 593 页

解救一个正在忍饥挨饿却又懒散的人，唯一能被造物主接受的方

法就是让他工作，并承诺将食物作为劳动的工资。

《青年印度》，1921 年 10 月 13 日，第 325 页

我不敢在他们面前传递神灵的信息。他们目光惨淡，食物就是他们唯一的神灵。只有通过向他们讲述关于工作之神圣的信息，我才能够在他们面前宣讲神灵的信息。

《青年印度》，1931 年 10 月 15 日，第 310 页

只要还有一位身体健全的人没有工作或食物，我们就应该为自己休息或享受一顿美餐而感到羞愧。

《青年印度》，1921 年 10 月 6 日，第 314 页

依我之见，印度乃至世界的经济宪章应该确保所有人免遭缺吃少穿之苦。换言之，每个人都应该有工作满足他的基本需求。只有作为基本生活必需品的生产工具始终掌握在人民手里，这个愿望才可能在全世界实现。这些工具应当像空气和水一样，所有的人都能自由获取。它们不能用作剥削他人的工具。任何国家、民族或群体对它们的垄断都是不正义的。对这个简单原则的忽视，是导致赤贫的原因。如今，我们不仅在这片不幸的土地上看到了赤贫，在世界其他地方也是

一样。

36.简朴生活与高尚思想

一定程度的身体协调和舒适是必要的，但是超过了特定标准，就会变成一种障碍，而不是帮助。因此，创造无限需求，然后满足它们——这个理想看起来就像一个骗局与陷阱。生理需求的满足，甚至狭隘自我的智力需求的满足，在退化为生理和智力的欲望之前，必须在达到某一点时完全停止。一个人必须处于良好的物质和文化环境中，才不会妨碍他为人类服务——他的所有精力应该专注于此。

《哈里真》，1936 年 8 月 29 日，第 226 页

我不认为增加需求并发明机器来满足它们，就是在推动世界向它的目标前进……我深深痛恨这种疯狂的欲望，它要摧毁距离与时间，增加人的诸多欲望，并且为了满足它们而跑遍天涯海角。如果现代文明指的只是这些，并且我已经明白它是如何实现的，那么我就把它称为魔鬼。

《青年印度》，1927 年 3 月 17 日，第 85 页

如果你所说的充裕是指每个人都有丰富的物品可以吃、喝和穿，足以使他的心智一直得到训练和教育，那么我应该满意。但我不喜欢向肚子里塞消化不了的食物，也不喜欢收罗太多东西，以至于常常用不上。不过，我也不想要一个贫困、匮乏、不幸、肮脏和卑微的印度。

《哈里真》，1938 年 2 月 12 日，第 2 页

我们所能期待的也许是，欧洲基于她优秀及科学的才智，将会认识到显而易见的事实而迷途知返，在道德沦丧的工业主义中找到一条出路。我们没有必要回到古老的绝对简朴的生活，但是人们将不得不被重新组织，使乡村生活成为主导，并且使野蛮的物质力量服从精神力量。

《青年印度》，1925 年 8 月 6 日，第 273 页

我本不应该像之前那样过分强调我的观点，这都是因为我认为，我们在多大程度上把现代物质主义的狂热作为目标，在进步的道路中走下坡路的程度就有多大……因此，虽然古代理念已经对增进财富行动产生限制，但这并不能终结所有物质上的野心。我们中间仍然会有人——就像我们过去总是有人——把财富的追求作为生活的目标。然而我们总是把这种行为视为一种理想的堕落……人不能同时服务真理和金钱，这是一条具有最高价值的经济学真理。我们必须做出选择。西方国家如今正在物质主义魔鬼的脚下呻吟叹息。他们的道德成长已经遇到障碍。他们用各种金钱衡量进步。美国的财富成为衡量标准，

被其他国家妒忌。我曾听到许多同胞说，我们要获得美国的财富，但避免使用它的方法。我敢说，这样一种企图如果真的付诸实施，注定失败……

只有我们展现更多的真理而不是金钱，更大的勇气而不是权力和财富的炫耀，更多的慈善而不是自私自爱，我们的国家才能成为一个真正具有精神性的国家。如果我们愿意清除我们的房子、宫殿和庙宇的财富属性，并展现它们的道德属性，就能够与任何敌人的联合力量进行战斗。这些是"真正的经济学"，希望我们珍惜它们，并把它们运用于我们的日常生活中。

《圣雄甘地的演说和著作》（第4版），第353—355页

你占有的东西越少，想要的东西越少，就会变得更好。变得更好是为了什么？不是为了享受今生，而是为了享受亲自给同胞提供服务的快乐，也就是自我奉献的服务，包括身体、心智和精神。

《圣雄》（第3卷），1952年，第157页

我认为独立的印度只能通过简朴而高尚的生活使成千上万的农村家庭得到发展，并与世界和平相处，以履行她对一个悲惨痛苦的世界所承担的义务。高尚的思想与拜金主义强加给我们的以高速度为基础的复杂物质生活相矛盾。只有当我们学会高贵地生活这门艺术时，才

能获得生活的所有恩典。

《哈里真》，1946 年 9 月 1 日，第 285 页

人一旦想扩大他的日常所需，就会从简朴生活与高尚思想的理想追求中堕落。对于这一点，历史提供了足够多的证据。确实，人的幸福就在于知足。不知足的人，无论他占有多少，都将变成欲望的奴隶。并且，真的没有哪种奴隶能够与欲望的奴隶相提并论。所有的圣人都曾经明确宣称，人既可以成为自己最坏的敌人，也可以成为自己最好的朋友。要自由还是做奴隶，掌握在自己的手中。并且，对个人真实的东西，对社会也是真实的。

《哈里真》，1942 年 2 月 1 日，第 27 页

即使物质充足的天堂——他们设想的终极目标——能够在地球上实现，也不会带给人类满意与和平。

《圣雄甘地——最后阶段》（第 2 卷），1958 年，第 139 页

人的身体完全是为了服务，而绝不是为了放纵。幸福生活的秘密在于自制。自制就是生命，放纵导致死亡。

《哈里真》，1946 年 2 月 24 日，第 19 页

37.劳动的尊严：生计劳动

造物主造人，让他为生计而工作，并且认为不劳而获的那些人都是盗贼。

《青年印度》，1921 年 10 月 13 日，第 325 页

身体所需的食物应该来自体力劳动，智力劳动是获得精神文化必需的。劳动分工是必要的，但它是对不同类型身体劳动的一个划分，而不是通过划分将智力劳动限制在一个阶级，将体力劳动限制在另一个阶级。

《圣雄》（第 3 卷），1952 年，第 349 页

一定要教导人们用自己的双手劳动，并认识到工作的尊严。

《圣雄》（第 5 卷），1952 年，第 185 页

如果每个人都靠流汗劳动来生活，地球就会成为一个天堂。特殊才能的使用问题几乎不需要专门考虑。如果每个人都为生计而从事体力劳动，那么随之而来的，诗人、医生、律师等就会认为，使用他们的才能无偿为人类服务是他们的义务。由于他们对义务的无私奉献，

他们的工作效果会更好、更丰富。

《圣雄》（第7卷），1953年，第389页

只有在某种程度上，休闲才是好的并且是必要的。造物主创造人让他靠辛勤劳动来吃饭。我对这样的一种前景感到担忧：人们有能力无需辛劳就生产出我们想要的一切，包括食物在内，就像从一个魔术师的帽子里变出来一样。

《哈里真》，1936年5月16日，第111页

假设一些美国的百万富翁来到我们国家并送给我们需要的所有食物，恳求我们不要工作，准许他们大发善心，我会直截了当地拒绝接受他们的友善资助……特别是因为它冒犯了我们作为人的基本规则底线。

《哈里真》，1935年12月7日，第341页

在我们看来，大自然的意图终究是让人靠体力劳动，通过"挥汗如雨"挣取他的食物；并且希望他不要把才智用于增加物质需求，不要用于将自己沉溺于使人萎靡不振的、摧毁心灵的奢侈品，而用于提升他的道德本质，用于理解造物主的意志，用于服务人类，并因此真

正服务自己。

《圣雄甘地选集》(第 10 卷)，第 130 页

如果所有人都只是为温饱而不是更多的东西进行劳动，那么所有的人都会有足够的食物和休闲时光。这时就不会有人口过多的担忧，也没有疾病，并且我们四处可见的那些不幸也没有了。

这种劳动将成为最高形式的牺牲。人们无疑可以通过他们的体力或智力做许多其他的事情，但所有这些劳动都应出于对公共利益的热爱。这样就不再有富人和穷人、高贵与低微、可接触者与不可接触者之别。

这也许是一个难以实现的理想。但是，我们不要因此停止奋斗。即便我们没有履行牺牲的整个法则，也就是我们生命本质的法则，也要从事足够的体力劳动以获得每日的饮食，为实现这个理想，我们还有很长的路要走。

如果这样做，我们的需求就会减到最少，我们的食物就会变得简单。这样我们就应该为生存而吃饭，不是为吃饭而生存。愿那些怀疑这个主张正确性的人，试着为获得食物而辛勤劳动，他将通过劳动得到最美味的食物，改善他的健康。并且他会发现，他拥有的许多东西都是多余的。

难道人们不能靠智力劳动挣取食物吗？不行。身体的需要必须通过身体提供。"恺撒的东西归恺撒"也许刚好能用在这里。单纯的精神劳动，即智力劳动，是为了实现自我满足。这种劳动绝不能要求报酬。在一个理想的状态中，医生、律师等人将全心为社会利益工作，

而不是为自己。对生计劳动法则的遵从，将会在社会结构内部带来一场静悄悄的革命。人的胜利在于，努力用相互服务取代生存斗争。野兽法则将被人的法则取代。

《哈里真》，1935 年 6 月 29 日，第 156 页

但愿我不会被误解。我不是低估智力劳动的价值，但它怎么也替代不了体力劳动。体力劳动是每个人生来就要为公共利益付出的。智力劳动也许是，或经常无限优越于体力劳动，但它绝不是，或不能成为体力劳动的替代品。就好像尽管精神食粮远比我们吃的粮食优越，但永远无法代替粮食。确实，没有大地的物产就不可能有精神产品。

《哈里真》，1925 年 10 月 15 日，第 335 页

明智的生计劳动，任何时候都是社会服务的最高形式……

把形容词"明智的"放在"劳动"之前是为了表明，作为社会服务的劳动，必须有明确的目的，否则每个劳动者都可被认为是在提供社会服务。在某种程度上他是在服务社会，但是在这里它的意义远远超过这些。一个人服务社会，就是为公众利益而劳动，并且与他的报酬相匹配。因此，这样的生计劳动才是与社会服务一致的。

《哈里真》，1935 年 6 月 1 日，第 125 页

回归乡村意味着对生计劳动的义务及其所有含义的一次明确、自

愿的承认。但有评论家说："如今，印度千百万的儿童住在农村，仍过着一种半饥饿的生活。"这个，唉，确实是真实的。幸运的是，我们知道他们的劳动不是出于自愿的顺从。如果能够，他们就会逃避体力劳动，如果他们能够在城里解决食宿，甚至会全涌进最近的城市。

被迫顺从于雇主是一种被奴役状态，自愿顺从于父亲是作为儿子的荣耀。同样，对生计劳动法则的被迫顺从，会导致贫困、疾病及不满，这是一种被奴役状态；自愿顺从则一定会带来满意和健康。真正的财富是健康，而不是金银财宝。

《哈里真》，1935 年 6 月 29 日，第 156 页

我的阿希姆萨不会容忍这样的观点，即为一个健康的人提供一份免费的食物，而这人未以任何诚实的方式为获得食物而工作。而且，如果我拥有权力，就会关闭免费给予食物的机构。它已经使民族堕落，并且鼓励懒惰、闲散、伪善甚至犯罪。这种错位的慈善对国家财富的增加没有起到任何作用，无论是物质财富还是精神财富，并且还给捐献者造成一种虚假的功德感。如果捐献者建立各种机构，给那些愿意为他们工作的人提供食物，提供健康、干净的环境，这将是多么美好和智慧的事情啊。我个人认为，手工纺织或棉纺织过程的任何工作都是一种理想的职业。但是，如果他们无法获得这种职业，可以选择其他工作，规则仍然是"不劳动，不得食物"。

《青年印度》，1925 年 8 月 13 日，第 282 页

我确实觉得鼓励乞讨是一件糟糕的事情，但与此同时，我不会不给乞丐提供工作和食物就把他打发掉。如果他不工作，我会让他走而不给他食物。那些身体残疾的人，例如瘸腿者，必须由政府资助。然而，很多骗子假装失明来乞讨。因此，许多盲人通过不正当手段获利变成富人。如果他们能够被安置到救济院，而不是让他们受到这种致富的诱惑，那将是一件很好的事情。

《哈里真》1935 年 5 月 11 日，第 99 页

38. 司瓦德西

司瓦德西是我们内在的精神，它约束着我们，使我们去利用并服务于我们周围的事物，而拒斥关系疏远的事物。因此，就宗教来说，为了符合司瓦德西的要求，我必须把自己限定于祖先的宗教，也就是对我身边宗教环境的利用。如果我发现它是有缺陷的，就会通过消除缺陷为它服务。

在政治领域中，我应该使用本土的机构制度，通过纠正它们被证实的缺陷为它们服务。在经济领域中，我应该只使用当地人生产的物品，通过使这些产业更有效率更好地为它们服务，这是它们需要的。有人提出，这样的司瓦德西如果能够付诸实践，将会带来千禧盛世……

多数民众的深度贫困，是我们在经济和产业生活中背离司瓦德西导致的。假如不曾引进外国产品，今天的印度就会是一片流着奶与蜜之地。但是，她没有成为这样。我们是贪婪的，英国人也是这样。很

明显，英国和印度的结合建立在一个错误的基础之上……

如果我们遵从司瓦德西原则，那么你我的责任就是在各家邻居之中，寻找那些能够满足我们各种需求的人。并且，假如有邻居需要一份良好的职业，但他们不知道怎样开展活动的话，我们要教会他们。那时几乎印度的每个村庄都将成为一个自给自足的单位，只有本村无法生产的日用必需品才会与其他村子进行交换。所有这些听起来或许很荒唐。当一位善良的伊斯兰教徒准备好纯净的水供人饮用时，人们却仍然甘愿喉咙干渴到冒火也不饮用，这是荒唐的事情。成千上万的印度教徒宁愿渴死，也不愿喝穆斯林家里的水。但是，一旦这些荒唐的人被说服相信，他们的宗教要求他们只穿印度国内生产的衣服，只吃印度国内生产的粮食，他们就会拒绝穿任何其他衣服，或吃任何其他食物……

常常有人劝告说，印度在经济生活中绝对不能采取司瓦德西。那些提出这种反对意见的人，并没有把司瓦德西当作一条生活准则。对他们来说，司瓦德西仅仅是一种爱国行动，当它涉及任何利益的自我牺牲时，他们就不再坚持了。这里界定的司瓦德西是一条必须承受的宗教诫命，要完全不顾它带来的身体上的困苦。在它的影响下，人们不会为一枚大头针或缝衣针的损失而惊慌，因为这些东西不是印度生产的。一位奉行司瓦德西的人将来要明白，没有了今天被认为是必需品的数百样东西，他也能生活下去……

我要力劝大家，司瓦德西是与谦卑和爱的法则一致的。如果我连服务自己家庭的能力都没有，还想着服务整个印度，这是傲慢的想法。更好的做法是，把个人的努力集中于家庭，并且要意识到，为家庭服务也是在为整个民族服务，如果你愿意的话，这也是在为整个人类服务。这就是谦卑，这就是爱。动机决定了行为的性质。为了服务家庭，我或许会不顾给他人带来的痛苦。例如，我也许会接受一份工作，从民众身上榨取金钱。我因此变得富裕，还满足了家庭的许多非法要求。在此，我既没有服务家庭，也没有为国家服务。或者，我应该认识到造物主给了我手和脚，只是为了让我使用它们劳动，以养活自己及依靠我生活的人。这样我会马上简化我的生活，以及那些我能够直接影响的人的生活。在这种情况下，我就做到了为家庭服务，并且没有给任何人带来伤害。假如每个人都遵从这种生活方式，我们就会马上获得一种理想的状态。不可能所有人同时达到那种状态。但是在我们中，那些认识到司瓦德西真谛并且把它付诸实践的人，无疑会盼望并加速那个幸福日子的到来。

《圣雄甘地的演说和著作》（第4版），第336—344页

即使是司瓦德西，也会像其他美好事物一样，如果它被当作一种迷信，也会迅速消亡。这就是我们需要提防的。仅仅因为外国产品来自国外而抵制它们，并且继续把国家的时间和金钱浪费在推销不适合本国的产品上，将是不光彩的愚蠢行为，是对司瓦德西精神的否定。一位真正的司瓦德西信仰者对外国人永远不会怀有恶意，他不会被任何人的敌意煽动。司瓦德西主义不是一种对仇恨的宗教崇拜，它是一种无私奉献的学说，这种学说植根于最纯洁的阿希姆萨，也就是爱。

《来自耶罗伐达圣殿》，1957年，第66页

39. 经济平等

所有人必须拥有平等的机会。由于机会均等，每个人都有同样的获得心灵成长的可能性。

《哈里真》，1946 年 11 月 17 日，第 404 页

我无法设想有一天，一个人应该比另一个人更富有。但我确实想过会有这么一天——富人拒绝牺牲穷人的利益使自己富足，而穷人不再嫉妒富人。即使是在一个最完美的世界，我们也无法消除不平等，但是我们可以，而且必须避免冲突与怨恨。无数现存的例子表明，富人和穷人可以非常友好地生活在一起。我们必须使这样的例子多起来。

《青年印度》，1926 年 10 月 7 日，第 348 页

我不相信绝对的一致性。就字面意思而言，所有人生来平等和自由不是大自然的法则。例如，人生来智力水平不完全相同。但如果那些拥有卓越才智的人，不是利用他们的才智，牺牲他人以谋求自己的发展，而是用于服务那些在这个方面不如他们的人，即坚持了平等的原则。

《哈里真》，1946 年 10 月 6 日，第 338 页

绝不能认为经济平等意味着每个人占有同等数量的世俗物品。可是，它确实意味着每个人将会有合适的房子居住，有足够且营养均衡的食物吃，还有足够的土布穿。它还意味着当前公认的残酷的不平等将被纯洁的非暴力方法消除。

《哈里真》，1940 年 8 月 18 日，第 253 页

我观念中的经济平等，并不意味着每个人拥有数量严格相等的东西。它只是意味着，每个人应该有足够的东西满足自身需求……大象需要的食物超过蚂蚁需要的一千倍，但这并不是不平等的表现。因此，经济平等的真正含义是"按需分配"。这是马克思的定义。如果一个单身男人要求的东西，和一个有妻子及四个孩子的男人要求的一样多，那就违反了经济平等原则。

我希望没有人试图为上流阶层与平民百姓之间、王公与乞丐之间明显的差别辩护，说前者的需求更多。那是一种对我的主张的无聊诡辩和歪曲……富人与穷人之间的对比，如今成为一种令人痛苦的景象。贫困的村民既受到外国政府的剥削，也受到自己的同胞——城市居民的剥削。他们生产粮食，但是要挨饿；他们提供牛奶，但他们的孩子却喝不上，这是可耻的事情。每一个人都必须有平衡的饮食，有像样的住房，有给孩子的教育设施及充足的医疗救助设施。这些就是我设想的经济平等。我不是要禁止超过基本需求的所有事物，但是要在穷人的基本需求满足之后，我们才能拥有它们。最重要的东西必须

放在首位。

《哈里真》，1946 年 3 月 31 日，第 63 页

要把你们的才华投入为国家服务中，而不是把它转换为金钱。如果你是一位医生，印度有足够多的疾病需要你全部的医疗技术。如果你是一位律师，印度有足够多的纠纷与争吵需要你去平息，而不应挑起更多的麻烦。如果你是一位工程师，就要建造与我们民众的收入及需求适宜的模范住宅，并且房子里充满新鲜的空气。你学到的东西没有什么是派不上用场的。（提出这些问题的朋友是一个会计师，甘地当时对他这样说道。）到处都迫切需要会计师来审计国大党及其附属机构的账目。来印度吧，我将会给你足够多的工作，并且还有你的工资——每天四安纳，这当然比印度千百万人的收入高很多。

《青年印度》，1931 年 11 月 5 日，第 384 页

我的理想是平等分配，但是根据我所看到的情况，这个理想还没有实现。因此，我要为平等分配而工作。

《青年印度》，1927 年 3 月 17 日，第 86 页

平等分配的真正含义是，每个人都应该拥有必要的物品以满足所有自然需求，仅此而已。例如，如果一个人消化不良，并且只需要四分之一磅的面粉作为食物，而另一个人则需要一磅，这两个人都处于

能够满足各自需求的状况。为了实现这个理想，整个社会秩序必须重新构建。一个以非暴力为基础的社会不可能培育出其他理想。我们也许不能实现这个目标，但必须把它记在心里，永不停歇地为实现这个目标而工作。我们在多大程度上朝着目标前进，就会获得多大程度的满足和幸福，并且会在同等程度上为非暴力社会的到来做出贡献。

《哈里真》，1940 年 8 月 25 日，第 260 页

40. 分权化的经济

我认为，如果印度沿着非暴力的路线发展下去，就不得不把许多事务分权化。没有充足的武力，中央集权就无法得到维系与防御。没有什么东西可以偷的家庭不需要警察执警，富人的居所则必须有强大的警卫来保护并抵抗强盗。大型工厂也必须这样。与城市化的配备了精锐陆军、海军和空军的印度相比，以乡村组织起来的印度遭受外国侵略的风险小得多。

《哈里真》，1939 年 12 月 30 日，第 391 页

你无法在工业文明基础之上建立非暴力，但它可以建立在自给自足的乡村之上……我设想的乡村经济完全避开了剥削，而剥削是暴力

的本质。

《哈里真》，1939 年 11 月 4 日，第 331 页

我肯定不赞同这种观点，即制订计划的核心是实行中央集权。为什么分权不能像中央集权一样，为计划的制订助一臂之力呢？

《印度教徒报》，1946 年 6 月 28 日

人们应该追求的目标是伴随着精神与道德充分发展的人类幸福。我把形容词"道德的"作为"精神的"同义词使用。这个目标可以在分权体制下实现。中央集权作为一种体制，与一个非暴力的社会结构是格格不入的。

《哈里真》，1942 年 1 月 18 日，第 5 页

41. 乡村共同体

以非暴力为基础的社会，只能由村庄里的各群体组成，在这样的村子里，自愿合作是人们有尊严且和平生存的条件。一个随时准备以暴易暴的社会，要么导致动荡不安的生活，要么建造出大城市和用于防卫目的的弹药库。从欧洲的情况来看，这样的假设并非不合理，它的城市、大型工厂及庞大的武器装备是如此紧密地联系在一起，以至

于一个不能离开另一个而生存。实现以非暴力为基础的文明的最便捷途径，就是印度过去的乡村共和团体。我承认它是非常原始的。我知道它里面没有我定义和构想的非暴力，但它是一种雏形。

《哈里真》，1940 年 1 月 13 日，第 410—411 页

我认为，如果印度要获得真正的自由，并且通过印度世界同样获得自由，那么以下事实迟早会被承认，即人们不得不居住在村庄而不是城镇中，居住在在茅屋中而不是宫殿里。数以千万计的人民住在城镇和宫殿里，绝不可能做到彼此和平共处，他们没有资源，只能诉诸暴力与谎言。

我认为，没有真理和非暴力，人类只能毁灭。我们只能在乡村生活的简朴中实现真理和非暴力，并且这种简朴会在手纺车及其所有附带事物中得到最好的表现。即使当今世界走上了一条错误的道路，我也绝不畏惧退缩。印度也可能走上那条路，就像谚语中的飞蛾，绕着火飞舞得越来越狂热，最后把自己烧成灰烬。但是，我应尽的义务就是竭力保护印度，直到生命最后一口气。并且，通过印度使整个世界摆脱这种命运。

《一沓旧信》，1958 年，第 506—507 页

我对乡村自治的设想是，它是一个完整的共和团体。它的基本需求不依赖邻村，然而对于必须依靠他人的其他物品，可以与邻村互通有无。因此，每个村庄的首要考虑是种植自己的粮食作物，以及用于

制作衣服的棉花。它应该有一块保留地给村子里的牲畜，并有供大人和孩子娱乐的场所和操场。如果还有更多可利用的土地，就要种植有用的经济作物，但不包括印度大麻①、烟草、鸦片等作物。村庄要建立一个乡村剧院、学校和公共会堂。它要有自己的供水系统，确保有清洁的水供应，这可以通过可控的水井或水池实现。它要实行义务教育，直到基础课程结束。只要有可能，每一项活动都要在合作的基础上进行。我们今天的这些种姓，及其制定的不可接触制度，都将不存在。拥有萨提亚格拉哈技巧的非暴力及不合作，将成为乡村共同体的奖惩准则。村庄的警卫将成为一项义务服务，要从名册中选出村民轮流担当，并由村庄资助。乡村的政府由五个人组成的"潘查雅特"管理，这五个人每年由符合最低限度资格的成年男女村民选举产生，这些人将拥有一切需要的权威和司法权。由于没有被认可的惩罚系统，这种"潘查雅特"将集立法、司法和执法为一体进行管理。今天，任何一个村庄都可以成为这样一个共和团体，而不会受到很多干预，甚至是来自当前政府的阻碍，它们与村庄唯一有效的联系是榨取乡村税收。在这里，我还没有考察村庄与邻村的关系问题，以及它与中央政府的关系问题，如果这个问题存在的话。我的目的是勾画出"乡村政府"的轮廓，这里存在以个人自由为基础的完善的民主。每个个体是政府的建造者，非暴力法则支配着他及其政府。他及其村庄能够反抗世界强权，因为，支配着每位村民的非暴力法则就是，他要承受死亡的苦难来捍卫他及其村庄的荣誉。

在所描绘的这幅图景中，没有什么东西是不可能出现的。要塑

---

① 从印度大麻花朵中提炼的麻醉药。——原注

造这样一个村庄，可能要付出一生的时间。任何热爱真正的民主及乡村生活的人，可以从一个村庄着手，把它当作生活的全部及唯一的工作，就会得到好的结果。他可以马上从乡村清洁工、纺织工、守夜人、医生及教师岗位做起。如果没有人来找他，他可以安心从事清洁与纺织工作。

《哈里真》，1942 年 7 月 26 日，第 238 页

我的理想村庄中有才华卓著的人居住。他们不会像动物那样住在肮脏而黑暗的地方。男人和女人都是自由的，并且能够靠着自己的力量反抗世界上的任何人。村里将不会有瘟疫、霍乱、天花，没有人游手好闲，也没有人沉湎于奢侈之中。每个人必须从事一定配额的体力劳动……还可以设想有铁路、邮局和电报……

《一沓旧信》，1958 年，第 505—506 页

42. 自给自足

人不是生来就活在隔绝之中，本质上是一种社会动物，相互独立又相互依赖。没有人能够或应该凌驾于另一个人之上。如果我们要为这样一种生活创造必要的条件，就将被迫得出结论，社会的基本单位应该是村庄，或者能够被管理的一小群人。在理想的状况下，他们将是自给自足的单位（在他们的基本需求方面），并且通过互相合作及

互相依赖结合在一起。

《圣雄甘地：最后阶段》（第 2 卷），1958 年，第 548 页

换言之，在饮食、衣着以及其他生活条件上，城镇居民与乡村居民应该有平等的标准。如今，为了实现这种平等，人们应该能够生产自己的生活必需品，也就是衣服、食品、房屋、水和电。

《圣雄甘地：最后阶段》（第 2 卷），1958 年，第 547 页

真理和非暴力是我构想的社会秩序的基础。我们的首要义务是，不要成为社会的负担，即应该依靠自己。从这个角度看，自给自足本身是一种服务。我们自给自足之后，就能用空闲时间服务他人。如果所有人都自给自足，就没有人陷入穷困。在这样一种状态下，我们就不需要为任何人服务。然而我们还没有达到那个阶段，因此仍要关心社会服务。即便我们成功地实现自给自足，人作为一个社会存在，我们还是不得不接受某种形式的服务。换句话来说，人是自立的，也是互相依靠的。当人们为了维持社会的良好秩序而必须依赖他人时，就不再是依赖，而变为合作。合作是美妙的，合作者之间不分谁强谁弱，每个人都与其他人平等。然而在依赖关系中，会有一种无助的感觉。一个家庭的各成员既依靠自己也彼此依靠，没有你我之分的感觉。他们都是合作者。同样，如果我们把一个社会、民族或整个人类当作一个大家庭，所有的人就都成了合作者。如果我们能够构想这样一幅合作的图景，就不再需要那些无生命的机器辅助我们。因此真正

的社会安全和自我保护在于尽量少地使用机器，而不是最大限度地使用它们。

《纺车的意识形态》，1951 年，第 86—88 页

我对自给自足的看法是，村庄必须在食物、衣服及其他基本必需品方面是自给自足的。你必须恰当地理解我的观点……自给自足不意味着封闭狭隘。要做到自给自足，并不是要求一切都是独立自足的。我们在任何情况下都不可能生产自己需要的所有东西。因此，尽管我们的目标是实现完全的自给自足，但我们仍不得不从村庄之外获得村里无法生产的东西。我们还要竭尽所能生产更多物品，用它们交换我们生产不了的东西。

《土布——为什么和怎么样》，1959 年，第 166 页

就粮食来讲，印度有大片富饶的土地、足够的水，人力也不缺乏……公众应当被教育成自力更生的人。一旦他们明白必须靠自立，社会氛围就会因此而振奋。

《哈里真》，1947 年 10 月 19 日，第 379 页

自给自足是一个内涵丰富的词语……如果乡村的首要需求不能自给自足，如果村庄的防卫不能依靠自我来应对疾病和纠纷导致的内部分裂，以及小偷和强盗带来的外部风险，那么这些乡村将会消亡。因

此，自给自足意味着棉纺织的所有过程，意味着种植季节性的粮食作物及喂养牲畜。除非能够做到这一点，否则将发生饥荒。而自我依靠意味着集体组织，确保村里的矛盾能够通过贤人的仲裁得到解决，并且确保村里的卫生和普通疾病得到村民集体的关注，仅靠个人的努力是不够的。最重要的是，村民必须通过共同的努力学会感受自己的力量，从而使他们的村庄能够抵御窃贼与强盗。这些最好通过集体的非暴力方法实现。但是，如果劳动者对非暴力方法不了解，就会毫不犹豫地通过暴力方式组织集体防卫。

《哈里真》，1942 年 4 月 5 日，第 107 页

每个村庄都必须做到自我支持，并能够处理各种事务，甚至做到为保护自己而抵抗全世界。

《哈里真》，1946 年 7 月 28 日，第 236 页

43. 合作

"没有品德就没有合作"，这是一句有道理的格言。

《圣雄甘地的演讲和文章》（第 4 版），第 356 页

对于社会生活来说，个人独立和互相依靠都是基本要素。只有鲁

滨逊·克鲁索①才能做到全面的自给自足。当一个人竭尽所能满足他的基本需求之后，将会寻求与邻居合作以满足其余的需求。这是真正的合作。

《哈里真》，1946 年 3 月 31 日，第 59 页

"相互依靠"是并且应该是与"自给自足"同等重要的人类理想。人是一种社会存在。没有与社会的相互联系，人就无法认识到他与宇宙的统一性，或者无法克服他的自我中心主义。他在社会中的互相依靠能够检验他的信念，并且在现实生活这块试金石中证明自己。如果一个人被放在，或把自己放在完全摆脱对同胞的依赖这样一个位置，他就变得如此傲慢和自大，以至于成为世界的负担和麻烦。他对社会的依靠使他学会谦卑。显而易见，一个人应当通过自己满足绝大多数的基本需求；但在我看来同样明显的是，当自给自足使一个人与社会隔绝的时候，它几乎等同于罪恶。从种植棉花到纺纱的所有劳作不可能一个人完成。在某些阶段或其他时候，他需要家里人的帮助。如果一个人能够接受家人的帮助，为什么不能接受邻居的帮助呢？或者相反，我们该想想那句伟大的谚语"世界是我家"是什么意思。

《青年印度》，1926 年 5 月 13 日，第 179 页

身体的不同部分在各自功能上是自我依靠的，然而它们也是互相

---

① 英国作家笛福的小说《鲁滨逊漂流记》中的主人公。

助益、互相依靠的，人也是如此……每个人都遵从自助的准则来履行自己的职能，然而也要在所有涉及共同利益的问题上与他人合作。只有这样，我们才能被称为国家的仆人。

《青年印度》，1926 年 5 月 13 日，第 179 页

互相分离的水滴只能逐渐消失，聚合在一起的水滴才能形成大海，以其广阔的胸膛承载轮船远航。

《哈里真》，1947 年 9 月 7 日，第 311 页

个人才是社会的最终单元。这不排除个人需要邻居或世界的善意帮助。这种帮助是双方自由与自愿的相互行动。

《哈里真》，1946 年 7 月 28 日，第 236 页

人应当在合作中生活，为共同利益而工作。

《哈里真》，1947 年 2 月 2 日，第 3 页

投资给印度帝国银行的这七十万美元，可以被日本飞机扔下的炸弹毁于一旦。如果它们被分配给七十万个股东，那么就没有人能够夺走他们的财产。这样在这七十万个个体之间就会产生自愿合作，这种自愿合作与纳粹使用的集体方式不同。自愿合作将产生真正的自由与

新的秩序。

《圣雄甘地》（第 6 卷），1953 年，第 120 页

　　我希望人们记住，合作应该建立在严格的非暴力基础之上。通过暴力合作永远不可能获得成功。希特勒是一个有说服力的例子，他也徒劳地谈论合作，并把它强加于人们，现在每个人都知道德国最后结果如何。

　　如果印度也试图把新社会建立在依靠暴力实现的合作之上，这将是一件令人悲哀的事情。通过暴力产生的益处会将个体摧毁。只有社会变革通过非暴力不合作——也就是爱——的劝勉实现，个体的基础才得以保存，世界真正的、持久的进步才得以保证。

《哈里真》，1947 年 3 月 9 日，第 58 页

　　成功的合作秘诀在于各成员必须诚实，他们要明白合作的重要价值，还必须有一个明确的、进步向善的目标。因此，如果人们在合作中持有一定数量的金钱，目的是通过收取高额利息而赚取更多的钱，这就是一个恶劣的目标。但是，合作经营畜牧业或乳品业，毫无疑问是一个推进民族利益的目标。这样的例子还有很多。

《哈里真》，1946 年 10 月 6 日，第 344 页

　　对于合作的专业知识，我几乎一无所知。我的兄弟德瓦哈尔

（Devadhar）建立了一个合作项目。他无论做什么都自然地吸引我，并使我倾向于认为这里面一定有某些益处，并且对它的处理一定非常困难。尤班克（Ewbank）先生也非常爽快地拿出一些关于这个问题的文献，供我随意使用。在查姆帕兰①，我有一个特别的机会来观察某些合作组织的效果。我读了尤班克的"十要点"，它们就像"十诫"；我还读了比哈尔邦的科林斯（Collins）先生的"十二要点"，它们使我想起了"十二铜表法"。②查姆帕兰有几家所谓的农业银行。如果他们的意思是要展示这些合作组织的成功的话，那么在我看来它们的成绩是令人失望的。另一方面，霍奇（Hodge）先生正在同一个方向默默地工作着，他是一位传教士，他付出的努力使那些与他有过联系的人印象深刻。霍奇先生是一位合作事务的热心者，他可能认为，他的努力产生的结果都归功于合作。在看过这些努力之后，我毫不犹豫地推断，个人因素在一些情况下是成功的，在另一些情况下却是失败的。

　　我就是一个热衷合作事业的人，但二十五年的试验和经历已经把我变成一个谨慎而有洞察力的热心人。从事一项事业的工作者必然会夸大它的价值——尽管他是无意识的，并且经常成功地把它的特定缺陷变为优势。我认为我在艾哈迈达巴德管理的小小组织③是世界上最美好的事物，尽管这么说显得不够谦虚。它给了我很多鼓舞。批

---

① 查姆帕兰（Champaran），印度东北部的比哈尔邦，甘地曾在这里调查农民生活情况，并领导非暴力抗争。

② 这里所讲的"十诫"是指《圣经·旧约》中的十个诫命，一般称为"十诫"。这里所说的"十二铜表法"是指古罗马的一部法律。

③ 可能是指甘地 1915 年在艾哈迈达巴德建立的"真理学院"，甘地为这个学院制定了一系列严格的纪律与规则，其成员过着苦修的生活。

评者对我说，它代表一种冷漠无情的心灵力量，并且严格的纪律已经使它变得机械化。我认为，双方——批评者和我——都错了。把一个大家庭置于国家的支配之下，最多只是一次粗陋的尝试。在这个大家庭中，男人和女人可以拥有自由的、无拘无束的空间以培养他们的品格，并且与民族精神一致。如果它的管理者不留心，作为品格基础的纪律问题就会影响他期望得到的结果。因而我斗胆警告那些合作组织的热心支持者，不要怀着虚假的期望……

信用正在变成这个世界的货币力量，它几乎没有什么道德基础，并且再也不是信任或忠实这些道德品质的同义词。在南非，我和数百个处理银行事务的人打交道二十年，常常听到的一个说法已经深深留在我的心里，一个人越是无赖，他在银行享有的信用越大。银行没有调查他的道德品格，只满足于他如期偿还透支额和期票。这种信用系统已经把我们的美丽星球缠绕起来，就像毒蛇盘绕一样，如果我们不留意，就可能被压得喘不过气。我已经看见过许多家庭被这种系统毁灭，无论信用被标榜为合作还是其他，结果都是一样的。这种致命毒蛇的缠绕可能使欧洲毁灭，而我们只能无助地在一旁观望。如今，无论是在法律上还是在战争中，财富最多的人最终都能获胜，这是长久以来的事实。我已经冒昧地重点论述了关于信用体系的现行观念，这是为了强调这个观点，即合作运动作为一种道德运动，只有接受满怀宗教热情的人的严格指导，它才会成为印度的祝福。因此，合作运动应该仅限于这样一些人——他们希望在道德上行为正当，但是贫困的折磨与债务的束缚使他们无法这样做。提供便利使人们获得公平利息的贷款，这不会让不道德的人变得有道德。但是有智慧的有钱人或慈善家提出要求说，他们应该帮助人们在前进的道路上努力成为好人。

通常我们都认为物质的繁荣意味着道德的成长。有必要指出的是，这样一项给印度带来如此多好处的运动，不应该蜕化为一个仅仅为获得低息贷款的运动……

有了这样的标准，我们就不会用已经组建的合作社的数量衡量运动成功与否，而是用合作者的道德状况来衡量。在这种情况下，登记官员在增加合作社的数量之前，要先确保现有合作社道德的提高。并且，政府会为它们的道德提升设置条件，不是根据他们已经注册的合作社数量，而是根据现有机构的道德成绩。这将意味着要追踪借给成员的每一笔资金的借贷过程。那些对合作社的正当行为负有责任的人，要努力使贷出的钱不会进入棕榈酒老板的账单，或进入赌场负责人的口袋，除非放贷者如果能够成功地使赌博消失，或者使棕榈酒远离农夫的家。

我注意到这项运动重视所有本土产业。请允许我公开地对政府表达我的谢意，在我为改善纺织工人的生活尽绵薄之力时，政府给予了帮助。我正在进行的试验表明，在这个方面还有大量的工作要做。没有哪位祝福印度的人或爱国者，能够泰然自若地看待手摇纺织工人迫在眉睫的毁灭。正如曼恩（Mann）博士所说的，这个产业过去一直为农民提供额外的生活来源，是一种应对饥荒的保障措施。每一位支持这项重要、得体产业并使之重生的官员，都将赢得印度的感激。我也付出了微薄之力，包括：第一，研究对传统的手摇纺织车进行简单改造的可能性；第二，使受过教育的年轻人摒弃对政府工作或其他服务性职业的渴望，使他摆脱教育灌输给他的不适合从事独立职业的观念，引导他接受手工纺织工作，并把它当作一份与律师或医生一样受人尊敬的职业；第三，帮助那些已经放弃他们职业的织布工重操旧业。对第一、第二项试验，我不想说太多以免听众厌烦。关于第三项试验，我多说几句，因为它与我们当前这个主题有着直接的联系。仅仅六个月前，我才开始着手进行第三项试验。五个已经放弃该职业的家庭又重操旧业，并且现在事业蒸蒸日上。静修院上门为他们提供所需的纺线，静修院的志愿者拿走织好的布，按市场价格付现金给他们。静修院只损失了提前支付纺线的贷款利息，但它现在还没有遭受损失，并且通过把贷款限于特定的数额，使损失降到最低。今后所有的交易将都严格使用现金。我们能够使收到的棉布畅销。因此，交易中的利息损失都可以忽略不计。我希望听众注意到，这项试验自始至终都具有纯洁的道德品质。为了使它维持下去，静修院要依靠各界朋友的帮助。因此，我们没有理由收取利息，织布工人无法承担。支离破碎的家庭又重新凝聚在一起。贷款的使用是预先规定的。我希望，我们作为中间人，作为志愿者，有幸走进这些家庭的生活。这有助于他们和我们变得更好。我们不提高自己，就不可能帮助他们提高。后一层关系还没有得到开展，但是我们希望，近期着手对这些家庭进行教育，不要等到我们对他们的每一方面都心满意足才开始。这不是一个野心勃勃的梦想，总有一天它会变为现实。我已经大胆地详细描述了这个小小的试验，借此阐明我介绍其他人模仿的这种合作是什么意思。让我们坚信理想。我们或许永远无法实现它，但绝不能停止为理想而奋斗。这样我们就不需要害怕"恶棍之间的合作"这种拉斯金非常担忧的事情。

《圣雄甘地的演讲和著作》（第4版），第356—363页我们需要考虑的最重要的问题……是畜牛业应该由个人管理还是集体经营。我会毫不犹豫地说，个体畜牧绝对拯救不了畜牛业。只有通过集体的努力，才能拯救畜牛业，并因此拯救水牛。对于个体农民来说，在自己家里以恰当的、科学的方式照顾他的牛是完全不可能的。在诸多原因中，缺乏集体的努力已经成为导致母牛及全体牛群情况普遍恶化的一个主要原因。

　　如今，世界正在迈向这样一种理想境界：生活的每一部分都充满着集体与合作的努力。在这个方面，大量的工作已经完成，并且还在继续。这个理想也来到了我们的国家，但它是以一种扭曲的方式传进来的，以致我们的穷人还没从中受益。随着我们人口的增加，每个农民平均拥有的土地日益减少。而且，个人拥有的东西往往不齐全。对于面临这种情况的农民来说，自己家中养牛是一种自杀性做法，然而这却是他们当前的情况。那些把经济利益放在第一位，不关心道德或人道关怀的人公开宣称，农民正在被这群牛拖垮，因为饲养它们的成本已超出了它们产生的收益。他们认为，应该屠宰这些无用的动物。

　　那么，人道主义者应该做些什么？这是一个问题。答案是很明显的，我们要找到一种方法，不仅拯救畜牛的性命，也要使它们不再成为农民的负担。我敢肯定，集体合作在很大程度上能够帮助我们。

　　以下对比也许是有助益的。

　　◇在集体畜牛体制下，农民不能像今天这样在他的房屋里养牛。它们使空气污浊、环境肮脏。人与动物生活在一起，既不明智也不符合人道主义。人类以前就没打算这样做。如果采用集体畜牛制，那么农民就可以省下畜牛占据的空间。

　　◇随着牛数量的增加，对于农民来说居家生活变得不可能了。因

320

此，他被迫卖掉小牛，杀死或饿死公水牛。如果以一个合作社为基础照料畜牛，就会避免这种不人道的做法。

◇集体畜牛能够确保当牛生病时得到兽医的治疗，任何一个普通的农民都无法单靠自己做到这一点。

◇同样地，在集体畜牛体制下，一头优等的公牛可以满足几头母牛配种的需要。但是对于个体农民来说，这是不可能的，除非有人施舍。

◇在集体畜牛体制下，很容易找到公共牧场或供畜牛活动的土地。然而今天，个体农民一般来说没有这样的地方。

◇在集体畜牛体制下，饲料的开支相对而言少得多。

◇牛奶很容易卖一个好价钱。当农民以个体方式养牛时，他可能往牛奶里掺水，现在不会再有这样的必要和诱惑了。

◇对每头牛是否适合配种进行检查，不可能针对个体方式养牛的农民进行，但整个村庄的牛一起检查却容易做到，并且这有利于改善牛的品种。

以上所说的优点，是支持合作畜牧业的充分论据。最有力的论据是个体畜牛体制已经使我们和畜牛的状况都很可怜，我们只有通过这种根本性的改变挽救自己和它们。

我坚定地认为，除非开始进行合作畜牧，否则我们无法从农业中得到充分的利益。对于一个村庄的一百户人家来说，集体耕种他们的土地并从中分配收入，比把土地划分为一百份耕种好得多，这不是显而易见的道理吗？适用于耕地的做法同样适用于畜牛。

另一个问题是，转变人们的观念并马上采用这种生活方式也许是很困难的，笔直而狭窄的路总是很难走的。畜牛服务项目中的每一步都布满棘手的问题。但只有克服这些困难，我们的道路才能更平坦。我当前的目的是展示集体畜牛与个体畜牛相比的巨大优势。我进一步认为后者是错误的，前者是正确的。现实中，个人甚至只有通过与人合作才能维护他的独立性。在畜牛业中，个体的努力已经导致自私和非人道行为，然而集体努力即使不能根除它们，至少也能减少这两种罪恶行为。

《哈里真》，1942 年 2 月 15 日，第 39 页

"农民是否应该把他们的土地集中在一起，并根据他们持有的土地面积按比例划分收成？"

我对合作社的看法是，土地所有者应当以合作的方式共同拥有土地，并且合作进行耕耘与种植，这会节省劳力、资金、工具等。土地的所有者合作劳动，以共同拥有资金、工具、牲畜、种子等。我构想的合作型农耕将改变这片土地的面貌，消除人们的贫困和懒惰。所有这些，只有人们彼此成为朋友并且像一个大家庭时，才有可能实现。当这个幸福的时刻来到时，就不会再有令人悲伤的公共问题。

《哈里真》，1947 年 3 月 9 日，第 59 页

合作制度对于从事农业的人来说更有必要。土地归属于国家，因此，当人们合作耕种时，土地才会产出最大的回报。

《哈里真》，1947 年 3 月 9 日，第 59 页

44. 托管制

对于我来说，《薄伽梵歌》已成为我一以贯之的行为指引，成为我每天都要参考的词典。就像当我不明白那些英语单词时，要求助于英语词典一样，当我遇到各种烦恼和考验时，我就求助于这本行为的词典以寻找答案。"阿巴里格拉哈①"和"萨玛巴哈瓦②"这类词语把我吸引住了。但问题是怎样实现和维持这种平等？一个人应该怎样对待无礼的、傲慢的、腐败的官员？该怎样对待蛮不讲理的前同事，以及一直待人友善的人？一个人怎样才能抛弃一切财产？拥有自己的身体难道还不够吗？妻子和孩子难道不是你所拥有吗？我要毁掉所有架子上的书吗？我要放弃所有的一切追寻真理吗？答案非常直接：除非放弃所有的一切，否则我无法追寻真理。我学过的英国法律帮了我一把。我想起了史尼尔（Snell）对平衡法原理的讨论。在《薄伽梵歌》的教导下，我更清晰地理解了"受托人"一词的含义。我对法学愈加尊重了，我发现其中包含宗教信仰。我把《薄伽梵歌》教导的"不占有"理解为那些希望获得救赎的人应该像受托人那样行动：尽管控制着巨额财富，却不把其中的一丝一毫当作自己的财产。不占有与平等的前提是人心及态度的改变，对我来说这是极其明显的道理。

《自传》，1966 年，第 198 页

所有事物都属于造物主并且来自造物主。因此，这一切都是为了

---

① 阿巴里格拉哈（Aparigraha），即不占有、不执着，放弃占有欲。
② 萨玛巴哈瓦（Samabhava），即平等，包括各种生物的平等。

造物主的全体子民，而不是为了特定的个人。如果一个人拥有的财物超过他按比例应得的部分，他就成为多出那部分的受托人，替造物主的子民来管理。

全能的造物主没有什么东西要储存。他一天又一天地创造，因此理论上人也应该一天又一天地生活，不需要储存东西。假如这个真理被普遍吸收理解，它就会被合法化，托管制也将成为一种合法化的制度。造物主希望它成为印度赠予全世界的一份礼物。那时将不再有剥削，也不再有给白人及其后代的储备，就像在澳大利亚和其他国家那样。在这些贫富差别中，潜伏着比前两次大战更致命的战争种子。至于继任者，在任的受托人有权利根据法律规定来提名。

《哈里真》，1947 年 2 月 23 日，第 39 页

我对社会的看法是，虽然生而平等意味着我们拥有获得平等机会的权利，但每个人有着不同的能力。根据事物的自然本性，这种平等是不可能的。例如，所有的人不可能有相同的身高、肤色、智力水平等。因此，理所当然地，有的人有能力多挣点钱，其他人挣的少些。

那些有天分的人会有更多的钱，并将利用他们的天分达到这个目的。如果他们友善地利用自己的天分，将会为国家效劳。这些人是作为受托人存在的，此外别无他求。我容许聪明人挣得多一点。我不愿钳制他的天分，但他巨额收入的绝大部分必须用在对国家有益的事情上。就像一位父亲的几个儿子，他们赚取的所有收入都要归入共同的家庭资金，他们只是作为受托人而获得自己的收入。

今天，我邀请那些把自己视为所有者的人担当起受托人的角色，

也就是，不再为了自己的利益，而是为那些被他们剥削的人的利益，而成为所有者。我不会向他们明确规定可以拿多少佣金，而是让他们拿走公平的一份。例如，我会要求一个拥有一百卢比的人拿走五十卢比，并把剩下的五十卢比给工人。但是对于一个拥有一千万卢比的人，我也许会说，拿走百分之一给你自己。所以，我说的佣金不是一个固定的数字，因为那样会导致严重的不公正。

《青年印度》，1931 年 11 月 26 日，第 368—369 页

然而，如果已经竭尽全力，富人还是没有成为穷人真正意义上的守护者，穷人反而受到越来越多的压迫，甚至被饿死，那该怎么办呢？在试图找到这个难题解决方法的过程中，我认识到非暴力不合作与文明不服从是正确和绝对可靠的手段。社会中，没有穷人的合作，富人就没办法聚积财富。人生来就懂得暴力，因为他的动物本性使其具有这种力量。只有他从四足爬行（动物）的状态进化为双脚走路（人）的状态时，对阿希姆萨力量的认识才会进入心灵。这种认识在他心里缓慢而稳定地生长。如果这种认识在穷人中渗透并传播开来，他们就会变得强大，并且学会通过非暴力的方式，把自己从不平等的压迫及其导致的饥饿中解放出来。

《哈里真》，1940 年 8 月 25 日，第 260—261 页

假设我得到一笔数额可观的财富，或者来自遗产，或者来自贸易或工业生产，我一定要明白那笔财产不是属于我的。我能拥有的只是

过一种有尊严生活的权利，与其他民众享有的权利一样。我其余的财富属于共同体，并且必须用于群体的福利。当社会主义者针对印度地主和统治者占有财产问题，而把他们的理论摆在我们国家面前时，我阐述了我的这个理论。他们要消灭这些特权阶级，而我要求这些人扔掉他们的贪婪和占有欲，并且不顾他们的财富，把生活水平降低到以劳动为生的劳动者水平。劳动者必须认识到，富人对财富的拥有应少于劳动者的拥有，即工作能力的拥有。

根据这个定义，多少人可以成为真正的受托人，这个问题无关紧要。如果理论是真实的，不管是很多人能做到还是只有一个人能做到，都是无关紧要的，问题在于是否有信念。如果你接受了阿希姆萨的原则，就要努力实践它，不管成功还是失败。尽管你或许会说这个理论实践起来很艰难，但这个理论中没有任何东西超出了人类智力所能理解的范围。

《哈里真》，1939 年 6 月 3 日，第 145 页

也许你会说，托管制只是一个法律的虚构。但是，如果人们不断地思考，并且努力把它付诸实践，那么与当前相比，地球上的生命将会更多地被爱统治。绝对的委托管理是一种抽象，就像欧几里得对一个点的定义一样，同样是无法做到的。但如果我们为它而努力奋斗，那么与其他方法相比，它就能更好地在地球上实现平等状态……我坚信，如果政府以暴力压制资本主义，它就会陷入暴力本身的罪恶，并且任何时候都无法产生非暴力，因为政府以集中的、组织化的形式代表着暴力。一个人是有灵魂的，但国家只是一部没有灵魂的机器，它

绝不可能放弃赖以生存的暴力。因此，我更愿意选择委托管理的原则……这样的恐惧总是存在的，即国家或许用太多的暴力针对那些与它意见不同的人。确实，如果有关人士愿意像受托人那样做事，我会非常高兴，但如果他们不这么做，我认为我们将不得不通过国家，使用最轻微的暴力剥夺他们的财产……这就是为什么我在圆桌会议上说，每一个既得利益者都要经过审查，在必要的时候下命令没收财产，根据情况给予或不给予补偿。我个人偏向于，不要把权力集中在国家的手里，而是把委托管理的意识传播开来，因为我觉得，私有制暴力的危害性小于国家暴力。然而，如果暴力是不可避免的，我愿意支持最低限度的国家所有制。

《当代评论》，1935 年，第 412 页

我的"托管制"理论不是权宜之计，当然也是毫不掩饰的。我认为它比其他的理论更能生存长久，它的背后有哲学和宗教的支持。财富的占有者没有把这个理论付诸实践，并不能证明它是错误的，反而证明富人的软弱。除此之外，没有其他理论可以与非暴力相容。在非暴力的方法中，做坏事的人如果不改正自己的错误，就会自食其果，要么他认识到自己的错误，要么被彻底孤立隔绝。

《哈里真》，1939 年 12 月 16 日，第 376 页

我毫不犹豫地赞同：一般来说，富人其实与大多数人在挣钱的方法上并无特别之处。在非暴力方法的应用上，一个人必须相信每

个人——无论他多么堕落——都具有在人们友善、灵活的帮助下改邪归正的可能。我们必须诉诸人的善心，并期待有所回应。每个社会成员使用他所有的天分，不是为了增进个人利益，而是为了所有人的利益，这对于社会的福利来说难道不是很有益处吗？我们不想建立那种绝对平等的社会，其中每个人不能或不允许最大限度地使用他的才能，这样的社会最终必然消亡。因此，我认为我提出的这个忠告是十分合理的，即富人挣了几千万（当然是靠诚实挣取的），但是应将它们投入为所有人的服务。这是最稳妥的方法，以发展出一种新的、使全世界受益的生活秩序，代替目前这样一种状况：每个人只为自己而活，不关心邻居出了什么事。

《哈里真》，1942 年 2 月 22 日，第 49 页

对于当前财富的所有者而言，他们不得不做出选择：参于阶级斗争，还是自愿转变为财产的受托人。可以保留他们的财产管理者身份，并使用他们的才干在没有剥削的情况下增长财富，这是为了民族的利益而不是自己的利益。

国家将调整佣金比率，使富人得到的报酬与他们提供的服务及这些服务的社会价值相匹配。他们的孩子可以继承管理权，但他们必须证明自己合适。

假如明天印度成为一个自由的国家，那么所有的资本家就有机会成为一名法定受托人。但这样一部法令不会是自上而下强加的，它必须来自下层。

如果人民明白了托管制的含义，并且托管制的舆论氛围已经成

熟，人民就会从格拉姆潘查雅特开始引入这种法令。产生于下层的事物容易让人接受，如果来自上层，将很快证明这是一个沉重的负担。

《哈里真》，1946 年 3 月 31 日，第 63—64 页

如果托管制的观念传播开来，那么慈善事业——正如我们知道的那样——将会消失……一个受托人除了公众之外，没有继承人。在一个以非暴力为基础的国家，受托人的佣金将会受到限制，王公、地主和其他有钱人的佣金标准相同。

《哈里真》，1942 年 4 月 12 日，第 116 页

托管制的原理坚持它自身的优点……

我们不要轻视有产阶级的经商才能和实践知识，这是他们通过一代又一代人的经历和专业化获得的。在我的计划中，它们的自由运用会增加人民的利益。只要我们还没有掌握权力，思想转变就是我们必要的武器。但是在我们获取权力之后，思想转变就是我们可选择的武器。思想转变必须先于立法。没有思想转变，立法不过是形同虚设。我举个例子来说明，今天我们有权力强制执行卫生准则，但我们什么也不能做，因为公众还没有准备好。

"你说思想转变必须先于改革，是指谁的思想转变？如果你指的是人民的思想转变，他们甚至今天就已经准备好了。如果你指的是有产阶级，我们也许不知道要等到什么时候。"

我的意思是双方的思想转变……

你看，如果有产阶级不是自愿地接受托管制，那么他们的思想转变必定来自公众舆论的压力。然而，这种公众舆论目前还没有充分形成。

"你所说的权力是什么意思？"

我说的权力是指人民具有的投票权——有着如此广泛的基础，以至于多数人的意志能够产生作用。

"群众真的能够通过议会活动掌权吗？"

不要单靠议会的活动。我的依靠最终要放在非暴力不合作的力量上，在过去的二十二年里，我一直在竭力推进它。

《迈向新的地平线》，1959 年，第 90—91 页

甘地和他的伙伴从阿加·汗宫 [1] 的监禁中被释放不久，他们就开始讨论托管制的问题。马苏鲁瓦拉先生和巴立克先生起草了一份简单的托管制实施纲领。这份纲领被递交给圣雄甘地，他做了一些改动。最终的草案如下。

◇托管制提供了一种方法，把当前资本主义社会秩序转变为一种人人平等的社会秩序。它绝不容忍资本主义，但给予当前的有产阶级一个改过自新的机会。它建立在这样一种信念基础之上：人类的本性

---

[1] 阿加·汗宫（Aga Khan Palace），位于印度浦那。1942 年 8 月，甘地领导的国大党发起要求英国人"退出印度"的非暴力运动，不久国大党领导人被捕，甘地等人被监禁于阿加·汗宫两年时间。就是在这里，甘地的秘书及其夫人在监禁过程中相继去世。

绝不是不可拯救的。

◇ 它不承认任何私有财产权，除非是为了社会自身的福利而被整个社会允许。

◇ 它不排除使用立法的方式管制所有权及对财富的使用。

◇ 在受国家调节的托管制度下，个人不能自由地持有或使用他的财富满足他的私欲，或者罔顾社会的利益。

◇ 正如有人提议规定一个可接受的最低生活工资，也有人提出要规定适用于社会中所有人的最高收入限制。最低收入和最高收入之间的差距必须是合理、公平的，并且能够与时俱进，以逐渐消除差距。

◇ 在甘地经济秩序之下，产品的品质将由社会需求决定，而不取决于个人的一时兴起或贪婪。

《哈里真》，1952 年 10 月 25 日，第 301 页

"当人们运用托管制将私人财产转变为公共财产之后，财产的所有权是属于国家这个暴力工具，还是属于村社、市镇这种具有自愿性质的、最终权威来自国家法律的联合体呢？"

这个问题体现出一些思想的混乱。合法的所有权在财产转移的情况下属于受托人，而不属于国家。托管制学说要发挥的作用是避免私人财产被没收充公，它根据原财产所有者的自身能力而保留他的财产，以便为社会谋利。我也不认为国家必然是以暴力为基础的。在理论上，或许是这样，但我们还是设想一个在实践中很大程度上以非暴力为基础的国家。

"一个受托人的继承者是怎样确定的？他是否只有提名的权利，

而最终决定权属于国家？"

选择权应授予原来的财产所有者，他成为第一位受托人，但最终必须由国家决定。这样的安排对国家和个人都具有监督作用。

这并不意味着，由于必要的法律仍悬而未决，因此把资本家转变为受托人这个事情交由资本家本人的美好意愿。如果事实证明，对他们诉诸理性是毫无效果的，那么非暴力不合作的武器就要开始发挥作用。诸多情况将推动改革，除非他们想遭受彻底的毁灭。如果潘查雅特被建立，公众舆论就可以做到暴力绝对做不到的事情。

《迈向新的地平线》，1957年，第86—87页

45. 工业主义的罪恶

随着竞争及市场销售问题的出现，大范围的工业化必然导致农民受到有意识或无意识的剥削。所以，我们必须把注意力放在保持乡村独立自足的物品制造上。如果乡村产业独立自足的特征得到保留，就不会有人反对村民使用他们能够制造或买得起的现代机器及工具。只是不能把它们当作一种剥削他人的工具使用。

《哈里真》，1936年8月29日，第226页

毫无疑问，当前的悲惨状况是令人无法忍受的。必须消除贫穷，但是工业化不是良方。罪恶不在于对牛车的使用，而在于我们的自

私，以及对邻居缺乏关心。如果我们不爱自己的邻居，任何变革——不管它多具有革命性，都不能给我们带来任何好处……

确实，西方已经产生了过度的工业主义和剥削……事实上，这种工业文明是一种疾病，因为它是全然罪恶的。但愿我们不要被口号和习语欺骗。我对轮船和电报没有怨言。如果没有工业主义及其所有衍生品的支撑，轮船和电报还能够存在，那就让它们保留下来。它们不是目的……对于人类的永恒福祉来说，它们绝不是必不可少的。现在我们懂得了蒸汽和电的使用，在适当的情况下，并且在我们学会摒弃工业主义之后，我们应该好好使用它们。因此，我们关心的问题是不惜一切代价摒弃工业主义。

《青年印度》，1926 年 10 月 7 日，第 348 页

"当前秩序混乱的原因是什么？"

是剥削。我不想把它说成是强国对弱国的剥削，而是姐妹国家之间的剥削。我对机器的坚决抵制基于这样的事实：正是机器使这些国家能够剥削其他国家。就其本身而言，机器是一个没有生命的东西，能用于为善或者作恶，但正如我们所知的，它很容易用于罪恶的目的。

《青年印度》，1931 年 10 月 22 日，第 318 页

我担心工业主义会成为人类的一个祸害。一个国家不会一直被另一个国家剥削。工业主义完全依赖你的剥削能力，依赖向你开放的外

国市场，依赖于市场垄断。正是由于在英国这些因素越来越少，因此失业的人数正日益增加。印度的抵制对英国来说，只是一点小麻烦而已。如果英国的状况是这样，那么印度这样辽阔的国家是不可能期待从工业化中得到好处的。事实上，当印度开始剥削其他国家时——如果实现工业化，它就一定会这么做——它就会成为其他国家的灾祸，以及世界的威胁。为什么我认为正处于工业化的印度会剥削其他国家？难道你没看到悲惨的情况吗？我们能为三亿没有工作的人找到工作，但英国却不能为它的三百万失业者找到工作，他们面临着一个英国最优秀的知识分子也束手无策的问题。工业主义的未来是黑暗的。英国在美国、日本、法国、德国遇到了有力的竞争对手。印度少数工厂也成为它的竞争者，印度人民正在觉醒。南非人民也即将觉醒，他们有着更丰富的资源——自然资源、矿产资源和人力资源。在强悍有力的非洲种族面前，趾高气扬的英国人看上去十分矮小。在未来几年里，西方国家也许在非洲再也找不到可以倾销他们货品的地方。如果对于西方国家来说，工业主义的未来是暗淡的，那么对于印度来说，它不是更黑暗吗？

《青年印度》，1931 年 11 月 12 日，第 355 页

潘迪特·尼赫鲁想要工业化，因为他觉得如果它被社会主义化，就能避免资本主义的罪恶。我的观点是，这些罪恶是工业主义内在固有的，再多的社会主义化也无法根除它们。

《哈里真》，1940 年 9 月 29 日，第 299 页

但愿印度不要效仿西方实行工业主义。一个小小的岛国（英国）的经济帝国主义，今天正在把这个世界囚禁起来。如果一个有着三亿人口的大国，实行同样的经济剥削，它会像蝗虫一样把全世界吃个精光。

《哈里真》，1928 年 12 月 20 日，第 422 页

46. 机器的地位

机器有它的地位，它已经扎下根来，但我们绝不允许它取代必要的体力劳动。一把经过改良的犁是个好东西。但如果由于某种原因，一个人使用他的机械发明就能耕犁印度的所有土地，并且控制所有的农产品，而且假如千百万民众没有其他工作，在这种情况下他们就会挨饿，变得懒惰，成为愚笨的人，正如许多人已经成为的那样。这样的危险时刻存在着，很多人沦落为这种不光彩的境况。我欢迎农用机器的每一项改进，但我知道，通过引进动力驱动纺锤取代手工劳动相当于犯罪，除非有人愿意为无数的农民提供一些能够在家里从事的其他工作。

《青年印度》，1925 年 11 月 5 日，第 377 页

机器的使用如果能符合所有人的利益，它就是合法的。

《青年印度》，1926 年 4 月 15 日，第 142 页

如果使用机器能够消除印度的贫穷及机器带来的懒惰，那么我支持使用最精密的机器。我曾经提出把手摇纺纱当作唯一能够摆脱贫困、消灭饥荒及防止财富不均的方法。手工纺车本身就是有价值的机器，并且我已经尽力用自己简陋的方法改进它，使它符合印度的特殊情况。

《青年印度》，1921 年 1 月 3 日，第 350 页

"你是否反对所有机器？"

我的回答显然是"不"，但我反对机器的无限制增加。我不会被机器表面的胜利所迷惑，我毫不妥协地抵制所有破坏性机器。但是，我欢迎那些简单的工具和器械，以及能节省个人劳力、减轻数百万农民负担的机器。

《青年印度》，1926 年 6 月 17 日，第 218 页

我反对的不是机器本身，而是对机器的狂热着迷，对他们称之为节省劳力的机器的狂热着迷。人们持续不断地"节省劳力"，直到成千上万的人没有了工作，被抛弃而流落街头，忍饥挨饿至死。我想节省时间与劳力，但不是为了一部分人，而是为了所有人；我想要财富

的集中，但不是集中在少数人手里，而是集中在所有人手中。今天，机器仅仅帮助少数人凌驾于千百万大众之上。它背后的驱动力不是节省劳力的慈善，而是贪婪。正是为了抵制这些东西，我才竭尽全力与之斗争。

"那么，你不是与机器本身斗争，而是与如今随处可见的机器滥用斗争。"

我会毫不犹豫地说："是的！"但是，我想加一句，科学真理和科学发现首先不要成为贪欲的工具。这样劳动者就不会超负荷工作，机器就不会成为一种障碍，而是一个帮手。我的目标不是摒弃所有的机器，而是对它们进行限制。

"通过合乎逻辑的推论，看起来你好像是暗示所有复杂的动力驱动机器都应该摒弃。"

它们也许不得不消失，但我必须澄清一件事情。人是最高的关怀。机器的使用不应使人的四肢趋于萎缩衰退。我来举几个反例。让我们看看辛格缝纫机的案例。它是迄今少数几个有用的发明之一，并且关于它的发明，还有一个浪漫的故事。辛格看到他的妻子费劲地用她的双手做枯燥乏味的缝补工作，纯粹出于对妻子的爱，他发明了缝纫机以减少她不必要的辛劳。然而，这不仅节省了妻子的劳动，也节省了那些能购买缝纫机的每个人的劳动。

"但在那样的情况下，就不得不有一个工厂来制造这些辛格缝纫机，它不得不拥有普通类型的动力驱动机器。"

"是的，然而作为一个社会主义者，这种工厂应该被国有化，或者由国家控制。它们只能在最具吸引力及最理想的条件下运作，不是为了利润，而是为了人类的利益，以爱取代贪婪成为生产的动力。这就是我想对劳动条件进行的一种改造。这种对财富的疯狂追求必须停止，并且工人必须得到保障，不仅保障基本生活工资，还要保证他们的日常工作任务不只是做苦工。在这些条件下，机器将有助于使用者，也有助于国家或拥有机器的人。停止当前疯狂的财富追求，让工人在有吸引力及理想的条件下工作（正如我已经说过的）。这是我想到的唯一（可以使用动力机器）的例外情况。缝纫机的背后有爱的支持，因此应该把减轻人的辛劳作为机器的目标，把最诚实的人道主义关怀，而不是贪婪，作为机器生产的动力。用爱取代贪婪，一切将会好起来。

《青年印度》，1924 年 11 月 13 日，第 378 页

"在我看来，你是在反对这个机器时代。"

你这样说是在歪曲我的观点。我并不反对机器本身，但是当机器主宰我们的时候，我会彻底地与之对抗。

"难道你不愿意让印度工业化吗？"

在我理解的工业化含义上，我的确愿意。必须复兴乡村社区。印度乡村过去为许多城镇及城市生产农作物，满足它们所有的需求。当我们的城市变成外国的市场，向农村倾销廉价而劣质的国外产品时，城市把农村榨干了，印度变得一穷二白。

"那么，你想回归自然经济吗？"

是的，否则我应该回到城市。我完全胜任管理一个大企业的工作。我丢掉了这个野心，这不算一种牺牲，而是因为我心里抵制它。抵制的原因在于，我不应当参与日复一日的对国家的掠夺。但是，我

正在以一种不同的方式使乡村工业化。

《哈里真》，1937 年 2 月 27 日，第 18 页

即使我们承认，机器目前能够满足人类的全部需要，但它仍然会把生产集中在某个特定区域，所以你不得不寻找一种调节产品流通的方法。然而如果生产和流通都在需要产品的地区，就会实现自动调节，并且减少了欺骗的机会了，也没有了投机买卖的机会。

如果生产和消费都变得地方化，那种不顾代价、胡乱加速生产的诱惑就会消失。那时，我们现有经济体系体现出的这些无穷无尽的困难和问题，也将迎刃而解。

"那么，你并没有把批量生产设想为印度的理想未来？"

噢，我会的。当然，不是建立在暴力基础上的批量生产。毕竟，手摇纺车给我们的启示就是这样。手工纺织是批量生产，不过是在人们自己的家里进行的批量生产。如果你把个人的生产量增加数百万倍，它不就成了规模巨大的批量生产吗？但我非常明白你的"批量生产"是一个技术用语，是指以尽可能少的人力，通过高度复杂的机器帮助生产。我对自己说，这样做是错的。我的机器在形态上必定是最简易的，以便我可以把它们引入平民百姓家里。

《哈里真》，1934 年 11 月 2 日，第 301—302 页

我明白，人无法离开工业而生活。因此，我不反对工业化，但我非常担忧引入机器工业。机器的生产太快，并且带来一种我无法掌控

的经济体系。如果一种事物产生的恶果超过它带来的益处，我就不想接受它。我希望我们土地上的人民能够健康快乐，并且希望他们在精神上得到成长。正是为了这个目的，我们不需要机器。现在有太多游手好闲的人。但是，随着我们理解能力的增长，如果我们觉得需要机器，当然会拥有。我们需要的是勤奋，让我们变得勤奋刻苦。愿我们更多地依靠自己，这样就不会如此依靠别人的指引。当我们需要机器的时候，应当引进它们。一旦我们依据阿希姆萨塑造了我们的生活方式，就会懂得该怎样控制机器。

《迈向新的地平线》，1959年，第45—46页

47. 土布与手工纺纱

土布意味着这个国家中所有人经济自由与平等的开始……人们必须接受它的全部含义。它意味着广泛的司瓦德西精神，也就是在印度国内，通过村民的劳动与才智解决所有生活必需品问题……后者（村庄）很大程度上可以做到自主，并且自愿地为印度的城市提供服务，甚至在双方互利的条件下为国外提供服务。

这就需要民众在精神与体验上做一次革命性改变。尽管非暴力方法在许多方面容易实施，但在其他领域却非常困难。它极大地影响着每个印度人的生活，他们因拥有这种内在于自身的力量而感到兴奋不已，并为自己成为印度一分子的身份认同而感到自豪。

对我来说，土布象征着印度人的团结，象征着经济自由与平等，

以及最后在贾瓦哈拉尔·尼赫鲁的诗歌中表达的——"印度自由的服装"。

此外，土布精神意味着生活必需品的生产与分配的分权化。因此，我们制定法规要求每个村庄都生产自己的必需品，另外，还要提供一定比例的城市需求的物品。

《建设纲领》，1961 年，第 12—13 页

纺车摇轮的寓意远比它的循环圈宽广得多。它的寓意是，一个朴素的人，活着就是为人类服务，而不是伤害他人。他可成为富人与穷人之间、资本家与劳工之间、王公与农夫之间一个永不分离的纽带。

《青年印度》，1925 年 9 月 17 日，第 321 页

在我看来，手工纺纱是最适当的、最能被人们接受的神圣体力劳动。我想象不出比它更高贵或更爱国的行动。我们每天都应花一个小时做这项穷人必须做的工作，因此我们把自己与他们连为一体，并且通过他们将自己与全人类视为一体。我应当为穷苦民众而劳作，正如他们一样。纺车摇轮意味着世界财富的公平分配。

《青年印度》，1921 年 10 月 20 日，第 329 页

我深信手工纺纱与手工织布的复兴，会为印度经济与道德重建做出巨大的贡献。必须有一种简单的手工作业作为平民百姓农业劳作的

补充。手工纺纱多年前就是家庭手工业，如果我们要拯救数百万贫民于饥饿之中，就必须把手工纺纱再次带回他们的家庭，并且让每个村庄重新培养自己的织布工人。

《青年印度》，1920 年 7 月 21 日，第 4 页

如果读者想了解印度穷人的生活图景，他一定要想到百分之八十的印度人口在自己的田地里劳作，并且他们实际上一年之中至少有四个月是没有工作的，因此他们生活在饥饿的边缘。这是正常的状态。不断重复出现的饥荒也大大增加了这种被迫接受的闲散。这些男人与女人能够在他们的村舍中做些什么容易的工作，以补充微薄的生活资源？这种工作无疑只能是手工纺纱，对此还有谁提出疑问呢？

《青年印度》，1921 年 11 月 3 日，第 350—351 页

乡村家庭生产纱线与布料肯定是很划算的，正如在家做饭比酒店餐饮便宜一样。超过二点五亿的印度人口将来可以自行手工纺纱，并且在邻近地区用机器把这些纱线织成布料。

这部分人口现在被局限在土地上，一年中至少有四个月是空闲无事的。

如果他们在这段空闲时间里纺纱，把纱线织成布并穿在身上，这样生产出来的衣服将是他们可能得到的最廉价的衣服，没有任何工厂

生产的衣服能够与他们的土布竞争。

《青年印度》，1921 年 12 月 8 日，第 405 页

关于手工纺纱，我要声明：

◇它是为那些有空闲时间，并且想赚取几个铜板的人提供的工作。

◇它被成千上万的民众熟知。

◇它很容易学会。

◇它几乎不需要费用。

◇纺车摇轮的制作很简单，也很便宜。大多数人现在可能还不知道手摇纺纱甚至可以用一片瓦和碎片就可以制成。

◇人们对它并不反感。

◇它在饥荒及物资缺乏的时候，可以给予直接的救济。

◇唯有它能够使印度节省购买外国布料产生的费用。

◇它自动地为数百万民众分配必需品，并因此拯救那些需要救济的穷人。

◇即使它获得最小的成就，对于民众来说也意味着非常大的直接收益。

◇它是保证民众之间相互合作的最有力手段。

《青年印度》，1924 年 8 月 21 日，第 277 页

民众的疾苦在于他们需要工作而不仅是金钱。劳动就是金钱。谁

给普罗大众提供有尊严的、能在他们村舍中进行的工作，就是在提供食物与衣服，或者同样的东西——金钱。印度手纺车能提供这样的工作。因此，在找到更好的替代品之前，肯定要继续下去。

《青年印度》，1925 年 6 月 18 日，第 211 页

懒惰是所有罪恶的重要诱因及根源，如果能够消除这个根源，那么大多数罪恶也很容易得到纠正。一个忍饥挨饿的民族是没有希望和动力的，疾病与污秽对它来说已经无关紧要，它会对所有的改革者说："这有什么用呢？"对于普罗大众来说，要想把这种绝望转变为希望，只有能够赋予生命的摇轮手纺车能做到。

《青年印度》，1925 年 8 月 27 日，第 299 页

手工纺纱试图在一无所有中生产出某些东西。如果我们通过手工纺纱业给这个民族节省六亿卢比——这是我们肯定能做到的，那么就大大增加了国民收入总量。在这个过程中，我们自然就把村庄组织起来了。由于几乎所有的村子都分布在最贫穷地区，因此手工纺纱可实现一个分配方案，对这些财富进行公正、平等的分配。加上这种财富公平分配带来的巨大道德价值，这个手纺车分配方案令人难以抗拒。

《青年印度》，1927 年 2 月 17 日，第 52 页

确实，在某些地方，我们发现织布工因他们的职业而被划入不可

接触者阶层。他们大多数人从事的是最粗糙的、没有任何图案的土布纺织工作。当土布获得重生并且产生了对初级产品的需求后，这个阶层就开始迅速消失。到那个时候，我们发现很多哈里真家庭也开始以手工纺纱来谋生了。因此，土布无疑是穷人家庭的生活支柱。它为穷人提供了帮助，包括哈里真这些最无助的穷苦人家。哈里真之所以这样，是因为他们无法获得其他人能够得到的工作。

《哈里真》，1934 年 4 月 27 日，第 85 页

手工纺纱会使数千万民众被组织起来，形成共同协作的力量，它保存并利用民众的能量，促使民众为祖国服务并奉献自己的生命。这个如此巨大的任务的实施，促使我们挖掘自己的能力。它要求我们彻底掌控这个目标的细节，以及它提出的无数难题。例如，学会计算每一分金钱，学会在乡村中的卫生与健康条件下生活，学会排除道路上的困难，等等。除非我们学会所有这些，否则就不能完成这个任务。手工纺纱因此为我们提供了培养这些能力的一种方法。

《青年印度》，1926 年 5 月 27 日，第 190 页

对于广大民众来说，只有手工纺纱才是普遍适用的产业。这并不意味着其他产业不重要或没有用。确实，从个人利益的立场来看，其他任何产业都比它更具有营利性，更具有吸引力。手表制造业无疑是一个最具营利性、最具吸引力的产业，但是有多少人能够从事这个产业呢？它对数以百万计的村民又有什么益处呢？然而，如果村民能够

重建他们的家庭手工纺纱，像他们的祖先那样开始生活，如果他们开始好好利用赋闲时间，那么所有其他的东西、所有其他的产业都将自然而然地得到复兴。

《青年印度》，1926 年 9 月 30 日，第 341 页

如果没有一大群无私的、充满智慧与爱国精神的印度人，齐心协力地在乡村普及手纺车的意义，并且给村民的绝望眼神带来一线希望与光芒，那么（手纺车的）复兴是不可能实现的。这是一项针对合作及正确形式的成人教育的有力举措。它带来一场静悄悄的、稳定持续的革命，就像手纺车那样悄悄地、持续地为给予生命而旋转。

二十年手纺车工作经历使我确信我提出的这个主张的正确性。手纺车以几乎平等的方式，为贫苦的穆斯林及印度教徒供给生活所需。已经有接近五亿卢比不知不觉地装进了数十万乡村技工的口袋。

因此我毫不犹豫地说，手纺车一定会带领我们实现不同信仰民众的司瓦拉吉（自治）。手纺车恢复了乡村应有的地位，并消除了高贵与低贱的区分。

《哈里真》，1940 年 4 月 13 日，第 85 页

手摇纺车不是商业战争的象征，而是商业和平的象征。它并不传播针对世界各国的恶意信息，而是传播善意与自助。它并不需要威胁世界和平并剥夺它资源的海军提供保护，它需要广大民众虔诚地决定在自己的家里纺织纱线，就像今天他们在家里烹饪食物一样。我也许

会因疏忽与过失造成许多错误而被子孙后代咒骂，但是我确信，主张复兴手纺车能够给他们带来祝福。我把我所有的一切都倾注于此。因为，手纺车摇轮的每一次旋转，都在编织和平、善意和爱。

《青年印度》，1921 年 2 月 8 日，第 406 页

我的主张是，（通过复兴土布及其他乡村产业）我们将获得迅速发展，进而通过秉持一种朴素的、以家庭为重的理念重构民族生活，并使其深入人心。这样我们就不会被拖进这样一个帝国主义之中，它以剥夺弱势种族为基础，接受炫目的物质主义文明并受到海军和空军的保护，使和平生活变得几乎不可能。相反，我们应当使这种帝国主义变得更高尚，使之成为各民族的一个联合体，如果它们愿意的话。这种联合的目的是尽最大努力保护世界上的弱小民族或种族，但不是通过暴力而是通过自我承受苦难……这样的转变只有在手工纺纱运动彻底成功之后才可能出现。当印度的两大需求——衣食——实现自给自足之后，她就会成为抵制诱惑和外部侵略的榜样，这时印度就可以进行这种信念的传播了。

《青年印度》，1921 年 6 月 29 日，第 206 页

一旦我们复兴这种产业（土布），所有其他产业也会随之复兴。我把手摇纺车当作一种健康的乡村生活得以建立的基础。当我把纺车

摇轮作为中心旋转时，所有其他活动也将跟着旋转。

《青年印度》，1925 年 5 月 21 日，第 177 页

我的经历告诉我，为了使土布在乡村与城市得到普遍使用，它只能通过与纱线进行交换获取。随着时间的流逝，我希望人们坚持使用纱线"货币"购买土布。但是如果这种情况没有出现，并且他们很不情愿生产纱线，那么我担心，通过非暴力实现司瓦拉吉（自治）将是不可能的事情。

《通过手纺车的司瓦拉吉》，1945 年，第 5 页

手纺车是自给自足的非暴力经济的象征。如果我们和民众都明白手纺车的这一意义，就不需要花费任何金钱为手纺车进行宣传。我们也不需要寻求富人的施舍。我们将毫不费力地成为人们希望的中心，他们将主动来到我们面前，而不会去其他地方寻找工作。

每个村庄将成为独立印度的枢纽。印度将不再因其大城市（例如孟买和加尔各答）而为人所知，反而以她七十万村庄的四亿村民而闻名。印度教徒与穆斯林的差异、不可接触制度、冲突、误解及敌对等问题将全部消失。这就是协会①的真正功能所在，我们必须与它生死

---

① 指全印纺织工人协会。——原注

与共。

《土布——为什么与怎么样》，1959 年，第 150 页

现在我觉得单靠土布是无法使村庄复兴的。只有当我们把乡村生活作为一个整体，恢复它的活力，复兴所有的乡村产业并使整个村子的人都勤劳刻苦，村庄的复兴才可能实现。

《土布——为什么与怎么样》，1959 年，第 181 页

我们提倡土布的原因在于，它是唯一能够把人们从惰性与冷漠的弊病中拯救出来的方法，也是唯一使他们心中产生追求自由力量的方法。如果其他手工艺也能因此获得新生，那么我们的村庄将实现自给自足。

《土布——为什么与怎么样》，1959 年，第 185 页

我们首先需要证明土布对建立一个强大的非暴力乡村经济的必要性。

《土布——为什么与怎么样》，1959 年，第 189 页

如果三亿多人的衣服的价值，是由人们在村子里通过自己的双手创造的，那么我们要思考并认识这对于印度来说意味着什么样的财

富。对于他们来说，这是一个真正的金币制造厂，并且如果土布得到普遍的使用，那么乡村的地位就会上升到前所未有的高度。今天，我们的民众非常贫苦，他们的眼中没有了希望或智慧的光芒。纺织工人的纯洁双手可以为他们创造这个奇迹，并且每个人都可以提供帮助。他们必须具备善于理解的心灵及敏锐的眼睛，去发现手织棉布的美，即便它很粗糙，并且不如工厂制造的、永远无法被穷人穿上遮羞的华丽服装有吸引力。对于他们来说，唯一能够遮羞并消除饥饿的方法，就是种植自己的粮食，制作自己的衣服。如果这种幸福的愿望能够实现，那么全世界将对印度刮目相看。

《哈里真》，1946 年 9 月 22 日，第 322 页

48. 乡村产业

我现在还没有历史证据，但是我相信印度乡村有过这样一段时间，即乡村经济是在这些非暴力职业的基础上组织起来的，不是以人的权利而是以人的责任为基础。那些投身这些职业的人确实是为自己谋取生计，但他们的劳动为社区的利益做出了贡献。例如，一个木匠可以帮助一个乡村农夫，他没有得到现金报酬，而是得到村民的物品作为回报。即使在这样的体系中也可能存在不公平，但可以被减至最小。我是根据六十多年前在卡提亚华①生活的个人知识说这些话的。

---

① 卡提亚华（Kathiawad），甘地的故乡，他在自传中把它描写为"印度西端的一个小小半岛"。

与你们现在看到的情况相比，那时人们的眼中有着更多的光彩，他们的四肢更有活力，这是一种建立在无意识的阿希姆萨基础上的活力。

《哈里真》，1940年9月1日，第271—272页

渐渐地，乡村民众被局限在土地上，只能从事勉强糊口的劳作。今天很少有人知道，在印度租赁一小块不规则的土地进行农业生产并不赚钱。村民过着毫无生气的生活，他们的生活就是一个漫长挨饿的过程，他们负债累累……

当人手不够以至于要做的工作无法完成时，机械化是有益的。当需要工作的人超过工作所需的人数时，机械化就是不利的，就像印度的情况……

但是如果说布料的工厂生产取代了乡村手工生产，那么大米磨坊及面粉工厂不仅取代了千万个贫穷妇女工人，还在贸易的过程中损害了人们的健康。对于不禁止肉食并且能买得起的地方来说，吃增白面粉及抛光大米或许不会有害。但是在印度，广大民众没有肉可吃，即便他们不禁止吃肉食，这时剥夺他们在麦粒及未抛光大米中的关键营养成分——如果他们能够得到的话——就是一种罪过了。医生及其他人现在是时候联合起来，教导人们食用增白面粉及抛光大米的危害……

给村民带来工作机会不是通过机械化，而是通过复兴他们至今仍在从事的产业。

因此在我看来，全印度乡村产业协会的职能必须是鼓励现有产业，并且根据村庄的特点复兴那些有潜力的、值得保留的、快要消失

或已经消失的乡村产业，也就是村民在自己村舍中从事的工作，就像他们自古以来一直在做的那样。这些简单的方法在手工轧棉、手工梳理棉花、手工纺纱及手工织布过程中的运用将得到进一步的改进。

《哈里真》，1934 年 11 月 16 日，第 316 页

我们必须明白，村民先要自给自足，之后才能满足城市居民的需要。

《哈里真》，1934 年 12 月 7 日，第 341 页

我并不要求城市居民去乡村生活，但我确实要求他们回报村民他们应得的东西。城市居民所得的自然资源哪一样不是从村民那里获取的呢？如若不然，为什么不教导他自己去生产，正如他以前可以做到并且现在也可以做到的那样？

《哈里真》，1934 年 12 月 7 日，第 340 页

村民非自愿及自愿的闲散使他们成为国内外剥削者永久的剥削对象。无论这个剥削者来自国外还是印度城市，村民的状况都是一样的，他们都会失去司瓦拉吉（自治）。所以我对自己说："要让这些人做些别的事情。如果他们对土布不感兴趣，就让他们从事一些他们祖先过去常做而后来逐渐消失的工作。"就在几年前，还有无数种日常用品是由他们自己生产的，但是现在他们都依赖另一个世界供给。还

352

有城镇居民使用的大量日用品，过去是村民提供的，现在则要从大城市引进。一旦村民决定把他们所有的闲散时间用于做一些有用的事情，并且城镇居民也决定使用这些乡村产品，村民与城镇居民之间中断的联系将恢复。

《哈里真》，1934 年 12 月 7 日，第 340 页

土布是乡村"太阳系"中的"各颗行星"，就是各种能够使土布获得"热量"和生计作为回报的产业。没有土布，其他产业就没办法发展。但是，我在上次旅行的过程中发现，没有其他产业的复兴，土布也无法得到进一步发展。为了使村民能够利用闲散时间获取利益，乡村生活必须在各方面复兴。

《哈里真》，1934 年 11 月 16 日，第 317 页

其他乡村产业是土布的补充。没有土布，它们就无法生存；没有它们，土布也会失去光彩。没有这些基本的乡村产业，乡村经济不可能是完整的，例如手工磨坊、手工碾米、肥皂制造、造纸、火柴制作、皮革制造、榨油等。国大党人要关注这些产业，并且如果他们本身是村民或者愿意在村子里住下来，将会带给这些产业新的生命及新的风貌。无论什么时候、什么地方，所有人都应该尽可能使用乡村产品，并把它当作一种荣誉。有了这样的要求，我们需要的大多数东西无疑都可以由村庄供应。在我们具备乡村意识之后，就不再想要西方的仿造品或机器制造的产品，反而会在一个没有贫穷、饥饿与懒惰的新兴

印度的愿景中，形成一种真正的民族品位。

《建设纲领》，1961 年，第 16—17 页

乡村产业的复兴是土布运动成就的一个延伸。手工纺织的衣服、手工造纸、人工碾米、自制面包与果酱，这些在西方是不常见的。它们在西方的重要性不如在印度重要性的百分之一。因为对于村民来说，它们的复兴意味着生命，它们的摧毁意味着死亡，正如跟随我们从事这些工作的人将看到的那样。无论这个机器时代变成什么样子，它永远不会为广大村民提供工作，他们必然被引进的动力机器取代。

《哈里真》，1935 年 1 月 4 日，第 372 页

对手摇纺纱的追求必然成为其他各种活动的主要推动力，例如乡村产业、奈塔利姆[①] 等。如果我们能够明智地使用手纺车，就能再次复兴整个乡村经济生活。

《土布——为什么与怎么样》，1959 年，第 151 页

我把手纺车当作乡村腾飞的核心。此外，我们的工作人员必须弄清楚其他哪些乡村工艺能够在村子里取得成功。在这些工艺中，按顺序排在第一位的将是小公牛榨油。我们的工人必须懂得该技术，这种

[①] 奈塔利姆（Nai Talim），字面含义是新式教育，即基础教育，以所有人的发展为目标，包括手工技艺等方面的教育。——原注

技术在玛干瓦蒂（Maganwadi）已经得到科学改良。另一个需要介绍的产业是手工造纸。不要抱着为整个国家提供纸张的想法学习这种技术，而是为了使村庄自给自足并有能力赚取一点经济收入。

在榨油及手工造纸之后，我们要复兴人工碾石——每个村庄都拥有的一个重要工具。否则，磨粉工厂会成为我们的命运主宰，它已经成为我多年忧虑的根源。大米也是一样，我们必须让村民用手工来舂大米，用人工碾石来去除谷壳。这是因为一个充分确定的事实：工厂生产出来的抛光大米对健康是有害的。

《土布——为什么与怎么样》，1959 年，第 161—162 页

现在我们必须为乡村的全方位腾飞再次努力工作。看一看我们能够走多远，即使我们当前的行动非常缓慢，或者有时候因为某些变化而使行动变为零，这都没关系。我们已经在民众中间建立起对土布的好感。但是，如果我们向民众讲述的土布意义中存在一些错误，就必须停下来。如果我们的主张是错误的，就必须公开宣布我们的错误并收回我们的主张。

我将要求城市居民为自己制造土布。我会放弃为他们提供土布的想法。我们必须去乡村并住下来。如果有工作人员因为这一变化而要离开我们，那就让他们离开好了。除非我们信念的转变能够达到这种程度，否则不会取得期望的成功。我们全印纺织协会只是制定政策，通过把我们的工作尽可能分权化，就可以使自己从日复一日的土布工作中完全解放出来。这样我们就可以把精力及注意力集中在其他活动上，或者集中在我们所住村子邻近地区乡村工艺的实施上。只有在这

个时候，我们工作的实质性内容才能真正得到落实……今天我们应该
关心的主要问题是为我们的工作奠定尽可能坚实的基础。

《土布——为什么与怎么样》，1959 年，第 177 页

　　我正在考虑通过恢复农业、畜牧业等乡村产业，使其成为改善人
们生活条件的各种方法与手段。如果我能够在六个村子获得成功，那
么我的问题就会得到解决，因为如果在部分区域获得成功，那么在所
有区域都会成功。

《土布——为什么与怎么样》，1959 年，第 181 页

第八节 劳动关系

49. 理想的劳动关系

真正的社会经济学教导我们，工人、职员与雇主是一个不可分割的有机体的组成部分。没有人比其他人更弱小或更强大。他们的利益不应当是冲突的，而应是一致的，并且是互相依赖的……

和其他商业企业一样，工厂主应当像父母一样关心他们雇员的福利，对于这样一种做法人们不可能有异议。雇主与雇员之间的关系直到现在都仅仅是主仆关系，他们本应该是父子关系。

《青年印度》，1928 年 5 月 3 日，第 139 页

我不认为资本与劳工之间存在任何必然的冲突，他们是互相依赖的。

《青年印度》，1927 年 8 月 4 日，第 248 页

在西方，雇主与雇员之间仍然存在一种严格的界线……如果我不把我认可的最高理想呈现在你们面前，就是对自己不诚实，并且没有履行对你们的责任。工厂主与工人之间的关系应当是父子关系，或者兄弟之间的关系。我常常听到艾哈迈达巴德的工厂主把自己称为"主人"，把工人称为"仆人"。在艾哈迈达巴德这个以热爱宗教及阿希姆萨而自豪的地方，这种放纵的言论是不合适的。因为这种态度是对阿希姆萨的否定，并且我们的理想要求我们所有的力量、财富及智慧，都应当用于为那些由于自身的无知及我们的错误观念被称为劳动者或"仆人"的人谋取福利。因此，我对你们的希望是，把自己所有的财富看作委托物，专门为那些为你工作的人谋利益，正是他们的辛勤劳动使你们获得所有的地位与荣誉。我希望你们把工人看作你们财富的合伙人。我并不是暗示，除非你们通过法律强迫自己做所有这些事情，否则工人就会起义。关于这种关系的原则，我唯一能够想到的就是相互爱护，正如父子关系一样，而不是靠法律。只有当你们把遵守相互爱护的义务当成一个准则，工人们才会觉得没有必要组织工会……但是，只要还有一个工人没有把他所在的工厂看作自己的，只要他仍然抱怨辛苦或者工作太多，并因此心里充满对工厂主的憎恶，这样的相互爱护就不会实现。

《青年印度》，1928 年 5 月 10 日，第 145—146 页

工人应当被视为与股东平等的工厂所有者。谁能够否认这种观点的合理性呢？如果我们要避免资方与劳工之间的冲突——在我看来这是可以做到的，也是必须做到的，劳工就必须拥有与资方一样的地位

与尊严。为什么一百万卢比放在一起就一定比一百万个男人或女人在一起更重要呢？它们充其量不就是一堆银色或金色的金属吗？或者，这些金属的拥有者会说，劳工没办法像这些金属一样被组织起来或聚集在一起。在过去这十八年里，无论是有意识的还是无意识的，艾哈迈达巴德的资本家与劳工一直在资本与工人之间不存在内在冲突这样一个假设上采取行动……

如果劳动者是平等的所有者，那么他们的组织就应当能像股东一样参与工厂的事务管理中。毫无疑问，如果重要的信息不向他们披露的话，劳工方可能就不会信任他们。

《哈里真》，1937年2月13日，第5页

我总是说，我的愿望是资本家与劳工应当相互补充、相互帮助。他们应当成为一个伟大家庭，团结和睦地生活在一起。资本家不仅要给予劳动者物质福利，还要关注他们的道德福祉——资本家已经成为他们管理的劳工阶级的福利受托人。

《青年印度》，1925年8月20日，第285页

我一直寻求建立与资本家的友谊，并引导他们将自己视为劳工利益的受托人，并且给予工人利益之后他们自己也可以获益。今天，资本家害怕工人，工人诅咒资本家。我想把这种关系转变为一种相互信

任、相互尊重的关系。

《青年印度》，1925 年 8 月 20 日，第 291 页

50. 工人的权利与责任

你必须把每个劳动者看作与你平等，就像你的亲兄弟一样。如果你能够达到这种境界，就会马上明白你将拥有多么伟大的力量，为你自己及这个国家谋取利益。我希望你为此自我净化，弃绝使人兴奋的酒精及毒品，不吃腐肉及牛肉，不要赌博并招致负债。如果你们中有穆斯林工人，必须以友爱及绝对平等的态度对待他们，并与他们一起生活。你应当关心自己从事的工作。你们拥有完全正当的权利，要求你们的雇主给予良好的待遇、足够的工资和得体的设施，但也要为得到的工资回报适当的、诚实的服务。只要你们稍微思考一下，就会发现，由于你们被一个公司雇用成为劳动者，就成了这个公司的共同经营者，正如那些为这个公司投入金钱的资本家一样。劳动事实上与金属货币是一样的。如果说一些资本家把他们的金钱投入了特定的事业，那么你们则投入了劳动。正如没有金钱你们的劳动就没有用处，同样地，没有劳动全世界的金钱也毫无用处。因此，你必须自豪地为这个公司工作，就像它是你自己的一样。因此，一方面你要维护自己作为共同经营者的权利，另一方面你要诚实工作，以全身心的服务作

为回报。

《哈里真》，1934年2月2日，第6页

我对工人的尊严怀着极大的敬意，因此我把我的命运与劳动者联系在一起。并且多年以来，直到现在，我一直生活在他们中间，和他们一样用我的双手与双脚劳动。你们在体力劳动过程中，只是简单地跟从生物规律，丝毫不会对命运感到不满。与此相反，我要求你们把自己看作民族的受托人，你们正在为这个民族而工作。一个民族可以没有百万富翁，可以没有资本家，但永远不能没有劳动者。你们的劳动与我的劳动之间存在根本的区别：你们正在为某些人而劳动，而我是在为自己而劳动。因此，我是自己的主人。并且，在一种自然的状态中，所有人将发现，我们是自己的主人，但是这样一种状态不可能一蹴而就。因此，作为劳动者，你们在服务他人时应当如何控制自己的行为，这就变成了一个非常严肃的问题。正如一个人作为劳动者，为自己劳动没有什么可羞耻的，同样，为其他人劳动也没什么可羞耻的。

但是，确定雇主与雇员之间的真正关系就变得非常必要了。你们有什么责任，又有什么权利？你们很容易就明白，你们的权利是为自己的劳动获得更高工资。认识你们的责任也同样简单，就是为自己得到的工资而竭尽全力工作。从我的经历来看，常规来讲，与雇主履行他对工人的义务相比，工人对其劳动责任的履行更有效率，也更自觉。因此对于工人来说，有必要弄清楚他们能够在多大程度上迫使雇主接受他们的意愿。如果我们发现，我们都没得到最基本的报酬或住房，怎么可能得到更多的工资及良好的住所呢？谁来决定工资的标准，并确保工人要求的环境舒适标准？毫无疑问，最好的方法就是工人要明白自己的权利，要懂得如何行使自己的权利。为此，你们需要接受一些事先的训练——教育。你们从这个国家的各个地方被带到一个中心地区，聚集在一起。但是你们会发现，你们得到的还不够多，你们还没有完全居住下来。因此，我斗胆建议那些带领你们并给予你们指导的人，首先要做的事情不是教授你们字母等知识，而是人类事务及人际关系知识。我之所以要恭敬而谦卑地提出这个建议，是因为我对印度工人的调查，以及我在南非对劳工状况的长期经历，都使我得出这样一个结论，即大多数情况下工人领导者都认为他们必须给予工人关于"三R①"的知识。毫无疑问，在某种情况下这是必要的。但是在此之前，应该先学习你们的权利及如何实现权利相关的知识。并且，在多次指挥罢工的过程中，我发现短期内工人是可以学会这些基础知识的。

《圣雄甘地的演讲与写作》（第 4 版），第 1045 页

51. 罢工

在一个秩序良好的民主社会中，非法活动或罢工是没有空间也没有机会的。在这样一个社会中，有足够多的合法手段伸张正义。暴

---

① 三 R，指读、写、算。

力，无论是隐秘的还是赤裸裸的，都必须禁止。

《哈里真》，1948 年 2 月 1 日，第 15 页

我知道罢工是工人与生俱来的权利，它的目的是维持正义。但是，一旦资本家接受仲裁的原则，罢工就一定被认为是一种犯罪行为。

《青年印度》，1920 年 5 月 5 日，第 6 页

当工人罢工时，资本家应该如何行动？这个问题当前极其重要，但是仍然悬而未决。一种方法是所谓的"镇压"，或被起绰号为"美利坚"（American），即组织流氓打手镇压工人。每个人都认为这是错误的破坏性做法。另一种方法则正当而光荣，即考虑每次罢工的是非对错，并且给予工人应得的——不是资本家认为应给予的东西，而是工人认为自己应得的，并且开明的公众舆论也认为是正义的东西。

人们很自然会提出一个初步的疑问：在一个管理良好的企业中为什么会出现罢工？如果资本家与工人之间存在完全的谅解、互相尊重并承认平等，罢工是不可能出现的。并且，既然雇主与雇员之间不时存在分歧，甚至在那些管理得最好的企业中也是如此，那么为什么不在双方之间建立一种仲裁体制，使他们因完全信任仲裁者而愿意采用这种体制？

但是，我们不能根据事物本该存在的状况来考虑问题，而要根据它们的实际情况。随着时间的推进，工人们越来越坚持他们日益增

加的要求，并且在落实这些诉求的过程中，他们缺乏耐心，毫不犹豫地诉诸暴力，并采用一些新方法实现诉求。他们毫不犹豫地破坏雇主的财产、捣毁机器，不断攻击那些不愿意参加罢工的老人、妇女，并且用暴力赶走那些阻碍罢工的人。在这些情况下，雇主应该如何行动呢？

在我看来，即使雇工不被视为更高一等，雇工与雇主也是平等的合作伙伴。但是我们今天看到的情况刚好相反。其原因在于，雇主一方牢牢掌握了智慧。他们拥有资本聚集带来的较大优势，并且懂得如何利用它。单个的卢比力量非常弱小，但如果金钱联合起来成为资本，就会产生一种力量，它不同于甚至远远超过单个卢比简单相加的力量。一百万滴水单独来看是微不足道的，但是联合起来就能形成大海，并以它的胸膛承载起一支远洋舰队。当印度的资本被很好地组织起来的时候，工人却仍然处于一种或多或少的无组织状态，尽管出现了工会及其同盟。因此，他们缺乏真正的联合的力量。

此外，工人一方缺乏智慧，以致个人攻击个人、工会攻击工会。智慧的缺乏导致他们被自私及毫无廉耻的人利用，甚至制造并扩大危害。他们对非暴力的秘诀一无所知，结果只能是工人受苦。如果工人一方能够理解非暴力的作用，那么联合产生的力量任何时候都会胜过少数资本家手中没有生命的金钱产生的力量。

因此，我建议雇主将工人当作企业的真正所有者，如果他们热爱自己创立的企业。他们要进一步承认自己有责任为工人提供合理的教育，从而激发工人潜在的智慧。并且，雇主要高兴地欢迎并增强工人联合赋予他们的力量。

雇主承担的这份巨大的责任不可能一蹴而就。在此期间，他们应该做什么？谁应该面对罢工造成的破坏？我会毫不犹豫地建议这些雇主马上赋予罢工者对企业的全部控制权，这个企业既是雇主的，也是罢工者的。他们要腾出自己的房子，不是出于愤怒而是因为这样做是正确的。并且为了显示他们的善意，他们应当为雇员提供工程师及其他技术人员作为协助。雇主最后会发现他们并没有失去任何东西。毫无疑问，他们的正确行为将化解敌意，并赢得员工的祝福。他们应恰当地运用自己的资本，我不会把这种行为当作慈善活动，它只是资本家对资源的一次明智使用。并且，通过诚实地处理与雇员有关的事务，他们会把这些雇员转变为可敬的合作伙伴。

《哈里真》，1946年3月31日，第60页

今天，罢工已经成为一个全球性灾难。到处都有罢工，美国与英国也不例外。但是，在印度它们具有特殊的含义。我们生活在一个不正常的状态中，一旦盖子被打开，或者出现一道裂缝，自由的空气进入，罢工的数量就会不断增加。出现这种不断扩散的罢工热潮的根本原因在于，生活——无论是在这里或其他地方——已经失去了它的基础，宗教基础。某个英国作家所说的"金钱关系"已经取代了它的位置，这是一种不稳定的关系。但是，即便存在宗教基础，罢工还是会出现，因为要让宗教成为所有人的生活基础，几乎是不可能的事。所以，一方面会出现剥削的企图，另一方面会出现罢工。但是这些罢工具有一种纯洁的非暴力特征，永远不会伤害任何人。

《哈里真》，1946年9月22日，第321页

今天，罢工在全世界范围内到处发生，为了一个微不足道的诉求，工人也要组织罢工。我过去六个月的经历表明，罢工已经伤害到工人的利益。我竭尽全力研究了孟买的两次罢工，塔塔钢铁公司的一次罢工及旁遮普省的一次铁路工人的有名罢工。这些罢工都存在一个失败的地方，即工人无法充分地利用罢工实现他们的诉求。原因何在？这是因为工人被错误地引导。我希望你们能够区分两个不同层次的领导者，你们的领导者是从你们中产生的，他们又受到其他人的建议与领导，那些人本身并不是工人，而是同情者或者被认为是同情工人的人。除非这三者之间存在完美的协调，否则罢工一定会失败。在这些罢工中，均不存在完美协调关系。我还发现另一个重要原因，那就是工人会从他们的工会那里寻求资金，以支持他们的生活开支。只要工人依赖他们的工会，就不能无限期地持续罢工，这样的罢工是不可能胜利的。在我领导的所有罢工中，我都制定了一个必须履行的规则，即工人必须找到他们的生活来源。成功的秘诀就在于这个规则，并且你们也可以从中获得启示。你们必须认识到，如果你们能够服务一个雇主并获得一定的报酬，那么你们的劳动在其他任何地方也同样值得并能获得同样的报酬。因此，罢工工人不要希望无所事事而获得胜利，你们的行动必须是正义的。并且，你们不应当对那些被你们称为"无赖"的工友 ① 施加压力。对你们的工友施加的任何压力，最终都会反作用于你们自己。我相信，你们的顾问会告诉你们，如果这三个条件都能够实现，那么罢工就不会失败。但是他们又会马上向你们说明，开展罢工之前有必要再三思考。对于你们的权利及其实现方

---

① 指那些不愿参与罢工的工人。

法，我就讲这么多。随着劳工变得组织化，罢工一定会变少，间隔时间也会更长。并且，随着你们的认识不断发展，你们会发现仲裁将取代罢工，现在是时候让我们达到这样一个阶段了。

《圣雄甘地的演讲与写作》(第 4 版)，第 1045—1048 页

一次成功罢工的条件是很简单的。一旦以下这些条件得到满足，罢工就永远不会失败。

◊ 罢工的理由必须是正义的。

◊ 罢工者之间应当达成实质的一致。

◊ 不要用暴力应对不参加罢工的人。

◊ 罢工者罢工期间应做到自给自足，而不依赖工会的资金，因此他们应该临时从事一些有用的、生产性的工作。

◊ 当有足够的其他工人取代罢工者的时候，这样一场罢工无法起到纠正不公的作用。如果出现不公正对待或不公平报酬等情况，辞职就是一种纠正不公的行为。

或许以上这些条件没有得到满足，但罢工仍然取得了成功，这只说明雇主力量弱小，并且有一种良心上的愧疚。我们常常因为模仿糟糕的先例而犯下可怕的错误。最稳妥的做法不是模仿那些我们几乎一无所知的先例，而是实现那些我们知道并认可的对于成功必要的条件。

《青年印度》，1921 年 2 月 16 日，第 52—53 页

一场和平的罢工活动，必须仅限于那些处于抗争苦难中的工人。因此，如果配件生产商——例如玩偶的配件生产商对自己的境遇非常满意，他们只是出于对这些以微薄工资谋生的纺织工人的同情而进行罢工，那么他们的罢工就是一种暴力。他们可以并应当采取最有效的方式提供帮助，也就是从玩偶工厂主那里撤销他们的订单，从而使自己免于暴力的指控。

但是，我们可以设想在某些情况下，那些没有直接遭受苦难的人也许是有义务停止工作的。因此，假设在某个罢工事件中，如果配件工厂主与玩偶工厂主结盟，那么配件工厂的工人很明显有义务与玩偶工厂的工人联合起来。我只是通过举例的方式指出这种例外的情况。我们最终要对每种情况进行道德评价。暴力是一种诡秘的力量，人们不容易察觉到它的存在，尽管总是能够感受到它。

《青年印度》，1926 年 11 月 18 日，第 400 页

罢工应当是自发且不被操控的。如果它没有经过任何强制手段而被组织起来，那么就不存在暴力与抢劫。这样一场罢工将是罢工者之间的完美合作。它将是和平的，并且不会出现暴力。

罢工者应该单独或者与其他人合作从事一些工作，以赚取他们的生活所需。这种工作是什么样的应当事先考虑清楚。不用说，在一场具备这种特征的、和平、有效及坚定的罢工中，不存在粗暴行为或者抢劫。我见过这样的罢工，因此并不是在描绘一幅乌托邦图画。

《哈里真》，1946 年 6 月 2 日，第 158 页

很明显，不存在一场道德上没有正当理由的罢工。非正义的罢工不应当获得成功。对于这种罢工，所有公众必须拒绝给予同情。

公众没有办法判断一场罢工的功过是非，除非公众背后有一群公众信任的、没有偏见的人支持。利益相关者不能审判自己的案件，因此必须有一个各方接受的仲裁机构，或者司法判决。

一般说来，如果仲裁或法院判决被各方接受，那么这个问题就不会求助于公众。但是，曾经发生过这样一些情况，傲慢的工厂主无视判决，或者误导工人，那么工人只能用他们的力量来捍卫自己的权利。

对于改善经济收入的罢工，永远不要把政治目标作为它的潜在动机。这样不会推进政治目标的实现，还往往给罢工者带来麻烦，即使他们没有扰乱公共生活，就像公共服务领域发生的情况一样，例如邮政工人罢工。

政府或许会有一些不便，但不至于停止运行。在这次邮政罢工过程中，有钱人将使用高昂的邮递服务，但是贫苦大众将失去使用已久的邮政便利。只有当所有其他合法手段都使用失败的情况下，才能举行这种罢工。

同情性罢工必须禁止，除非这些受感动的人已经用尽他们能用的所有合法方式……

由前文所述我们推论，必须根据道德对错对待政治罢工，坚决不能把它们与经济罢工混杂或联系在一起。政治罢工在非暴力行动中有一个明确的地位，它们是不能被任意发起的。它们必须是公开的，永远不能由流氓打手领导；它们必须是深思熟虑的，永远不要带来暴力。

《哈里真》, 1946 年 8 月 11 日, 第 256 页

今天, 印度有两条道路可以选择, 要么引进西方的"强权即公理"原则, 要么高举东方的原则, 即唯独真理会获胜, 真理不分幸运与不幸, 强者与弱者同样有权利捍卫正义。这个选择将由劳动阶级开始。如果可以做到的话, 工人们是否应该使用暴力获得工资的增长? 不管他们的要求多么正当, 也不能诉诸任何暴力手段。以暴力捍卫权利看起来像一条容易的路径, 但长远来看它是痛苦的。靠刀剑生活的人也会死于刀剑之下, 游泳的人常常溺水而死。看看欧洲吧, 那里没有一个人看起来是快乐的, 因为没有一个人感到满足。工人不相信资本家, 而资本家也不信任工人。双方都具有一种活力与力量, 但即使是公牛也有这些, 他们艰苦地斗争到底。所有人的动机都不是为了发展。我们没有理由相信欧洲人民正在进步。他们拥有财富, 并不能证明他们具有任何道德或精神品质……

那么, 我们应该怎么办? 孟买的工人进行了一次出色的抗争。我当时并不了解所有情况, 但是就我所知的情况而言, 他们本可以用一种更好的方法斗争。工厂主也许都是错的。在资本家与工人的斗争中, 我们大体上可以说, 资本家往往是有过错的一方。但是我知道, 当工人完全意识到自己的力量时, 会变得比资本家更残暴。如果工人能够支配工厂主的才智的话, 工厂主将不得不在工人指定的条件下工作。但是, 很清楚, 工人永远无法获得这样的才智。如果他们能够做到, 那么工人就不再是劳动者, 而把自己变成了主人。资本家不只是

靠金钱的力量作战，他们的确拥有智慧和机敏。

我们面临的问题是，当工人还处于原有的地位，并产生了一定程度的觉悟，他们的行动方针应该是什么？如果工人依赖他们的人数或身体力量，也就是暴力，那就是自杀式方针。他们这样做会损害这个国家的各种产业。另外，如果他们站在纯粹正义的立场，通过亲身承受苦难捍卫权利，那么他们不仅能够获胜，还能改变他们的雇主，促进各产业的发展，使雇主与工人成为同一个大家庭的成员。对于工人来说，一个满意的解决方案应当包括以下条件。

◇ 在工作时间上必须给工人适当的闲暇时间。

◇ 工人必须获得可以进行自我教育的某些条件。

◇ 制定工作条款时，应当确保工人能为孩子提供足够的衣食及必要的教育。

◇ 应当为工人提供干净卫生的住所。

◇ 工人应当有足够的储蓄以安享晚年。

目前，这些条件没有一个得到满足。双方都对此负有责任：一方面，雇主只关心得到的服务，至于工人会怎样，他们丝毫不关心，他们只致力于以最少的报酬获得最多的服务；另一方面，工人竭力想出各种诡计以用最少的工作获得最大的报酬。结果就是，尽管工人工资增加，但工作却未得到改进。两者的关系是不纯洁的，并且工人没有正确使用他们增加的收入。

在工人与雇主这两方之间，一个第三方派别已经产生。它已经成为工人的朋友。我们需要这样一个党派。只有当这个党派与工人结下公正无私的友谊时，它才能够帮助他们。

现在已经到了这样一个时期：各方都企图通过多种方式把工人

371

作为工具使用。这种情况要求那些想参与政治的人考虑清楚，他们将做出什么样的选择？是为他们自己的利益服务，还是为工人和民族服务？工人迫切需要朋友，没有人领导他们就无法前进。由什么样的人领导，将决定工人的状况。

罢工、停工及联合罢市无疑是很好的事情，但它们很容易被滥用。工人应该为自己组织强大的工会，没有这些工会的允许他们不应该开展罢工。

罢工之前应该先与工厂主协商，而不能贸然举行。如果工厂主求助于仲裁，那么应当接受潘查雅特①的原则。并且，一旦潘查②被任命，双方必须接受他们的仲裁决定，不管他们是否喜欢。

各位读者，如果你们对劳工状况的改善感兴趣，如果你们想帮助工人并为他服务，由以上所述可以看到，你们面前只有一条道路，也就是在两者③之间建立家庭式关系以提高工人的地位。为确保这个目标的实现，结合实际情况比其他任何方法都有效。你不应满足于仅仅增加工人的工资，还要看他们是通过什么方式获得的，以及如何花费。

《青年印度》，1920 年 2 月 11 日，第 7—8 页

---

① 仲裁。此外这个词还指一种乡村治理制度。
② 潘查（Pancha），即仲裁者。——原注
③ 指工人与资本家。

52. 地主与佃农

农夫是世界上的盐，这个世界属于他，而且应当属于他，而不属于外居的地主或柴明达尔。

《孟买编年史》，1944 年 10 月 20 日

土地及所有财产属于那个愿意为之劳作的人。不幸的是，劳动者一直以来对这个简单的事实一无所知。

《哈里真》，1937 年 1 月 2 日，第 375 页

我认为你耕作的土地应当属于你，但是它不能马上成为你自己的，你不能从地主那里把它强抢过来。非暴力是唯一的方式，你自身力量的觉醒才是唯一的方法。

《哈里真》，1939 年 5 月 2 日，第 133 页

没有人可以拥有超过维持体面生活所需的更多土地。谁都不会质疑这样一个事实，即贫苦大众的苦难在于他们没有属于自己的土地。

但是，我们必须认识到这个改革不能仓促而行。如果我们想通过非暴力的手段实现它，那么它只能通过教育的方式完成，对有地的人与无地的人都进行教育。我们应当向前者保证永远不用暴力对待他们。没有土地的人必须通过受教育而认识到，没有人能强迫他们做任

何违反其意愿的事，并且他们可以通过学习非暴力的艺术——也就是自我承受苦难——捍卫自己的自由。

《哈里真》，1940 年 4 月 20 日，第 97 页

你的土地所有权属于佃农，正如属于你一样。

《甘露市场报》，1934 年 8 月 2 日

我的目标是得到你的心并改变你的信念，使你认识到你所有的私人财产是因佃户利益而托管给你的，首先要用它为他们谋取福利。我注意到这样一件事情，国大党的阵营中有一个新的党派正在形成，叫作社会主义党。我不知道如果这个党派成功地把国大党带领到它这一边，将发生什么事情。但是我非常清楚，如果广大民众举行一次绝对诚实的、无可挑剔的公民投票，他们不会赞同对整体剥夺拥有财产的阶级。我正在为资本家与工人、地主与佃农的合作与协调而努力工作。

《甘露市场报》，1934 年 8 月 2 日

我必须发出警告。我总是告诉工厂主，他们不是工厂唯一的所有者，工人也是所有权的平等分享者。我同样要告诉你，你的土地所有权属于佃农，正如属于你一样。你不能在奢侈与放纵的生活中浪费你的收获所得，而是必须把它们用于为佃农谋取福利。一旦你使佃农体

验到一种与你血脉相连的感受，以及作为同一家庭成员他们的利益永远不会受到损害的安全感，那么他们就会向你保证，你们之间不会有冲突，也不会有阶级战争。

《甘露市场报》，1934 年 8 月 2 日

对于地主来说，珍惜眼前的时间是一件有益的事情。我希望他们不再只是收租人，他们应当成为受托者，以及佃农信得过的朋友。他们应当限制自己的私人钱袋子。我希望他们放弃那些以各种形式从佃农处搜刮来的不义之财：结婚及其他场合的强迫性贺礼，或者佃农之间进行物品交易时要给予的那泽拉那[①]，或者那些因不交地租而被赶走的农夫恢复租佃所要给予的礼物。地主应当给予佃农固定的土地租期，真诚地关心他们的福利，为他们的孩子提供管理良好的学校，为成年人提供夜校，为患病者提供医院及诊所，管理村子中的卫生设施，并以各种方式使他们觉得，柴明达尔是他们真正的朋友，承担着看护他们各方面工作的责任。总而言之，地主要证明他们的地位是正当的……佃农应当兢兢业业地履行他们对地主的义务。这并不是指法定义务，而是那些他们承认的公正义务。他们不应认为，他们的财物是完全属于自己的，甚至地主也不例外。其实他们都是并且应该是一个共同家庭的成员，在这个家庭中地主是户主，保卫他们的权利不受外部侵犯。无论法律怎样规定，地主土地管辖制要想获得道德辩护，一个联合家庭的各种条件必须得到满足。

---

① 那泽拉那（Nazrana），即礼品。

我喜欢罗摩与贾纳卡①的理想。他们的所有东西都属于人民。所有东西，包括他们自己都是属于人民的。他们生活在人民中，不是过着一种高高在上的生活，而是与人民和谐一致。但这些可能不会被人们看作真实的历史人物。那么让我们看看伟大的哈里发·奥马尔②的例子吧。尽管他是一个疆域辽阔的王国的君主——这个王国是通过他的伟大才智及惊人的勤奋建立起来的，但是他却过着乞丐般的生活，并且从来不认为自己是脚前堆积的巨大财富的所有者。那些奢侈浪费人民金钱的官员都害怕他。

《青年印度》，1931 年 5 月 28 日，第 120—121 页

我要对那些地主说，如果那些针对他们的传闻是真实的，我就要警告他们，他们的日子不多了，他们将不再是地主与主人。如果他们愿意做贫困佃农的受托人，就会有一个光明的未来。我设想的受托人不是名义上的，而是事实上的。这些受托人不会获取任何非劳动所得。因此，他们不会触犯任何法律。佃农将成为他们的朋友。

《哈里真》，1947 年 5 月 4 日，第 134 页

---

① 贾纳卡（Janaka），是对古代维德哈王国的国王的称谓，甘地所说的这个贾纳卡应该是指传说中的拉杰·贾纳卡国王。

② 哈里发·奥马尔（Caliph Omar，约 591—644），伊斯兰教世界的政教领袖被称为哈里发，奥马尔是第二任哈里发。在他任哈里发时期，伊斯兰帝国以空前的速度进行扩张。奥马尔因他简单严格的生活方式而闻名。

53. 阶级斗争是不可避免的吗？

在一个自由与独立的印度，阶级之间的对抗将被消除。我无法设想将来印度人民之间会变得千篇一律。他们之间会存在差异，就像一棵树的叶子存在差异一样。当然，他们将来不会存在一无所有的穷人，没有失业，在各阶级与大众之间也没有我们今天看到的不平等。无论如何我都不会怀疑，如果全面的非暴力成为国家政策，我们无须斗争就能实现基本的平等。

《哈里真》，1940 年 4 月 27 日，第 108 页

如果人们想得到的变革是以非暴力的方式进行的，那么这个世界就不会丧失上层人士的天分才能，但上层人士也不应为施展自己的才能而牺牲劳动者的利益。在未来的非暴力秩序中，土地将属于国家所有，因为人们不是说过"普天之下，莫非王土"①吗？在这种分配制度下，将不会出现才能与劳动的浪费。这是无法通过暴力方式实现的。因此，通过暴力彻底摧毁土地所有者，最终也会导致劳动者灭亡，这样的说法是不证自明的事实。如果土地所有者能够采取明智的措施，那么任何一方都不会有损失。

《哈里真》，1947 年 3 月 9 日，第 59 页

---

① 所有土地属于君主。

377

我们采用非暴力的方式不是为了摧毁资本家，而是为了摧毁资本主义。我们希望资本家把自己当作一个受托人，受他所依赖的，使其资本得到创造、保持及增长的那些工人的委托。工人也不需要等待资本家的这种转变。如果资本就是力量，那么劳动也是。任何一种力量都可用于摧毁，也可用于创造，两种力量相互依存。一旦工人认识到他的力量，就能成为资本家的一个共同受益者，而不再是他的奴隶。如果工人的目标是要成为唯一的利益所有者，那么他就像要杀死一只会下金蛋的鹅^①。才智甚至机会的不平等是永远存在的。一个住在河边的人比住在沙漠中的人有更多的机会种植庄稼。但是，如果说这些不平等是我们必须面对的，那么也不要忽视基本的平等。每个人都有平等的权利来获得生活必需品，即便是鸟兽也有这种权利。由于每种权利都要求一种相应的义务，以及相应的纠正方法以抵抗任何对权利的侵犯，因此权利平等就变成这样一件事情，即找到相应的义务及纠正方法来捍卫基本的平等。所谓相应的义务就是使用四肢劳动，相应的纠正方法就是对那些剥夺我的劳动果实的人采取不合作行动。并且，如果我愿意承认资本家与工人的基本平等——这是我必须做的，我就绝不能伤害他，我必须努力使其改过自新。我对他采取的不合作行动，将使他亲眼看到他所做的错误事情。我也不需要担心在采取不合作行动时其他人会取代我的岗位。因为我会影响我的工友，使他们拒绝助长我雇主的恶行。这种对广大工人的教育无疑是一个缓慢的过程，却是最有把握的，也必定是最快的方法。我们很容易证明，资本家的毁灭最终必然意味着工人的毁灭。正如没有人恶劣到无法拯救，

---

① 指资本家。

也没有人完美到可以毁灭那些被误认为完全邪恶的人。

《青年印度》，1931 年 3 月 26 日，第 49 页

我不害怕资本，我要与资本主义斗争。西方的教训告诉我们要避免资本的集中，也要避免另一种更致命形式的种族战争。资本与劳工不是绝对相互对立的。

《青年印度》，1926 年 10 月 7 日，第 348 页

可以消除对穷人的剥削，但不是通过消灭一批百万富翁实现，而是使穷人摆脱无知，并教导他们采取不合作行动来对付他们的剥削者。这也会使剥削者改过自新。我甚至认为它最终会促使双方成为平等的伙伴。资本并不是罪恶的，资本的错误运用才是罪恶的。各种形式的资本永远是人们需要的。

《哈里真》，1940 年 7 月 28 日，第 219 页

我设想的司瓦拉吉并不意味着君主制的终结，也不意味着资本的终结。积累性资本意味着支配性权力。所以，我主张在资本与劳工之间建立正确的关系。我并不希望一方高高在上而压倒另一方，也并不认为他们之间存在任何天生的对立。我们身边总是有富人和穷人，但是他们的关系总是在发生变化。法国是一个共和国，但法国存在各个阶层的人。

我们不要被这些流行言论迷惑。我们在印度看到的每种腐败现象同样存在于所谓高度文明的西方国家中，只不过称谓不同。距离产生美，因此西方的东西在我们的眼中变得多了一份魔力。事实上，即使是在西方国家，也存在统治者与被统治者之间的永久分歧。在那里，人们也同样为寻求幸福而得到痛苦的回报。

《青年印度》，1925 年 1 月 8 日，第 10 页

我们的祖先把真正的社会主义流传给了我们，他们教导人们："所有土地属于戈帕尔。"在那个时候，哪里有分界线呢？人制造了这个界线，因此也可以消除它。戈帕尔的字面含义是牧羊人，在现代语言中，它意味着国家，也就是人民。一个不争的事实是，今天的土地并不属于人民。但这不是先人的教导有误，而是因为我们没有把它付诸实践。

我毫不怀疑，我们可以开辟一条很好的实现道路，正如任何其他民族一样，包括俄罗斯及那些不使用暴力的民族。最有效的取代暴力剥夺的方法是手摇纺车及其所有相关事务。

《哈里真》，1937 年 1 月 2 日，第 375 页

人们会问，能否期待现在的印度拉贾[①]等人成为穷人的委托人呢？如果他们不愿成为委托人，也不想被推翻，环境的压力就会迫使

[①] 拉贾（Raja），统治者、王公。

他们改革。在潘查雅特治理建立起来之后，民意将做到暴力无法做到的事情。只要一般民众还没有意识到他们真正的力量，地主、资本家及王公现有的权力就可以维持。如果人们对地主土地管辖制或资本主义的恶行采取不合作行动，它就必死无疑。在潘查雅特治理中，人们只服从潘查雅特，并且潘查雅特只能根据他们制定的法律运作。

《哈里真》，1947 年 6 月 1 日，第 172 页

我并不想消灭地主，但也不认为地主是不可或缺的。我期望通过非暴力的方法改变地主及其他资本家，因此我并不认为所谓阶级冲突会必然产生。这是因为，非暴力的核心之一就是采取最低限度的抗争。一旦土地的耕种者认识到他们的力量，地主土地管辖制的恶行将被消除。当农民告诉地主，除非给予他们足够多的报酬使他们全家得到体面的衣食所需及教育，否则他们不再耕种，这时可怜的地主会怎么办呢？在现实中，劳动者是所生产产品的所有者，如果劳动者聪明地联合起来，将成为一股不可抵挡的力量。如果我认为它是不可避免的，将毫不犹豫地宣传并讲授它。

《哈里真》，1936 年 12 月 5 日，第 338—339 页

一个开明的地主会马上减少佃农正在承受的巨大负担。他会过来与佃农亲切交谈，了解他们的需求并且给他们希望，而不是扼杀他们生命的绝望。他会对佃农在卫生规则方面的无知感到不满。为了使佃农能够拥有生活的必需品，他愿意减少自己的财产直至贫穷。他会调

381

查他管理的佃农的经济状况，建立学校并使他自己的孩子和佃农的孩子一起接受教育。他会清洁村子的水井与池塘。他会亲自动手，带领佃农做打扫道路及清洗厕所等必要的劳动。他会毫无保留地开放他的花园，让佃农自由使用。他会把很多不必要的、用于享乐的房子用作医院、学校或其他类似用途。只要资本家愿意把握时代的征兆，修正他们关于财产的天赋权利观念，那么七十万个"粪堆"——现在所说的村庄，将会在很短的时间内变为和平、健康及舒适的宜居之地。

《青年印度》，1929 年 12 月 5 日，第 396 页

我愿意让地主及资本家为民众服务。我们绝不能为资本家牺牲民众的利益，也绝不能参与他们的游戏。我们必须根据他们放弃私利为民众服务的能力向他们委托。他们不会冷漠，不顾更高的道德诉求。我的一个不变的经验就是，所说的每句友好的话，都会进入他们的心里。如果我们赢得他们的信任，并使他们感到无拘无束，就会发现他们并不反对越来越多地与民众分享财富。

此外，让我们问一问自己，我们能在多大程度上把自己与民众视为一体？有没有跨过大众与我们之间的鸿沟？我希望我们这些住在玻璃房子中的人不要乱扔石头，你在多大程度上参与了民众的生活？我坦白承认，就我而言，它仍然只是一种渴望。我们还没有完全摆脱我们所说的资本家声名狼藉的生活习惯。

阶级战争的观念对我来说没有吸引力。印度的阶级战争并不是不可避免的。相反，只要我们理解了非暴力的寓意，它就是可以避免的。那些认为阶级战争不可避免的人并没有理解非暴力的含义，或者

382

只是肤浅地理解它们。

《甘露市场报》，1934 年 8 月 3 日

　　阶级斗争一直存在。如果资本家自愿放弃他们的角色并完全转变为劳动者，那么阶级斗争就可以终结。另外，要认识到工人是真正的资本，实际上是资本的创造者。工人靠双手创造的东西，是资本家依靠他的所有金银永远无法获得的。谁能依靠黄金生活呢？但是我们必须让工人认识到他们的力量。只要他们拥有真理和非暴力，就是战无不胜的。

　　工人与资本家、上流阶层与大众，就像山一样古老。所有的麻烦源于这样一个事实，即不仅工人没有认识到，那些正在领导工人运动的人也没有认识到工人的尊严及力量。这就像瘸腿者在带领着盲人。

《印度时报》，1946 年 1 月 5 日

　　阶级战争与印度的本质特征是格格不入的，这些特征能够发展出所有人基本权利平等的共产主义。我梦想的罗摩王国能确保王公与乞丐的同等权利。

《甘露市场报》，1934 年 8 月 2 日

第九节　政治思想

54. 政治与宗教

我不会把生活切割为互不相干的几部分。一个民族的生活就像一个人的生活一样，是一个不可分割的整体。

《哈里真》，1937 年 2 月 20 日，第 13 页

在我看来，政治离不开宗教，不是迷信与盲目的宗教，也不是仇恨与斗争的宗教，而是普世的宽容的宗教。没有宗教道德的政治不应存在。

《青年印度》，1924 年 11 月 27 日，第 391 页

我觉得政治不应缺少宗教信仰。政治事关民族大事，那些关心民族利益的人必然是信仰虔诚的人。换言之，也是一个寻求真理的

人……

《青年印度》，1925 年 6 月 18 日，第 214 页

55. 开明的无政府状态

对于我来说，政治权力不是目的，而是一种能改善人们生活各方面境况的手段。政治权力意味着通过国民代理人管理国民生活的能力。如果国民生活完美到可以自我管理，就不需要代理人了。这时会出现一种开明的无政府状态。在这种状态下，每个人都是自己的统治者。他们以一种永不妨碍邻人的方式管理自己。因此，在这种理想状态中，由于没有政府也就不存在政治权力。但是这样的理想不可能在生活中完全实现。所以梭罗说过一句经典的话，即管得最少的政府是最好的政府。

《青年印度》，1931 年 7 月 2 日，第 162 页

人民自身的立法是非暴力的，就此而言，它是可能在社会中实现的。一个在完全非暴力基础上组织起来并运转的社会，将呈现一种最纯洁的无政府状态……

确实，它是可以实现的，正如非暴力可以实现一样。这是完美及非暴力的状态，在这种状态中人们被统治得最少。达到这种最纯洁的

无政府状态的最佳途径是建立在非暴力基础之上的民主。

《哈里真》，1940 年 7 月 21 日，第 211 页

　　一个政府无法实现完全的非暴力，因为它代表所有人。我今天不去构想这样一个黄金时代，但我确实相信一个非暴力主导的社会的可能性，并且正在为此而努力。

《哈里真》，1940 年 3 月 9 日，第 31 页

　　发现电流规律需要依靠许多代科学家的坚持不懈及天赋，但是今天的每一个人甚至孩童，在日常生活中都会使用电。同样地，一旦一个理想状态形成，我们就无须一个完美的人来管理。我们需要的是以一次彻底的社会觉醒为开端，剩下的事情都会水到渠成。

《迈向新的地平线》，1959 年，第 93 页

　　一个理想社会中是不应存在政府的，这是一个有待解决的问题。我认为，当前我们还不需要考虑这个问题。如果我们继续为这样的社会而努力，某种程度上它就会慢慢形成，人们也因此而获益。欧几里得定义的直线是没有宽度的，没有人能画出甚至永远无法画出这样的直线。然而，只有把理想的直线牢记在心中，我们才能在几何学上获

得进步。对于每一种理想来说，这都是正确的。

《哈里真》，1946 年 9 月 15 日，第 309 页

56. 个人是至高的

我不能装作在代表托尔斯泰①讲话，但我对他的著作的阅读，从来没有让我觉得他会以任何方式预期或设想整个世界能够生活在一种哲学的无政府状态中，尽管他对在暴力基础上组织起来的制度，即政府，进行过无情的剖析。在我看来，正如所有人类导师讲过的，他所传讲的是每个人都必须遵从自己的良心，成为自己的主人，并从内心寻求真理的国度。对于他来说，不经自己的允许，任何政府都无法控制他，人是高于所有政府的。

《圣雄甘地选集》（第 10 卷），第 249 页

我怀着极大的恐惧面对政府权力的增长，尽管它在减少剥削方面显然对人类有益，但它通过摧毁所有进步根基的个体性极大地伤害了

---

① 列夫·托尔斯泰（Leo Tolstoy，1828—1910），19 世纪俄国最著名的文学家。他的著作非常多，其中散文集《天国在你心中》及其非暴力思想对甘地影响很大。甘地曾与托尔斯泰有过通信，甘地把他在南非的社会试验农场命名为"托尔斯泰农庄"。

人类。

《甘地选集》，1957 年，第 41 页

我重视个人自由，但你千万不要忘记人本质上是一种社会动物。人通过学习调整个人主义以符合社会进步的要求，从而使他上升到当前地位。毫无约束的个人主义是丛林中的动物法则。我们已经学会在个人自由与社会制约之间寻求平衡。当我们愿意为整个社会福利而受到社会制约时，社会及作为社会成员的个人的利益才会增加。

《哈里真》，1939 年 5 月 27 日，第 144 页

通过真理与非暴力获得完全的独立，意味着每个个体的独立，没有种族、肤色或信仰之分，即便是国家中的最卑微者。这种独立从来不具有排斥性，它与人们内部或外部的相互依赖关系是完全相容的。实践总是达不到理论的要求，即便是画出的一条直线，也与理论上的欧几里得直线不相符。所以，完全的独立只有在我们实践真理与非暴力的意义上才算完成了。

《建设纲领》，1961 年，第 7 页

如果无法作为自由的人活着，我们毋宁死。

《青年印度》，1922 年 1 月 5 日，第 5 页

每个人必须拥有最充分的自由，一以贯之地运用他的天赋，正如其他人一样。但是，任何人都没有资格随意使用通过这些天赋获得的利益。他是这个民族或社会结构的一部分，因此他不能仅仅为自己，也要为作为一分子而生活其中的社会结构运用他的天赋。

《哈里真》，1942 年 8 月 2 日，第 249 页

如果个人自由消失，那么所有东西必然丧失，因为如果没有个人，社会还剩下什么呢？唯独个人自由能使一个人自愿地完全投身于社会服务。如果他是被强迫的，他变成了一台机器，社会也就被毁坏了。社会无法建立在对个人自由否认的基础之上，因为这违反了人的自然本性。

《哈里真》，1942 年 2 月 1 日，第 27 页

57. 司瓦拉吉

司瓦拉吉这个词是一个神圣的词语，这个梵语词的意思是自我统治与自我控制，而不是"独立"这个词通常所指的脱离所有限制的自由。

《青年印度》，1931 年 3 月 19 日，第 38 页

正如每个国家的人民都需要吃、穿及呼吸一样，每个国家都要管理自己的事务，无论管理得多么糟糕。

《青年印度》，1931 年 10 月 15 日，第 305 页

自治（Self-government）完全依赖于我们的内部力量，依赖于我们与巨大困难对抗的能力。确实，不需要持续奋斗获得并维持的自治，是名不副实的。因此，我已经尽力在言语及行动上表明，政治的自治，即一大群人的自治，其实就是个人的自治。并且，它的实现方式与个人自治或自我统治要求的方式是完全一样的。

《青年印度》，1927 年 12 月 1 日，第 402 页

我们获得的外在自由与日渐成长的内在自由成正比。如果这种对自由的看法是正确的，我们主要的精力就应该集中于对内在的改变上。

《青年印度》，1928 年 11 月 1 日，第 363 页

自治意味着不断努力摆脱政府的控制。如果人们仰仗政府管理生活中的每个细节，那么司瓦拉吉将会令人遗憾。

《青年印度》，1925 年 8 月 6 日，第 276 页

在以非暴力为基础的司瓦拉吉之下，任何人不会与其他人为敌，每个人都应为共同的目标做出应有的贡献。所有人都能读与写，并且他们的知识一天天不断增长。疾病率被降至最低。没有人沦为乞丐，工人总能找到工作。在这样一种政府管理之下，不存在赌博、酗酒及道德败坏行为，也不存在阶级仇恨。富人会明智而有效地使用他们的财富，而不会把它们浪费在自己的虚荣与世俗快乐方面。这样的情况将不会出现：一小撮富人住在富丽堂皇的宫殿中，而数百万人住在令人难以忍受的、黑暗与通风不良的畜屋中。

在非暴力的司瓦拉吉中，不会有对正当权利的侵犯，没有人拥有不正当的权利。在一个组织良好的国家，篡权是不可能的，也不需要为驱逐篡权者诉诸暴力。

《哈里真》，1939 年 3 月 25 日，第 65 页

我的司瓦拉吉是为了保持我们文明特性的完整无缺。我想写很多新的东西，但它们必须全部写在印度石板上。

《青年印度》，1924 年 6 月 26 日，第 210 页

对于我来说，司瓦拉吉意味着我们同胞中最卑微者的自由……我不仅要使印度从英国人的枷锁中解放出来，还要决心推翻印度受到的任何压迫。我一点也不希望把"虚君"换成"暴君"。

《青年印度》，1924 年 6 月 12 日，第 195 页

在以阿希姆萨为基础的司瓦拉吉中，人们并不需要知道自己的权利，但是他们必须知道自己的义务。没有义务就无法创造一种相应的权利，并且只有那些从某个人应当履行的义务中衍生出来的权利才是真正的权利。因此，真正的公民权利自然只赋予那些服务于他们国家的人，并且他们能够公平对待这些赋予他们的权利。每个人都拥有说谎或诉诸暴力的权利，但是这种权利的实施对于实施者及社会都是有害的。而秉持真理与非暴力则会带给他威望，威望带来权利。那些因履行义务而获得权利的人，会把这些权利用于服务社会而不是他们自己。人民的司瓦拉吉意味着个人司瓦拉吉的总和。并且这种司瓦拉吉只能通过每个人履行公民义务获得。其中，没有人考虑他的各种权利。为了更好地履行义务，当他需要这些权利时，就会拥有它们。

《哈里真》，1939 年 3 月 25 日，第 64 页

权利的真实来源是义务……如果所有人都履行自己的义务，就无须寻求权利。如果我们不履行义务而追求权利，它们将如同"鬼火"逃避我们，我们越是追求它们，它们就飘得越远。同样的教导也体现在克里希那不朽的话语中："你只需行动，全然不顾结果。"行动是义务，结果就是权利。

《青年印度》，1925 年 1 月 8 日，第 15—16 页

民族独立不是幻想，它像个人独立一样，是必然的。但如果两者中，任一个都不是建立在非暴力基础上的，那么就可能在某种情况下

威胁民族或个人的平等独立。对于个人与民族的独立来说是这样，对于民族间的独立来说也是如此。一句法律格言讲得很有道理：在运用自己权利的同时，不能损害他人的权利。有人说得好，宇宙万物可被压缩为原子，原子和宇宙适用于相同的规律。

《青年印度》，1930 年 1 月 30 日，第 37 页

我梦想的司瓦拉吉，不分种族，没有宗教之别。它既不会被有学问的人垄断，也不会被有钱人独享。司瓦拉吉是为了所有人，包括前面提到的这些人，但是更重要的是那些残疾的、看不见的、饥饿的数百万贫民。一个勇敢、诚实、健康而目不识丁的人，足以成为民族的第一仆人。

《青年印度》，1930 年 5 月 1 日，第 149 页

只有当大多数忠诚而爱国的民众认为民族利益是至高无上的，超越任何其他考虑因素，包括他们的个人利益时，司瓦拉吉才能得以维系。司瓦拉吉意味着多数人的统治。如果多数人不道德或自私，他们的政府只会呈现无政府状态。

《青年印度》，1921 年 7 月 28 日，第 238 页

我们不要误解普纳自治[①]的含义……它是指劳苦大众经济上的完全自由，它意味着不与任何想要剥削他们的人进行不道德的联合。任何联合必须基于他们的解放。

《青年印度》，1931 年 4 月 16 日，第 77 页

我所说的政治独立并不意味着效仿英国国会下院，或苏维埃统治俄国，或法西斯主义者统治意大利，或纳粹统治德国。它们有适合自身特点的政治体系。我们必须拥有适合自己的体系，我无法说清楚这个体系是什么样的，我曾经把它称为罗摩盛世，也就是以纯粹道德权威为基础的人民主权。

《哈里真》，1937 年 1 月 2 日，第 374 页

有人说印度的司瓦拉吉将成为多数群体的统治，即印度教徒的统治。没有比这更大的误解了。如果这是真的，我将第一个拒绝称它为"司瓦拉吉"，并尽我所能抵抗它。因为对于我来说，司瓦拉吉是所有人的统治，是正义的统治。

《青年印度》，1931 年 4 月 16 日，第 78 页

---

① 普纳自治，意思是完全独立或完全自治。这个词第一次出现在 1929 年 12 月印度国大党的《印度独立宣言》中。

在司瓦拉吉宪章之下，每个群体都与其他群体具有同等的地位。

《青年印度》，1931 年 5 月 1 日，第 108 页

普纳自治是所有人共同的神圣财产。普纳即完全，因为它要求同等对待王公与平民，同等对待富有的地主与无地的农夫，同等对待印度教徒与穆斯林，同等对待拜火教徒与基督徒，对待耆那教徒、犹太人、锡克人也是如此，没有任何种姓、信仰或生活地位之别。这个词的内涵，以及我们用以实现它的手段——真理与非暴力，避免了这样一种可能：司瓦拉吉有利于某些人而不利于另一些人，偏向一些人，而伤害另一些人。真理与非暴力不会带来欺骗与虚假……因此，这种方式下的司瓦拉吉永远不可能通过剥夺任何群体权利的方式实现，无论群体大小。而是通过确保平等正义、公平对待所有人（甚至是世上最贫穷最弱小的人）实现。

《青年印度》，1931 年 3 月 19 日，第 42 页

在我的观念中，独立意味着在你的心里及在世界上实现"真理之国"。我愿意为追求这个梦想而奋斗与献身，这意味着要有无限的耐心与坚定不移的信念。

《印度标杆》，1940 年 4 月 1 日

58. 真正的民主

由于本性使然，非暴力无法"攫取"权力，也不能以此为目标。但非暴力还可以做得更多，它可以有效地控制与引导权力而无须控制政府机器。这就是它的美好所在。

《迈向新的地平线》，1959 年，第 91—92 页

唯独非暴力科学能够引导一个人走向纯洁的民主。

《青年印度》，1920 年 6 月 30 日，第 3 页

民主必然在本质上……意味着动员所有地区民众的全部物质、经济及精神资源，为所有人的共同利益服务的一种科学与艺术。

《哈里真》，1939 年 5 月 27 日，第 143 页

有序、开明的民主是这个世界上最美好的东西。一个充满偏见、无知、迷信的民主，将使自己陷入混乱，并可能自我毁灭。

《青年印度》，1931 年 7 月 30 日，第 199 页

在真正的民主中，每个人都应独立思考。我不知道这种真正的变

革如何实现，除非从家庭开始改变，正如慈善一样。

《哈里真》，1946 年 7 月 14 日，第 220 页

我的民主观念是，在民主制度下，最弱小者与最强大者拥有同样的机会。不通过非暴力的方式这是不可能实现的。

《圣雄》(第 5 卷)，1952 年，第 343 页

真正的民主或大众的司瓦拉吉，永远不可能通过暴力以及违反真理的方式实现。原因很简单，使用这些手段的结果是镇压或消灭对手，以消除所有的阻挠，这不会带来个人自由。个人自由只有在纯洁的阿希姆萨政体下才能得到最充分的运用。

《哈里真》，1939 年 5 月 25 日，第 143 页

民主与暴力并存是有害的。今天有名无实的民主国家要么变成赤裸裸的极权国家，要么成为真正的民主国家。但要实现后者，就必须勇敢地支持非暴力。认为非暴力只能运用于个人而不能用于民族，这种观念是一种亵渎。

《哈里真》，1938 年 11 月 12 日，第 328 页

行为的黄金规则是互相包容，我们的想法是永远不会一致的，而

且我们总是从不同的视角看到真理的一个部分。每个人对道德良知的认识都是不同的。因此，它对某个人的行为是一个好的指导，然而如果把这种行为强加给另一个人，可能成为对他们道德良知自由难以忍受的干涉。

《青年印度》，1926 年 9 月 23 日，第 334 页

意见不和绝不意味着敌意，如果真是这样的话，那么我和我太太就是势不两立的仇敌。我不知道这世界上是否存在两个完全没有意见分歧的人。我作为《薄伽梵歌》的跟随者，总是怀着至亲至爱的情感，努力尊重那些与自己意见不同的人。

《青年印度》，1927 年 3 月 17 日，第 82 页

在我看来，在司瓦拉吉中我们唯一需要训练的是为自我防卫而抵御整个世界的能力，以及在完全的自由中自然生活的能力，即便它可能有种种缺陷，最好的政府也无法取代自治。

《青年印度》，1920 年 9 月 22 日，第 1 页

59. 分权

中央集权作为一种体制，与非暴力社会结构是不相容的。

《哈里真》，1942 年 1 月 18 日，第 5 页

现在权力的中心在新德里，或加尔各答与孟买，在大城市之中。我希望把它分散到印度的七十万个村庄中。

《圣雄甘地：最后阶段》（第 2 卷），1958 年，第 614 页

在这个由无数村落组成的结构中，将出现一个不断扩展、地位却永远不会上升的环形格局。生活不会成为一个由底层支撑的金字塔结构，而会成为一个平面的环形格局，其中心是那些总是愿意为村庄牺牲的个人，而村庄则愿意为乡镇地区牺牲，直到最后整个国家成为个人组成的生命群体。他们永远不会盛气凌人，而是谦恭地分享这个平面环形格局的主权，他们自身也是这个环形的组成部分。

因此，最外的圆环不会使用权力压制内部的圆环，反而愿意赋予内部所有人力量，并且它的力量也由内部衍生而来。我或许会被人嘲笑、反驳，说这完全是乌托邦，因此不值得考虑。如果欧几里得的"点"仍然具有不朽的价值，虽然无法被人类画出，那么我描绘的图画对于人类生活来说也具有它的价值。印度应该为这种真正的图景而活，尽管我们不能完全实现它。我们必须拥有一个想要的特定图景，然后才能努力实现它。如果印度的每个村庄都要成为一个共和群体，

那么我认为我描绘的图景就是合理的，最后一个权力环与第一个是平等的，换言之，没有人是第一个，也没有人是最后一个。

middle《哈里真》，1946 年 7 月 28 日，第 236 页

60. 乡村潘查雅特

真正的民主不可能通过位于权力中心的二十个人运转，它必须自下而上通过每个村庄的民众运转……

在我看来，没有法律能够阻止一个潘查雅特行使职能，只要村民们想要它。每个（村庄的）群体或它的成员都可以采用潘查雅特制度，不管印度其他地方是否具有。真正的权利是通过履行义务获得的，任何人都不能剥夺这种权利。潘查雅特制度是为了服务人民。在印度真正的民主体制中，其基本单位是村庄。即便只是一个村庄想采用潘查雅特制度治理，在英国称为共和体制，也没有人能够阻止。

《哈里真》，1948 年 1 月 18 日，第 519 页

"潘查雅特"这个词具有古老的韵味，它是一个美好的词语，其字面含义是由村民选举出来的五人议会。它代表着治理无数印度乡村共和团体的政治体系。但是英国政府通过无情彻底的税收手段，几乎

摧毁了这些古老的共和团体。

《青年印度》，1931 年 5 月 28 日，第 123 页

独立必须从底层开始。因此，每个村庄将成为一个拥有全部权力的共和团体或潘查雅特。由此得出，每个村庄必须自力更生，并且有能力管理它的事务，甚至为保护自己而对抗整个世界。它必须接受训练，并且准备好以死对抗任何外部侵略。所以，最终的单位仍然是个体。这并没有排斥来自邻居及世界的热心帮助。这些是互惠双方自由而自愿的行为。这样一个社会必然是一个具有高度教养的社会，每个人都知道自己想要什么，更重要的是，他们知道不应妄图得到他人付出努力应得的东西。

《哈里真》，1946 年 7 月 28 日，第 236 页

古时候，各国人民忍受旅途的千辛万苦去古印度寻求知识。他们发现印度没有偷窃，人民诚实而勤勉，家不闭户。那个时候，没有现在这样种姓繁多。潘查雅特的功能就是复兴这种诚实与勤勉。潘查雅特要教育村民，如果他们想解决纷争的话，就应避免争吵，这将使审判更快且没有任何费用……

然后，潘查雅特要负责牲畜的改良，他们必须使牛奶产量稳定上升。

潘查雅特还要负责村子里粮食产量的增长，这需要对土壤进行恰当的施肥才能实现……他们还必须关注村庄及居民的卫生清洁。他们

必须在身体与思想上做到洁净与健康。我不希望他们拥有电影院。人们认为电影是一种有效的教育方式。将来某一天这或许能够实现，但就目前来说，我看到电影正给人们带来负面影响，他们有自己本地的游戏节目。他们应该戒除使人晕醉的致瘾物。如果他们村子里还遗留任何不可接触制迹象的话，我希望他们能够废除。印度教徒、穆斯林、锡克人、拜火教徒等，都应该像兄弟姐妹一样生活在一起。

《哈里真》，1948 年 1 月 4 日，第 499—500 页

潘查雅特的权力越大，对人民越有利。此外，为使潘查雅特有效运行，人们的教育水平必须得到相应的提高。我在乎的不是人们武装力量的提升，而是道德力量的提升。

《哈里真》，1947 年 12 月 21 日，第 473 页

61. 议会民主

我要为一部宪法而奋斗，这部宪法可以把印度从所有奴役与庇护中解放出来，并且如果需要的话，给予她犯罪的权利。我要为这样一个印度而努力，在这样的国家中最穷苦的人也有归属感，在这样的国家中他们被赋予有效的发言权；在这样的国家中，人们没有高低层级之分；在这样的国家中，所有群体完全和睦地生活在一起；在这样的国家中，不存在不可接触制度及使人沉迷的酒类和药物这些祸害；

女人拥有与男人同等的权利。我们要与世界其他国家和平相处，不去剥夺也不被剥夺，所以我们将拥有数量最少的军队。所有不与人民利益冲突的那些利益，都必须小心翼翼的尊重，不管是外国的还是本国的。就我个人而言，我讨厌外国与本土的区分。这就是我梦想的印度……除此，我别无所求。

《青年印度》，1931 年 9 月 10 日，第 255 页

我所说的司瓦拉吉基于人民选举的印度政府，这种同意是经过大多数成年人的投票确认，无论是男性还是女性，原住民还是移民，那些以体力劳动为国家服务的人，以及那些不怕麻烦登记为选民的人。……我希望……能够实现这个目标，通过示范证明真正的司瓦拉吉不是通过少数人获取权威实现的，而是通过所有人获取抵抗权威施暴的能力实现的。换言之，通过教育大众，使他们的能力达到管制与控制权威的程度，司瓦拉吉就实现了。

《青年印度》，1925 年 1 月 29 日，第 40 页

仅仅让英国人撤离并不是独立。独立意味着每个村民都意识到他能主宰自己的命运，他通过选择代表的形式成为自己的立法者。

《青年印度》，1930 年 2 月 13 日，第 52 页

62. 特权与投票者

我绝不能接受这样一个观点，即有钱人有投票权，而一个品格高尚但没有钱或没有文化的人没有投票权，或者一个天天挥洒着辛勤汗水而诚实工作的人仅仅因为他是穷人而没有投票权。……我不会被文化信条迷惑，即选民必须至少拥有"三R"知识。我希望我的人民拥有这"三R"知识，但同时我也知道如果等到他们拥有"三R"知识才赋予他们投票的资格，那么我就不得不等到"希腊的凯伦斯①"这一天了，而我不打算一直等下去。

《青年印度》，1931 年 10 月 8 日，第 297 页

我绝不放弃成人普选权……成人普选权是必要的，原因有好几个，对我来说其中一个根本性原因在于它能使我满足所有合理的愿望，不仅是穆斯林，也包括所谓的不可接触者、基督徒、劳工及所有其他阶级的愿望。

《青年印度》，1931 年 10 月 8 日，第 297 页

对于选民来说，他们与候选人私人关系的重要性远远超过候选人的品质。如果我们能够帮助立法委员会建立更公正的选举标准，那会是一件好事。只有这样我们才能更好地利用这个委员会。我同时建议

---

① 希腊的凯伦斯（Greek Kalends），是罗马日历的第一天，但是希腊人不用罗马日历，因此"希腊的凯伦斯"是幽默地表示永远等不到，类似于汉语中的"猴年马月"。

选民不要迫使自己认同任何党派及其观点。应当看重候选人的观点，而不是他们的党派。相比候选人的观点，他们的品格更重要。一个拥有高尚品格的人可以登上任何高位，即便他有错误也不那么重要。我认为一个毫无品格的人不可能为国家提供更好的服务，所以如果我是一个选民，我会首先选择那些品格高尚的人，再去考虑他们的政治观点。

《青年印度》，1920 年 6 月 9 日，第 7 页

63. 真正权力的席位

我们必须承认，进入这些委员会的人可以为国家提供某些服务的，但我坚信委员会之外的许多人也能更好地服务于这个国家。卡莱尔把议会称为"闲谈商店"，那些已经把为国家服务作为信念的人不愿意进入议会，他们发现通过教育选民并监督被选举的议员遵守他们在竞选中的承诺，可以更好地服务于国家。

《青年印度》，1920 年 5 月 19 日，第 5 页

选民被国会议员引导是一种错觉。选民把代表送进议会并不是为了接受他们的引导。刚好相反，他们被委派到那里是为了忠诚地实现人民的意愿。因此，人民才是引导者，而不是国会议员。后者是仆人，前者是主人……

如果我们环顾世界，会发现最好的引导是议会之外的那些人给予的。如果不是这样，那么所有政府都可能出现腐败，因为需要引导的领域如此庞大，而议会只是一个很小的机构。议会相对于国民生活来说，不过是大海中的一滴水。

《哈里真》，1946 年 4 月 28 日，第 112 页

对于一个自由政府来说，真正的权力掌握在人民手中……最强大、有力的政府也会被迫变得软弱无力，如果人民逐渐意识到他们的权力，并以一种有序的方式将其用于公共利益……我们务必记住的事情是，只有极少的一部分人能够在一个国家的政府中获得职位与权力。世界各国的经验表明，真正的权力与财富掌握在人民手中。

《青年印度》，1930 年 4 月 24 日，第 137 页

64. 立法机构

我们将受益于那些进入议会的人，如果他们真的充满了谦卑与爱国之心，勇敢而无畏，并且精通他们要解决的问题。

《青年印度》，1920 年 5 月 19 日，第 5 页

若有二百五十个立法机构成员凌驾于一个省的人民之上却没有遭

到反对，在我看来是比瘟疫还糟的事情。难道为了把白色的掠夺换成黑色的，就要使如此多不再支持我们的高贵灵魂受损或牺牲他们生活中赖以生存的东西吗？这个问题一定有解决办法。如果这些立法机构没有那么多，它们的恶行就没有那么大。对于每个省来说，下院五十人、上院二十五人，将会使它对社会的危害最小化，虽然听起来数量比较少。

《圣雄》(第 8 卷)，1954 年，第 292 页

立法机构的另一个作用是，避免出台不受欢迎的法律，并出台那些对公众有用的法律，从而尽可能地有助于实施《建设纲领》。

《哈里真》，1946 年 12 月 17 日，第 13 页

国大党不应在选举上花费金钱。一个受民众欢迎的组织提名的候选人，无须借助组织的力量而被选中……
一个总想靠钱解决问题的组织永远不可能为大众服务。

《哈里真》，1946 年 2 月 17 日，第 13 页

的确，我不会被这两个立法机构迷住，或者发誓忠诚于它们。我不会担心一个平民立法机构会自以为是，并且匆忙通过一些事后不得不修正的法案。我不会对它说三道四并厌恶它。我认为一个平民立法机构可以处理好自己的事务，我们正在致力于管理一个世界上最贫穷

的国家，对我们来说花费越少越好。

《自由印度的甘地宪章》，第 93 页

　　整个建设纲领包括国家统一、废除不可接触制度、禁酒——为了追求真理与非暴力，如果说出于什么利益考虑使我们进入立法机构的话，那么这就是唯一原因，别无其他。真理与非暴力既是手段也是目的，并且如果立法机构由适当的成员组成，它就可以成为坚定的追求真理与非暴力的一种手段。如果他们无法做到，那将是我们的错而不能怪他们。如果我们真正依靠大众，那么立法机构就必定会追求真理与非暴力。

　　为了给国会纲领留有空间，我们将在非暴力方向上更进一步……真理与非暴力不是远离尘世的美德，它可以应用于讲坛或立法机构，正如应用于市场。

《哈里真》，1937 年 5 月 8 日，第 97—98 页

　　如果说为立法机构而斗争意味着牺牲真理与非暴力，那么民主就不值得追求。民众的呼声就是真理的声音，也就是我们必须代表的三亿民众的声音。除了真理与非暴力，还有什么方法能做到这一点呢？

《哈里真》，1937 年 5 月 1 日，第 89 页

　　在我看来，那些成为议员的国大党人，无论是普通成员还是部

长、议长，他们都要记住这样一个事实，即根据国大党宪章，他们的每种行为都必须追求真理与非暴力。因此，议会中的任何国大党人在面对其反对者时，必须做到极其正直与谦逊，绝不能采取下三滥的政治手段暗中伤人，永远不能卑劣地利用对手。他在议会中的职位越高，这些问题的责任就越大。议会中的成员无疑不仅代表他的选民和他的政党，也代表他所在省的全体民众。一个部长无疑会推动自己党派的发展，但永远不能因此而牺牲整个国家的利益。

从这个观点看，议长的职位非常重要，比首相重要得多。因为他处于这个位置，就要承担一个法官的职能。他必须给予公平与正义的裁决。他必须在议员之间强制遵守礼貌与谦恭的法则。他必须在风暴中保持平静。他有赢得对手的各种有利条件，这不是议会其他成员所能拥有的。

《哈里真》，1938 年 7 月 16 日，第 184 页

65. 多数与少数

如果我们想培养真正的民主精神，就应该宽容。不宽容暴露了一个人对他的行为理由缺乏信念。

《青年印度》，1921 年 2 月 2 日，第 33 页

我们在要求意见自由与行动自由的权利时，必须赋予其他人同样

的权利。当多数决策规则成为强迫时，它就像政府官僚的少数人统治那样是不宽容的。我们必须通过耐心、温和的说服与辩论，使少数人改变观点，接受我们的看法。

《青年印度》，1922年1月26日，第54页

对多数决策规则的一种刻板的应用是，一个人事无巨细地服从多数人。但是，无论多数人的决定是什么，都对其唯命是从，这是奴隶行为。民主状态并不是人们像羊羔那样行动。在民主体制下，个人的言论与行动自由应得到小心翼翼的保护。因此，我认为少数人具有按照与多数人不同方式行动的全部权利。

《青年印度》，1922年3月2日，第129页

在事关道德良心的问题上，不存在多数决策规则。

《青年印度》，1920年8月4日，第3页

如果某个个体的观点合理，多数决策规则并不意味着它可以压制该观点。如果个体的观点在道德上合理的话，应比多数人的观点得到更多重视。这就是我对真正民主的看法。

《圣雄》（第6卷），1953年，第354页

一个演讲者一再强调："亚洲问题的真正解决方案在于应用'最大多数人的最大利益'这条原则。"我们必须承认，我们并不是这条原则的盲目信徒。我们认为它在很多地方产生了许多不为人知的危害，并且很可能在世界进步的历史中产生同样的危害。

《圣雄甘地选集》（第4卷），第237页

66. 地方长官与部长的行为规范

◇印度的部长或地方官员，必须尽可能地使用印度制造的物品……他与其家人必须只能穿印度土布，这样印度的穷人就能因此维持生计。他同时应当熟练操作手纺车——这是非暴力的象征。

◇他应当学习印地语及乌尔都语①经文，并避免使用英语与同事交谈，而是自由使用地方性语言。政府的公报、命令及通知，如果可能的话只能以印度斯坦语发布，从而激发人民广泛的学习热情，在这样一个过程之后，它会逐渐发展为印度国语。

◇他必须彻底摆脱针对任何种姓或信仰的偏见，并且不能有任何对自己亲人与朋友的偏爱。对于部长来说，他的儿子或兄弟不能高于其他普通公民的地位，包括最穷苦的工匠或劳工。

◇他的私人生活必须非常简单以使人尊敬，甚至敬畏。他必须每天花一个小时从事生产性体力劳动，作为激励人民的一种方式。他要

---

① 乌尔都语（Urdu），印度广泛使用的一种语言，其主要使用者为穆斯林。

么每天纺纱一个小时，要么在园子里种植谷物、水果及蔬菜以增加乡村的农业产出。

◇别墅与汽车无疑是要避免的。如果他不得不去很远的地方或处理紧急事务，他当然可以使用汽车，但它的使用必须有明确的限制，尽管我能理解汽车有时也许是非常必要的。

◇我希望他和同事共同生活在一个住宅区，以方便感情沟通。他的家人也一样，因此能够培养与其他官员家属紧密的关系。

◇他的其他家庭成员，包括孩子，必须亲自承担所有的家庭事务，尽量少用仆人。

◇他的房间不能配置昂贵的外国制造的家具，例如沙发、橱柜和椅子，特别是在他的数千万同胞连一个棉制坐垫都没有，甚至没有一块用作衣服的布的情况下。

◇他不应该喝酒，也不能抽烟。

Biharni Komi Agman（古吉拉特语），第 227—228 页

◇一个印度地方官员必须是一个禁酒主义者，无论是对他本人，还是他身边的人。若非如此，对这种烈性液体的禁止就是不可想象的。

◇他与周围的人必须示范手摇纺纱，以此作为一个与印度劳苦大众同甘共苦的象征，也象征着生计劳动的必要性，象征着有组织的非暴力抵抗被视为当今社会基础的有组织的暴力。

◇他必须居住在所有人都能接近但又容易避开注意的村舍中，如果他想有效工作的话。英国总督很自然地想要展示英国人的势力，他

给自己及随从建立了一个坚固庞大的居所——一个被他及维护其帝国的无数仆人占据的宫殿。印度惯例是把一些奢华的建筑专门用于接待王公及世界各国的使节。为此，印度地方长官必须给他的客人上一课，即什么是"平等给予那后来的"——它的真实含义是所有人的平等。他没有昂贵的家具，无论是外国的还是本土的。他以朴素的生活及高贵的思想为座右铭，不是用于装饰门面，而是体现在日常生活中。

◇对于他来说，没有任何形式的不可接触者，没有种姓、信仰或肤色之分。他必须是所有宗教及所有东西方事物的最佳代表。作为一个印度公民，他同时必须是一个世界公民。人们会在经文里读到，哈里发·奥马尔拥有数百万珍宝，也过着简朴的生活。古代印度的贾纳卡国王也是这样。在我看来，艾尔伦大师也是如此，他的住所周围环绕着领主的儿子们及不列颠群岛在印度的官员和富豪。难道有着无数饥饿百姓的印度，其地方官员要做的比他们还要少吗？

◇作为某个省的地方长官，他应该讲这个省的语言和印度斯坦语，以及纳加里语（Nagari）或乌尔都语经文中的印度混合语。这种语言既不是梵文版的印第语，也不是帕西版的乌尔都语。印度斯坦语显然是印度北部温迪亚山区数百万人使用的语言。

我不敢说以上所列的条目是毫无遗漏的，它只是对一位印度地方长官所要展现美德的一个简要说明。

《哈里真》，1947 年 8 月 24 日，第 289 页

67. 平民部长

但是在我看来，很多写了大量报道的新闻记者都把部长职务看作对过去服务的奖赏，因此一些国大党人可以要求成为其中一员。我斗胆劝告他们，部长职务是通向服务的林荫大道，那些被任命的人，必须热忱地发挥他们最大的能力。因此，这绝对不能成为一场职务争夺战。

为了平衡利益而设立部长职务的做法是绝对错误的。如果我是一个总理，被这些诉求纠缠，就会告诉我的选民去选择另一个人领导他们。必须看轻这些职务，而不是将其紧紧抓在手里。它们应被当作荆棘冠冕[①]，永远不应成为荣耀的冠冕。这些职位给予某些人，是为了看他们能否带领我们更快地向目标前进。

《哈里真》，1937 年 8 月 7 日，第 204 页

今天你们已经戴上了"荆棘冠冕"。权力的宝座很容易滋生肮脏的东西，你在这个位置上不得不永远保持清醒，你不得不更加非暴力、更加谦逊、更加克制。你们已经在英国政体下经历过这些考验。但从某种程度上来说，那根本不算什么考验。然而现在你们要经受无止境的考验。绝不要坠入金钱的诱惑而成为它的猎物。愿你们服务乡

---

① "荆棘冠冕"，出自《圣经·新约》。甘地在此借用此词比喻官员要谦逊负责，而不要把官职视为荣耀。

村，服务穷人。

《加尔各答奇迹》，1959 年，第 32—33 页

他们（部长）不能为自己、亲人或朋友谋取私利。如果他们的亲人或朋友得到任何的职位任命，那也只能因为他们在所有候选人中是最优秀的，并且他们的市场价值总是比他们在政府中获得的价值大得多。

《哈里真》，1938 年 4 月 28 日，第 88 页

部长不应当（对公众批评）太敏感，他们要欣然接受甚至是吹毛求疵的批评……与其他人相比，批评家们对这些由人民选择的公仆，在纯朴、勇敢、诚实及勤奋等方面有着更高的期待。

《哈里真》，1947 年 9 月 21 日，第 325 页

我们的部长来自人民，并为了人民。唯愿他们不要自以为比其他经验丰富的人更有经验，那些人只是没有坐在部长的位置上罢了。

《哈里真》，1947 年 11 月 16 日，第 409 页

领导者掌握着政府，并且他们手中掌握着数百万卢比资金的支配权。他们必须警醒，必须谦逊。人民通常认为那些不信守承诺的人一

415

无是处。因此，他们必须永远不承诺自己无法做到的事情。一旦做出承诺，就必须不惜代价兑现承诺。

《哈里真》，1947 年 12 月 14 日，第 467 页

一个受民众欢迎的部门要对立法机构负责，并且不能做任何未经立法机构批准的事情。民选议会中每位当选的议员都要对其选民负责。因此，那些代表公众的投票者，在对政府进行任何批评之前都要深思熟虑。纳税人缴纳的钱都会得到全部的回报，就拿城市里对用水征收的税费来说，没有哪个纳税人单靠自己缴纳的费用就可以获得水。但即便如此，纳税人在缴纳这些税费时还是抱怨不已，尽管事实上税收是根据民众的意愿征收的。确实人们无法像我刚才举的那个例子那样，这么容易就能够证明所有税收的好处。但随着社会规模及复杂性的增加，公共服务的领域也随之扩大，我们很难对一个纳税人解释清楚他所缴纳的各种税费是怎样得到回报的。然而所有这些都清楚表明，整体的税收应当用于社会的整体利益。如果不是这样，我们就不能说这些税收是根据民众的意愿征收的。

《哈里真》，1946 年 9 月 8 日，第 293 页

各种立法议会应当成为他们唯一的立法者。各部长可以被随意撤换。他们的行为应当接受法院的审查。法院必须在其权力范围内竭尽全力高效、迅速及公正地进行审判。为此我们建议采取潘查雅特治理。因为一个高等法院不可能接触成千上万的民众。只有在特殊情况

下，才需要紧急的立法。但立法议会绝不能被行政机构僭越，即便立法的程序可能较为缓慢。

《哈里真》，1947 年 10 月 19 日，第 377—378 页。

68. 警察、犯罪与监狱

公民自由不是犯罪的自由。

《哈里真》，1937 年 10 月 23 日，第 308 页

然而我承认，即使是在一个非暴力的国家中，警察队伍也是必要的。我认为这是一种我所说的不完全阿希姆萨的表现。我不敢宣称我们生活中不需要警察，就像我针对军队所说的一样。当然，我确实能够设想一个无需警察的国家。但我们能否实现它，只有未来知道。

但无论如何，我心目中的警察队伍与当前的警察队伍是完全不同的模式，他们是由非暴力的信仰者组成的。他们将是人民的仆人而不是主人。人民会自发地帮助他们，并且通过互相合作，他们能很容易平息那些日渐减少的骚乱。警察队伍会配有某些武器，但是就算有武器他们也很少使用。实际上，警察将成为社会改革者。他们的警卫工作将主要局限于应对强盗与土匪。

《哈里真》，1940 年 9 月 1 日，第 265 页

在一个非暴力形态的独立印度中，只有犯罪而没有罪犯，他们不会受到惩罚。犯罪是一种弊病，就像任何疾病一样，是一个普遍的社会系统产物。因此，所有犯罪行为包括谋杀，将被视为社会弊病。至于这样一个非暴力的印度将来能否实现，则是另一个问题。

《哈里真》，1946 年 5 月 5 日，第 124 页

在自由印度之中，我们的监狱应该是什么样子的？所有的犯人应被当作病人对待，并且监狱应该成为接纳与治疗这类病人的医院。没有人会为了取乐而犯罪，那是一种思想败坏的表现。每种特定疾病的原因都必须弄清楚并被消除。当他们的监狱成为医院时，就不需要富丽堂皇的建筑，没有一个国家会提供这样的监狱，印度这么穷的国家就更不用说了。但是监狱工作人员的态度应当像医院里的医生和护士一样。要让囚犯感到监狱官员是他们的朋友，这些人是来帮助他们重获精神健康的，而不是以各种方式折磨他们。政府必须发布一些必要的命令使监狱的行政管理更人性化，但监狱工作人员也要为此做很多事情。

《哈里真》，1947 年 11 月 2 日，第 395—396 页

第十节　社会思想

69. 社会理想

人类社会是一个生生不息、精神不断拓展的过程。

《圣雄》(第 2 卷)，1951 年，第 296 页

所有的社会都是通过非暴力结合在一起的，就像地球通过地心引力保持其位置一样。但是当地心引力规律被发现后，这种发现产生了前所未有的结果。同样，如果社会依照非暴力法则被刻意建构，它的结构就会在具体细节上与当前的情况有所不同。

《哈里真》，1939 年 2 月 11 日，第 8 页

1896 年访问游览的时候，我忘记了是在德里城堡（Delhi Fort）还是在阿格拉城堡（Agra Fort）的门上看到一句诗歌，翻译过来就是："如果世上有极乐园，它就在这里，就在这里，就在这里。这个

城堡极尽奢华，然而并不是我眼中的乐园。"但我乐于看到这句正义的诗歌刻在巴基斯坦的大门上，在所有的入口处。在这样的乐园中，无论是在联盟还是在巴基斯坦，既不会有贫民，也不会有乞丐；没有人高贵，也没有人低贱；既没有百万富翁雇主，也没有吃不饱饭的雇员；没有令人成瘾的酒或毒品。女人与男人将得到同样的尊重，并且男人与女人小心翼翼地守护着他们的忠贞与纯洁。在那里的每个女人，除了已为人妻的，会被所有宗教的男士根据她们的年龄当作母亲、姐妹或女儿。在那里不会有不可接触者，并且所有的宗教信仰一律平等。

所有人都自豪地、愉快地、自愿地以劳动谋生。我希望每个听我讲或读到这些话的人，原谅我沉醉在这样的想象中，就像我在床上舒展身体享受温暖的太阳、吸收赋予生命的阳光一样。

《哈里真》，1948 年 1 月 18 日，第 526 页

70. 社会的四重划分与生命的四个阶段

每个人都会承认，没有瓦尔纳①和阿室罗摩②法则就没有印度教。没有人能够找到不致力于解释瓦尔纳–阿室罗摩法则的法典。这个法

---

① 瓦尔纳（Varna），指颜色或种姓，印度教社会四大种姓中的任何一个。
② 阿室罗摩，指生命的阶段，灵性教师的住所，净修团体生活的地方。印度教把一个人的一生划分为四个阿室罗摩或四个阶段。

则可以追溯到我们最古老的宗教经典——《吠陀经》[①]，没有哪个自称为印度教徒的人能够忽视它。他有义务学习它所有的含义，并且去其糟粕，培养与恢复它的质朴与纯洁，如果它表达的是普遍的法则。

就阿室罗摩法则来说，它已消亡，无论是对它的信仰还是遵从，都是如此。印度教规定了阿室罗摩或人生的四个阶段——独身禁欲期（施行节制的学生）、家居期（居家者）、隐退期（隐居的人）及苦修期（遁世者），这四个阶段是每个印度教徒为实现其人生目的都必须经历的。但是实际上，第一个和第三个阶段如今已不存在，第四个阶段只能说小范围内还在名义上遵守。第二个阶段今天仍被所有人遵守，但也是在名义上而不是精神上遵守。我们都是某种类型的"居家者"，因为我们都要吃、喝及繁衍我们的种族，就像所有造物一样。但是，我们这样做只能在肉体而非精神上实现这个法则。只有那些已经结婚的夫妻，在精神上实践这个法则才被认为是遵守了家居期的阿室罗摩法则。那些仅仅过着动物般生活的人并没有遵守这个法则。今天，居家者的生活是一种纵欲的生活。由于这四个生活阶段呈现阶梯式的成长过程，并且是相互依赖的，一个人不能飞跃到隐退阶段或苦修阶段，除非他已经满足前两个阶段——独身禁欲及家居生活的阿室罗摩法则。因此，阿室罗摩法则今天是一个已失去意义的词语，只有与之密切相连的瓦尔纳法则被复兴，阿室罗摩法则才能得以复兴。

这就要求我们对瓦尔纳法则做一番讨论。瓦尔纳与人的出生密切地——如果不是不可分离地——联系在一起，并且对瓦尔纳法则的遵守意味着，我们坚守祖先流传下来的传统职业的一种精神义务。因

[①] 《吠陀经》，印度教最重要、最根本的经典，在传承过程中，渐渐被分为《梨俱吠陀》《娑摩吠陀》《耶柔吠陀》《阿闼婆吠陀》四部经书。

此，那些履行瓦尔纳法则的人屈指可数。一个人这种子承父业的职责，是作为一种义务完成的，尽管它自然而然地给他带来谋生的收入。所以，一个婆罗门的职责就是研究并传授婆罗门的科学（或精神真理），他履行这项职责因为他别无选择，这是他存在的法则。这保障了他的生计，但是他会把它视为一份来自造物主的礼物。一个刹帝利会以同样的精神履行保护人民的职责，并接受人民给予他的任何东西用以生计。一个吠舍会为共同体的福利而从事带来财富的职业，自己只留下维持生计的财富，其余的财富则以各种形式回报共同体。一个首陀罗会以同样的精神承担体力劳动与服务。

瓦尔纳由出身决定，但是只有履行它的义务，人的种姓才能得以保留。一个由婆罗门父母生下的人被称为婆罗门，但是在他成年之后，如果他的生活无法展示出一个婆罗门的品质，就无法成为一个婆罗门，从而失去婆罗门的地位。另外，一个人并非出身婆罗门，但他的行为如果展示出婆罗门的品质，就会被认为是一个婆罗门，尽管他本人会否认这个称谓。

这样构想出的瓦尔纳不是人为的制度，而是管理人类大家庭生活的普遍法则。这个法则的实践会使生命继续，它将传播和平与富足，消除所有抵触与冲突，终止饥饿与贫困，解决人口问题，甚至终结疾病与受苦。

瓦尔纳显示了一个人存在的法则及其要履行的义务，但它没有赋予他权利，并且它与"优越"或"卑贱"这样的观念是格格不入的。所有瓦尔纳都是平等的，因为它们对于共同体来说同等重要。如今，瓦尔纳意味着高贵与低贱的等级之分，这是对其原有之义的恶劣歪曲。瓦尔纳法则是我们的祖先经过苦修发现的，他们要尽自己最大的能力按这个法则生活。今天我们已经把它扭曲，并且使自己成为世界的笑柄。一点也不奇怪，我们中的一部分印度教徒如今正在集中他们的力量，摧毁这个在他们看来意味着使印度毁灭的制度。当然，一个人可以对这种恶劣的扭曲毫不留情，因为它除了意味着印度教的毁灭之外没有任何意义。

《哈里真》，1934 年 9 月 28 日，第 260—261 页

瓦尔纳-阿室罗摩法则界定了人在这个世界上的使命并不是生来就要日复一日地寻求聚集财富的大道，探索各种不同的谋生手段；相反，人生在世是为了运用所有的精力认识他的创造者。因此，人的使命限制着他，使他的身体与精神能够一起致力于祖先从事的事业。这就是瓦尔纳-阿室罗摩法则的真正含义。

《青年印度》，1927 年 10 月 27 日，第 357 页

尽管瓦尔纳法则是某个印度教先知的一个特殊发现，但它具有普遍适用性。每种宗教都有一些与众不同的特征，但如果要表达一个原则或法则，它必须具有普遍适用性，这就是我对瓦尔纳法则的看法。今天世界或许会无视它，但将来有一天不得不接受它。

在《吠陀经》中，四个瓦尔纳被比喻为身体的四个部分，没有比这个比喻更美好的了。如果它们是同一个身体的四个部分，那么一个部分怎么会比其他部分更高级或更低级？如果身体的各部分有表达的权利，并且它们每个都说自己比其他部分更高级、更好，那么身体将

会四分五裂。我们的政治共同体、人类共同体更是如此，如果它持续保留傲慢与自卑的顽疾的话，它们将变成碎片。正是这种顽疾成为这个时代各种罪恶的根源，尤其是阶级战争及公民冲突。即使理解能力最粗浅的人也不难明白，这些战争与冲突是不会停止的，除非遵守瓦尔纳法则。因为它规定每个人都应该通过一种责任与服务的精神，实践一个人生来就有的存在法则。

《哈里真》，1934 年 9 月 28 日，第 261—262 页

瓦尔纳–阿室罗摩，正如我解释的那样，满足了一个共同体的宗教、社会及经济需求。它之所以能够满足宗教需求，是因为整个共同体都接受这个法则，人们可以自由通过投入足够多的时间达到灵性的完满。遵守这个法则可以消除社会邪恶，并且完全避免致命的经济竞争。如果把它当作这样一个法则：它规定的不是一个信奉它的群体的权利或特权，而是他们的义务，那么它可以确保财富分配尽可能公平，尽管可能不是理想的、绝对的平等分配。因此，如果那些漠视这个法则的人把义务误认为特权，并且竭力挑选自我提升的职业，这时就会导致人们对瓦尔纳法则的困惑及社会的最终瓦解。在这个法则中，绝不会强迫任何人违背他的天赋而继承父母的职业。也就是说，瓦尔纳–阿室罗摩法则可以不需要外部强制就能数千年一直起作用而不停止。通过训练，人们已经认识到义务及法则的正义，他们自愿在它的指导下生活。今天各民族生活在对该法则的无知及违背之中，他们因此而遭受苦难。那些所谓文明的民族绝对达不到这样一种状

态——他们在各方面都能获得安宁与满意。

《哈里真》，1933 年 3 月 4 日，第 5 页

瓦尔纳与种姓没有任何关系。我们要摘下假借瓦尔纳之名的种姓恶魔的面具，正是这种对瓦尔纳的歪曲，使印度及印度教堕落退化。我们之所以未能遵从瓦尔纳法则，很大程度上是我们的经济及精神受损导致的。这是失业及穷困的一个原因，也导致不可接触制及对我们信仰的背离。

《青年印度》，1927 年 11 月 24 日，第 390 页

人作为一种社会存在，不得不想出某种社会组织的方法。我们在印度已经发展出种姓，欧洲人则拥有组织化的阶级，这两者都缺乏家庭的团结与自然。如果说种姓产生了某些恶行，那么阶级带来的也不会少。

如果说阶级有助于保留某些社会美德，种姓也可以，如果不能做得更好，也可以达到同样的程度。种姓制的美好在于它并不是建立在财富占有的区别之上。金钱已被历史证明是世界上最大的导致分裂的力量。即使是神圣的家庭纽带，也难以避免财富的污染——商羯罗查尔雅（Shankaracharya）说。种姓不过是家庭原则的拓展，两者都是由血缘和遗传决定的。西方科学家总是试图证明遗传是一种幻觉，所有一切都是由环境造成的，但是很多地区的可靠经验与这些科学家的结论刚好相反。但是，即便接受了他们的环境论学说，我们也很容易

证明，种姓能比阶级更好地使环境得到保护与发展。

《青年印度》，1920 年 12 月 29 日，第 2 页

71. 妇女的角色与地位

我的看法是，正如男人与女人根本上是一体的，他们的问题在本质上也是一样的。他们有着一样的灵魂，过着同样的生活，有着同样的感情。他们互为补充，没有一方的积极生活，另一方难以生活……

但是不知怎么地，男人很久以来一直支配着女人，所以女人已经形成一种自卑的心理情结。她也一直相信那些维护男人利益的所谓"真理"，即她是低于他的，尽管男人中有先知先觉者早已经承认她的平等地位。

不过，两者虽然在根本上是一体的，但在某些时刻他们无疑又有所分歧。同样重要的是，他们在形体上有重大的差别。因此，两者适合做的工作必然不同。大多数妇女要承担"母亲"这个角色，其职责要求的品格是男人没有的。她是被动的，他是主动的。她本质上是家庭的女主人。他挣钱养家糊口，她负责保管与分配家庭收入。她是一个名副其实的看护人，抚养本族婴儿的能力是她独特的天赋。没有她的照顾，人类种族必然灭绝。

在我看来，号召或劝导妇女放弃家庭而扛起枪保护家园的做法，对男人或女人来说都是一种羞辱。这是一种向野蛮的转变及末日的开始。为了极力骑上男人所骑的马，她把他和自己都拉了下来。这肯定

是男人头脑中的罪行使他引诱或强迫他的伴侣放弃她的专职。保持一个家庭井井有条，跟保护它避免遭受外来侵犯需要同样的勇气。当我看到无数农民在大自然中劳动，并且看到他们每天在小小的西格昂城中工作，劳动的这种自然分工使我印象深刻。没有妇女担任铁匠和木匠。当男人与女人一同在田地里劳动，最重的活儿是由男人来干的。妇女照看与管理家务，她们会补充家庭所需，但男人仍然是主要的家庭收入承担者。

一旦我们承认两性在工作领域的自然划分，他们因分工所需的基本品格与文化实际上也就有了差别。

我在重大问题上做出的努力是，提出在生活中的每个方面都要接受真理与阿希姆萨，无论是个人还是民族。我期望妇女在这个事情上成为毫无争议的领导者，并因此找到她们在人类进步进程中的位置，从而摆脱自卑的心理情结……

我已经在这些专栏文章中指出，妇女是阿希姆萨精神的化身。阿希姆萨意味着无限的爱，也意味着无限承受苦难的能力。除了妇女——男人的母亲，还有谁能最大程度展现出这种能力？她从怀胎孕育九个月的痛苦中获得喜乐，从而展现出这种能力。还有什么能够超越分娩的痛苦呢？但是她在创造新生命的喜悦中忘记了这些。接着，是谁每天辛劳照顾她的婴儿一天天长大？但愿她能够把这种爱转移至整个人类，但愿她忘记自己曾经是或将来可能是男人情欲的对象。并且，她将在男人旁边占据一个令她自豪的位置，作为他的母亲、他的创造者及默默的带领者。她天生就要给这个战乱频仍而渴望甘露的世界传授和平的艺术。她可以在萨提亚格拉哈运动中成为领袖，因为那不需要学习书本知识，而是源自受苦与信仰的勇敢心灵。

在浦那的萨斯逊医院（Sasson Hospital）有一个很好的护士。许多年前，当我在那住院的时候，她给我讲了一个故事：一个妇女拒绝使用麻醉剂，因为她不想因此而危及她腹中的胎儿，她因此不得不忍受手术的疼痛。唯一的"止痛剂"是她对胎儿的爱，为了保护他，没有什么她忍受不了的痛苦。类似这个女主人公的女人很多，但愿没有女人会轻视自己的性别，或者为她们生来不是男人而感到悲哀。想到故事中的这个女主人公，我常常羡慕妇女拥有的这些身份。对于男人来说，有很多理由希望自己生为女人，女人也是一样。但这种愿望是徒劳的，让我们愉快接受与生俱来的性别，并且完成自然界赋予我们的义务。

《哈里真》，1940 年 2 月 24 日，第 13—14 页

因为自然界已经区分了男人与女人，所以在教育上保持两性的差别也是有必要的。确实，他们在生活中是平等的，但他们的职能不同。管理家庭是妇女的权利，男人主宰外部事务。男人赚钱，妇女则管理与花费。妇女照顾并抚养孩子，她塑造孩子的未来，负责培养孩子的性格。她是孩子的教导者，因此也是民族的母亲。（从这个意义上来说）男人却不是民族的父亲，经过一段时期，父亲会停止对儿子的影响，但母亲永远不会。即便儿子成年之后，也会如同小孩般与母亲嬉戏，但他不会这样与父亲相处。

如果这是大自然的安排，并且它本来就应当如此，那么妇女就不应该挣钱养活自己。我认为，妇女不得不从事电报员、打字员或排字工的工作，这种工作分工很不好。这样的民族必定一贫如洗而不得不

依赖他们的资本而生活。

因此，正如让妇女生活在一种无知和被压迫的状态中是错误的一样，让妇女承担通常由男人做的事情也是一种堕落和残暴的表现。

《圣雄甘地选集》（第 14 卷），第 31 页

我并不需要变成一个女人来狂热地反抗男人对妇女的暴行。我把以暴易暴这个历史流传下来的法则，置于行动方案列表的最后位置。《萨尔达法案》①要处理的这种恶行，比这个法则应对的恶行大得多。我在妇女权利这个问题上是毫不妥协的。在我看来，她应该与男人在同等的法律条件下工作。女儿与儿子也应处于完全平等的地位。妇女开始意识到她们的力量，随着她们接受的教育越来越多，她们会很自然地憎恨自己屈从的明显的不平等。

但是废除法律的不平等只是一个治标不治本的办法。这种恶行有着远比人们意识到的更深的根源。它存在于男人对权力与名声的贪婪之中，更深地存在于相互的欲望中。男人总是存在权力欲望，财产所有权赋予了他这种权力。男人同时还在其权力基础上追逐死后的名望，但是如果他的财产不断地被划分为各个小的部分，而且由所有子孙后代平分共享，他死后的名望就不可能维系。因此，财产的大部分由长子继承。大多数已婚妇女分享着丈夫的权力与特权，尽管法律歧视她们。她们乐于成为女主人，这不仅仅是因为她们是某个领主

---

① 《萨尔达法案》（Sarda Bill），又称《童婚限制法案》，由英印政府 1929 年颁布。该法令规定了英属印度人结婚年龄，男性是二十一岁，女性是十八岁，目的在于保护妇女的婚姻权利。

的妻子这样一个事实。因此，尽管她们在口头讨论中赞同对不平等的激进改革，但是当真的让她们付诸实践时，她们却不愿意放弃享有的特权。

因此，虽然我一直反对剥夺所有妇女的法律资格，但也总是让那些被启蒙的印度妇女解决根本的问题。妇女是牺牲与苦难精神的化身，因此如果她参与公共生活就可以使公共生活得到净化，也可以遏制放纵的野心和对财产的囤积。我希望她们知道成千上万的人没有财产转移给子孙后代，也希望我们从这些人身上学会，对于少数富人来说，没有祖先的遗产是更好的事情……

特别是那些已经觉醒的妇女，她们的权利是认识并根除这些年代久远的恶行。

《青年印度》，1929 年 10 月 17 日，第 340 页

作为法律制定者的男人，不得不因贬低所谓弱势性别的人格而付出沉重的代价。当妇女从男人的罗网中获得解放，上升到与男人同等的地位，并且反抗男人制定的法律与制度时，她的反抗无疑将是非暴力的，也是有效的。

《青年印度》，1925 年 4 月 16 日，第 133 页

男人把女人视为他的工具，她也已经学会充当他的工具，并且最终发现很容易或乐于这样做，因为当一个人拖着另一个人下落时，坠

落将更容易。

《哈里真》，1936 年 1 月 25 日，第 396 页

对于我来说，在男人所负责的所有恶行之中，没有一个比他对人类更好的另一半——女性（而不是弱势性别）——的虐待更可耻、更令人震惊、更残忍的了。女性是两性中的更高贵者，因为她直至今日仍然是牺牲、隐忍、谦卑、忠信和知识的象征。

《青年印度》，1921 年 9 月 15 日，第 292 页

把妇女称为弱势性别是一种侮辱，它是男人对妇女的不公正对待。如果我们所说的"力量"是指身体力气，那么妇女确实比男人的力气小；但如果"力量"是指道德力量，那么妇女毫无疑问要胜于男人。难道她不是更有道德直觉吗？她不是更有自我牺牲精神吗？她不是更有忍耐力吗？她不是更有勇气吗？没有她，男人无法生存。如果非暴力是我们人类的法则，那么人类的未来掌握在妇女手中……谁能比妇女更有效地使用心灵的力量呢？

《青年印度》，1930 年 4 月 10 日，第 121 页

我认为妇女需要适当的教育，但不认为妇女需要通过模仿或与男人比拼为这个世界做出贡献。她可以参与比拼，但不可能通过模仿男

人而上升到她所能达到的最大高度。她不得不成为男人的一个补充。

《哈里真》，1937 年 2 月 27 日，第 19 页

我认为妇女是自我牺牲的象征。但不幸的是，今天她没有意识到自己相对于男人拥有的一个极大优势。正如托尔斯泰所说，她们正在男人的催眠影响下劳动……如果她们能够意识到非暴力的力量，就不会同意被称为弱势性别了。

《青年印度》，1932 年 1 月 14 日，第 19 页

拒绝成为你自己幻想与想象的奴隶，以及男人的奴隶。不要打扮自己，不要喷洒香水，如果你（妇女）要散发出特定的香气，也必须由心而发，这样你将迷住的不是男人，而是整个人类。这是你天生的权利。回到你自身，再次表达你的思想。

《青年印度》，1927 年 12 月 8 日，第 406 页

妇女不应把自己视为男人的情欲对象。补救的方法更多地掌握在她的手中，而不是男人手中。她必须拒绝为男人打扮，包括她的丈夫，如果她要成为男人的平等伴侣的话。我无法想象悉多会浪费片刻

的时间通过身体魅力取悦罗摩。①

《青年印度》，1921 年 7 月 21 日，第 229 页

那些认识到自身义务并履行的妇女能意识到自己的高贵地位。在她管理的家庭中，她是女王，而不是奴隶。

《哈里真》，1934 年 10 月 12 日，第 277 页

性别平等并不意味着职业平等。也许并不存在禁止妇女打猎或挥舞长矛的法律，但她会本能地回避那些属于男人的行为。大自然创造不同的性别以彼此互补，他们发挥的作用是由他们的外在形式决定的。

《哈里真》，1939 年 12 月 2 日，第 359 页

我并不会区别对待男人与女人。妇女要像男人那样独立自主，勇敢不是男人专有的。

《哈里真》，1947 年 1 月 5 日，第 478 页。

今天妇女很少参与政治活动，并且她们这么做大多不是出于独

---

① 在印度教神话中，悉多是罗摩的妻子。

立思考，她们乐于遵循父母或丈夫的命令。在意识到自己的依附地位后，她们大声呼吁妇女权利。然而与此相反，应该鼓励女性工人登记为选民，使她们获得实践教育，教导她们独立思考，把她们从种姓制度的束缚中解放出来，进而使她们发生一些改变，从而迫使男人意识到妇女的力量和自我牺牲的能力，并给予她们荣誉。

《哈里真》，1946 年 4 月 21 日，第 96 页

因此，我建议妇女采取文明抵抗的方式抵制所有令人不快及卑劣的束缚。所有的约束必须出于自愿才能有益于人。这种文明抵抗不会导致伤害，因为它是以纯洁及有理有据的抗争为先决条件的。

《哈里真》，1947 年 3 月 23 日，第 80 页

妇女不应该向男人寻求保护，她们必须依靠自己的力量及纯洁的品格。

《哈里真》，1946 年 9 月 15 日，第 312 页

男人必须学会给妇女让位。在一个群体或国家中，如果妇女得不到尊重，它就不算文明的群体或国家。

《哈里真》，1948 年 1 月 11 日，第 508 页

贞节不是在温室中成长起来的。它是不能被强加的，无法通过帐幕的包围得到保护。它必须由内而发地成长，并且比任何东西都宝贵，因此它必须能抵挡任何不经意的诱惑。

《青年印度》，1927 年 2 月 3 日，第 37 页

妇女是生活中所有纯洁和虔诚事务的专门管理者。她们本性上是保守的，如果说她们不会迅速摆脱迷信习俗的话，那么同样不会仓促放弃生活中的纯洁与高贵。

《哈里真》，1933 年 3 月 25 日，第 2 页

我真的认为，女人的使命就是展示阿希姆萨的最高、最好形态……因为妇女比男人更适合探索阿希姆萨的教义，并采取勇敢的行动……妇女自我牺牲的勇气在任何时候都胜于男人，正如男人的匹夫之勇胜于女人。

《哈里真》，1938 年 11 月 5 日，第 317 页

72. 理想的婚姻

完全的克制、完全的禁欲是理想的状态。如果你不愿意去想它，

而想尽办法结婚，即便如此，你也要过一种自我节制的生活。

《哈里真》，1935 年 9 月 7 日，第 234 页

父母把婚姻强加给女儿是完全错误的行为，但把女儿留在身边以致她无法自谋生路，也是不对的。因女儿拒绝结婚而把她赶出家门，任何父母没有这种权利。

《哈里真》，1946 年 9 月 15 日，第 311—312 页

婚姻是生活中一件自然的事情，以任何贬损的态度看待它都是完全错误的……这种理念就是把婚姻视为一种恩赐，因此引导人们过一种自我节制的婚姻生活。

《哈里真》，1942 年 3 月 22 日，第 88 页

理想婚姻的目标是通过身体的联合达到精神的契合。人类爱情只是通向神圣或普世之爱的垫脚石。

《青年印度》，1931 年 5 月 21 日，第 115 页

恰当地说，婚姻的真正目的应当是男人与女人之间的亲密友谊和伴侣关系。其中，没有任何性欲的满足。这样的婚姻不是为了满足性

欲而建立的，这样的满足是对真正友谊的否定。

《哈里真》，1946 年 7 月 7 日，第 214 页

那些把悉多看作在罗摩之下甘心为奴的人，要么没有意识到她的独立，要么没有注意到罗摩在所有事情上都为她考虑。悉多并不是一个无法保护自己及自己尊严的无助、柔弱的妇女。

《哈里真》，1936 年 5 月 2 日，第 93 页

妻子并不是丈夫的奴隶，而是他的伴侣和助手，以及他所有快乐与悲伤的平等分担者，她可与丈夫一样自由选择自己的道路。

《自传》，1966 年，第 18 页

我认为我们国家的教育应当教会妇女说"不"的艺术，甚至是对她的丈夫说不，她没有任何义务成为丈夫手中的玩偶或纯粹的工具。她既承担义务，也享有自己的权利。

《哈里真》，1936 年 5 月 2 日，第 93 页

有一个人写信给我，提到了结婚的四个前提条件：互相吸引或相爱；适合优生；各自家庭的考虑及社会秩序的利益；精神发展。
我大体上接受这位来信者列举的理想婚姻的几个前提条件。但是

我会改变它们的重要性排序，把"相互吸引或相爱"放在最后一位。因为把它放在第一位，可能会使其他几个条件被忽略，并且使它们或多或少变得毫无价值。"精神发展"应当放在婚姻选择的第一位，"服务"应当放在第二位，"家庭的考虑及社会秩序的利益"排在第三位，"互相吸引或相爱"放在第四位，意味着仅仅"相爱"，而其他四个条件没有得到满足，不能当作结婚的有效理由。同样，我们要反对没有爱的婚姻，即便其他条件都已实现。我删掉了"适合优生"这个条件，因为繁衍后代是婚姻的目的之一，因此不能将其当作一个"前提条件"。

《哈里真》，1937 年 6 月 5 日，第 133—134 页

摩奴 ① 把他的第一个孩子描述为达摩雅（Dharmaja）——诞生于责任意识，并且把之后出生的那些孩子称为卡马雅（Kamaja）——诞生于肉体情欲。这就为性关系提供了坚实的法则。

《哈里真》，1937 年 4 月 24 日，第 83 页

无数人为了满足味觉需求而饮食，但是这种嗜好不会因此成为一个人的责任。极少数人仅仅为了活着而饮食，但他们是真正知道饮食法则的人。同样，只有那些为了经历婚姻纽带的纯粹与圣洁，并因此

---

① 摩奴（Manu），印度神话中的人类始祖，古印度《摩奴法典》的制定者。

438

获得内在神圣性的婚姻，才是真正的婚姻。

《哈里真》，1946 年 7 月 7 日，第 214 页

你要捍卫妻子的尊严，不要做她的主人，而要成为她真正的朋友。你要守护她的身体及精神的圣洁，正如我相信她也会守护你的身体和精神一样。为此你必须过一种虔诚祈祷的生活，以及一种简单而自制的生活。希望你们都不要把对方当作自己的情欲对象。

《青年印度》，1928 年 2 月 2 日，第 35 页

我承认丈夫与妻子之间不应存在秘密……我认为丈夫与妻子是融为一体、合二为一的。

《哈里真》，1940 年 3 月 9 日，第 30 页

对于孩子来说，什么是坎雅丹①？一个父亲是否对他的孩子们拥有这样的所有权？他是他们的保护者而不是所有者，并且如果他滥用这种权利，试图用他的监护权进行交易，就会失去保护孩子的权利。

一个父亲如此滥用他的监护权，以至于把年幼女儿嫁给一个衰老之人或一个十来岁的小男孩，最起码他要做的事情是，当他的女儿成为寡妇之后让其再婚，以弥补他犯下的罪过。正如我说过的，这样的

---

① 坎雅丹（Kanyadan），把女儿送给他人为妻的婚姻。——原注

婚姻一开始就应当宣告无效。

《青年印度》，1926 年 11 月 11 日，第 388 页

这样的制度必须废除。必须叫停父母为赚钱而为子女安排的婚姻。这种制度是与种姓紧密相连的。只要婚姻选择局限于特定种姓的数百个年轻男子与女子，那么这种制度就会延续，无论人们怎么反对它。如果要清除这种罪恶的话，这些女子、男子或他们的父母必须打破种姓的束缚……所有这些意味着要进行一种品格教育，使这个民族的年轻人的思想发生革命性变化。

《哈里真》，1936 年 5 月 23 日，第 117 页

……我们应当营造一种强大的公共舆论，谴责那些可耻的谋求嫁妆的婚姻行为，并且那些染指这些不义之财的年轻人应当被驱逐。这些女孩的父母不应再被英国等级眩惑，应毫不犹豫地走出他们狭小的种姓及省区，为他们的女儿寻找一个真正高贵的年轻男子。

《青年印度》，1928 年 6 月 21 日，第 207 页

如果要做到纯洁，如果要拯救印度教，我们就必须摆脱强制守寡的道德败坏之事。那些家中有年轻寡妇的家庭必须勇敢地着手开始改革，并且安排那些年轻寡妇在适当的时候结婚——不是再婚，因为他

们从未有过真正的婚姻。

《青年印度》，1926 年 8 月 5 日，第 276 页

73. 儿童

如果我愿与印度最卑微的群体分担悲伤，如果我有这种力量的话，我要与全世界最卑微的群体分担悲伤，那就让我与自己看护之下的弱小孩子分担他们的罪过吧。通过完全谦卑地做这件事情，我希望有一天我能够发现真理。

《青年印度》，1925 年 12 月 3 日，第 422 页

孩子遗传父母的个性气质，遗传得一点儿不比形体方面少。环境在塑造他们的性格方面也起了重大作用，但是孩子一开始生活的习性却是祖先赋予的。我曾见过有些孩子成功地克服了祖辈的劣根性，我想他们应该生来就是纯洁的吧。

《自传》，1966 年，第 234 页

父母能够传给孩子的真正财产，是他的品格及教育得来的资质。父母应力图使他们的儿子、女儿学会自制，能够通过辛勤劳动过一种

诚实正直的生活。

《青年印度》，1929 年 10 月 17 日，第 340 页

如果我们想要在这个世界上实现真正的和平，如果我们真的想要为反对战争而行动，就应当从孩子开始。并且，如果他们能够在天性单纯的状态中成长，那么我们就不需要战斗，也不需要争取毫无意义的空洞的议会决议。但是我们必须从爱到爱，从和平到和平，直到世界的每个角落都被和平与爱包围，因为这就是整个世界渴望的东西。

《青年印度》，1931 年 11 月 19 日，第 361 页

74. 生育控制

了解到这些，夫妇就不会为满足欲望而性交，只有当他们想要孩子的时候才会发生关系。世界因人类的繁衍而存在，人类的繁衍应该控制在世界有序发展的前提下。意识到这些的人，就会不惜一切代价控制自己的欲望，用后代健康成长必需的物质、医疗和精神知识来武装自己，并将从中获得的益处传给后代。

《自传》，1966 年，第 153 页

一旦男人与女人都认为性器官的唯一及最重要的功能是繁衍后

代，那么他们为其他目的而性交就会被认为是一种浪费精液的行为。

《哈里真》，1936 年 3 月 21 日，第 48 页

性爱冲动是一种美好与高贵的东西，人们无须对此感到羞耻。但这仅仅是对于那些为创造生命的行为而言的。

《哈里真》，1936 年 3 月 28 日，第 53 页

试图逃避自己的行为后果是一种错误及不道德的行为。对于一个吃得太多的人来说，一次胃痛及一次禁食是有好处的。让他纵容自己的食欲并通过服用补品或其他药物逃避后果，对他反而不好。更糟糕的是让一个人放纵其情欲，并且逃避他的行为后果。大自然是无情的，并将惩罚所有违反其法则的行为。只有通过道德的约束才能产生道德的结果，所有其他约束手段都难以使它们实现目标。

《青年印度》，1925 年 3 月 12 日，第 88—89 页

对于生育控制的必要性是没有异议的。过去流传至今的方法只有一种，那就是自我控制或禁欲。它是一种有效的方法，能够给那些实践它的人带来益处。并且，如果医生不发明人工方法进行生育控制，而是寻找各种自我控制的方法，他们将获得全人类的感激……

人工方法就像给恶习提供奖励，它使男人与女人不顾后果。对这些方法的推崇必然加快公共舆论所施加社会约束的解体。采用人工方

法，必定导致体智低下及精神虚脱。

《青年印度》，1925 年 3 月 12 日，第 88—89 页

如果有人认为人口太多了，生育控制对于我们的民族来说是必要的，那么我反对这个主张，它从未得到证明。在我看来，通过恰当的土地体制、更好的农业及辅助性工业，这个国家能够养活现在两倍多的人口。

《青年印度》，1925 年 4 月 25 日，第 118 页

不断增长的人口出生率这个"怪物"，并不是一个新事物。一直以来它不时被人提及。人口的增长并不是也不应该被视为一个必须避免的灾难。通过人工方法调节或控制人口，反而会带来严重的祸害，无论我们是否认识到这一点。如果它为全世界通用的话，必然导致人类种族的退化，好在这是永远不可能发生的事情。那些目光敏锐的人即使现在仍然能够看到人工方法导致的罪恶后果。然而，在不违反道德的情况下，我认为人类种族的过度繁衍无疑是必须停止的，不能因此导致更大的恶果。我们应该通过一些能够使人类种族变得高贵的方法使之停止。换言之，也就是恰当的教育方法。这种教育应包含生活的每个方面，能够通过解决一个灾难而解决所有其他难题。这种方法是催人向上的，所以是比较困难的，但我们不能因此而放弃它。因为

人的进步必然意味着不断克服困难，我们要乐于接受这样的困难。

《哈里真》，1946 年 3 月 31 日，第 66 页

人必须在向上、向下两条道路中做出选择。但是，由于他内心带有兽性，更容易选择向下的道路而不是向上的道路，尤其是当这条道路以一种华丽装扮呈现在他面前的时候。当罪孽装扮成美德向人显现时，人是很容易屈服的。这就是玛丽·斯托普斯[①]等人正在做的事情。

《哈里真》，1935 年 2 月 1 日，第 410 页

我们这个小小寰球已是今非昔比了。它在过去无穷久远的历史进程中，从未因人口过多的重担而遭受苦难。如果这是一个事实，那么为何一些人会认为必须使用避孕工具控制人口出生率，否则全世界会面临粮食短缺？

《哈里真》，1935 年 9 月 14 日，第 244 页

我劝那些人工避孕方法的支持者考虑一下后果。这些方法的大规模使用可能导致婚姻的解体及性爱自由。如果一个男人因此纵欲，那

---

① 玛丽·斯托普斯（Marie Stopes，1880—1958），英国节制生育的提倡者，植物学博士。1918 年发表了小册子《婚后之爱》，主张已婚妇女有性权利。鉴于人们性知识的贫乏和煤矿工人子女多的连累，1921 年她在伦敦开设诊所，帮助人们采取人工避孕，这些行为在当时引起很大的争议。

么当他要离开家庭很长一段时间，或者当他服兵役要参加一场旷日持久的战争，当他成为一个光棍，或者当他的妻子病重无法让他放纵欲望时，人工避孕方法能起什么作用呢？

《青年印度》，1925 年 4 月 2 日，第 118 页

要求印度妇女使用避孕工具，在我们看来是本末倒置的做法。当务之急是要把她从精神奴役中解放出来，教育她认识自己身体的神圣，并教导她为民族服务及为人类服务的高贵精神。

《哈里真》，1936 年 5 月 2 日，第 93 页

无疑正是这种博爱动机，使许多生育控制的改革者加入赞同使用避孕工具的运动中。我要请他们想想他们用错地方的博爱带来的破坏性后果。他们想要影响的那些人，永远不会使用这些避孕工具。而那些不应使用它们的人，将毫无疑问地使用它们拆散他们及其伴侣。如果以前证明使用避孕工具在身体及道德上完全正确的话，那么至少在这一点上绝不是这样。

《哈里真》，1936 年 9 月 12 日，第 244 页

……我觉得在我有生之年，如果能够使妇女意识到她们是自由独立的，不是丈夫的附属，那么在印度就不会有生育控制问题。如果她们的丈夫试图通过她们满足情欲，她们只要学会对丈夫说"不"……

所有事情都会变得很好……真正的问题在于，她们不想反抗他们……我希望妇女学会基本的抵抗权利。她们认为自己现在还没有学会。

《哈里真》，1936 年 1 月 25 日，第 396 页

生育不想要的孩子是一种罪过，但我认为一个人逃避自己的行为后果是一种更大的罪过，它使人成为懦夫。

《哈里真》，1935 年 9 月 7 日，第 234 页

一名妇女不应将本该孕育为生命的种子浪费，否则他们就是不当使用了被给予的天赋能力。

《哈里真》，1936 年 3 月 28 日，第 53 页

我认为拒绝承担自己的行为后果是懦夫行为。那些使用避孕工具的人永远不会学习自我控制的美德，因为他们不需要。借助避孕工具的自我放纵能够避免意外怀孕，但它会对人的生机活力产生负面影响。

《哈里真》，1937 年 4 月 17 日，第 77 页

我知道，一种极具破坏性的秘密罪恶已经影响了学校中的男孩与女孩。在科学名义之下引进避孕工具，并且获得社会知名领袖的认

可，已经使这个问题复杂化，并且使那些致力于社会生活纯净化的改革者的任务几乎不可能完成……

《哈里真》，1936 年 3 月 28 日，第 53 页

我知道有些摩登妇女支持这些人工避孕方法。但我毫不怀疑大多数妇女会拒绝，如果男人真的对她好，就应练习自我控制，而不要说她在进行诱惑。

《青年印度》，1925 年 4 月 2 日，第 118 页

我在实际经历的基础上提出我的理由，正如真理与阿希姆萨不仅是特定的少数人而是全人类日常生活中都要付诸实践的，自我控制同样不是少数"圣雄"而是全人类都需要的。并且，正如人性不会因许多人不诚实和暴戾而降低它的标准，同样地，即便许多人甚至是大多数人没有响应自我控制的呼吁，我们也不能降低对自己的标准。

《哈里真》，1936 年 5 月 30 日，第 126 页

第十一节　基础教育与学生

75. 基础教育

"教育就是解放"这句古代格言，无论是过去还是今天都是正确的。这里所说的教育并不仅仅是精神知识，所说的解放也不仅仅意味着死后的灵魂释放。这里的知识包括所有有助于为人类服务的训练，而解放意味着从所有形式的奴役状态甚至是当前的生活中获得自由。所谓奴役状态有两种：被外部统治奴役，以及被自身的人为需求奴役。在追求这样的理想过程中获取知识，就是真正的学习。

《哈里真》，1946 年 3 月 10 日，第 38 页

不断提问及有益的好奇，是获得任何类型知识的首要条件。"好奇"要用"谦卑"加以调和，并且要对教师恭敬。它绝不能退化为无礼、轻率，以致头脑难以接受。没有了谦卑及学习的意愿，就不会有

知识。

《哈里真》，1946 年 9 月 8 日，第 306 页

为了创造一个新世界，我们需要一种新型教育。

《哈里真》，1947 年 1 月 19 日，第 494 页

每个人的内心都存在善，它需要被教师挖掘出来。这种神圣的职责只有那些品格高尚，并且总是乐于学习、精益求精的教师才能承担。

《哈里真》，1936 年 11 月 7 日，第 309 页

巧妙地完成有用的手工劳动是一种同样出色的开发智力的方式……稳定的智力需要以身体、心智与精神的和谐成长为先决条件……并且，通过有用的社会劳动手段开发智力，将使它成为服务社会的一个工具，而不会轻易地迷失或陷入歪门邪道。

《哈里真》，1946 年 9 月 8 日，第 306 页

手工、艺术、健康及教育，所有这些应被整合为一个系统方案。奈塔利姆就是这四者的完美组合，并且涵盖个人从开始有知觉到临死那一刻的全部教育……人们把手工和工业看作与教育不同的事物，与

之相反，我把前者视为后者的手段。

《哈里真》，1946 年 11 月 10 日，第 394 页

我们的（基础）教育体系会促进身体、智力及精神的发展，而一般的体系只关心智力发展。

《哈里真》，1947 年 11 月 9 日，第 401 页

教师从事的事业代表着生活的艺术。因此，教师与学生必须在教与学的特定活动中共同作用。它从一开始就在丰富人的生活，并使整个民族不受约束。

《哈里真》，1947 年 5 月 11 日，第 145 页

它被人们通俗及正确地描述为通过手工劳作实现教育，这是真实情况的一部分。这种新式教育有着更深的根基，也就是，把真理与爱应用于人类所有活动，无论是在个人生活还是群体活动中。通过手工劳作进行教育的观念产生于对生活中真理与爱的深思。"爱"要求真正的教育能够被所有人轻易获得，并且能够被每个村民应用于日常生活。这种教育既不来自书本，也不依赖于书本。它是从"生活之书"中学习，不需要任何花费，任何力量都无法从一个人手中把它夺走。

《哈里真》，1947 年 12 月 21 日，第 480 页

我认为，正如我们一生大部分的时间用于劳动谋生，我们的孩子必须从幼儿时期就被教导这种劳动的高贵，不应被教导蔑视劳动。没有任何理由表明，一个农民的儿子在学校学习后，如果还是成为一个农业劳动者，就变得一无是处。

《青年印度》，1921 年 9 月 1 日，第 277 页

书本教育应当跟随手工教育——人类明显区别于动物的天赋能力。认为人不学习阅读与书写艺术的知识就不能得到全面发展，这样的观点是一种误读。知识无疑会使生活优雅，但它绝不是一个人道德、身体发展及物质增加不可或缺的东西。

《哈里真》，1935 年 3 月 8 日，第 28 页

人既不拥有纯粹的理智，也不完全是动物，更不是单纯的心灵。要成为一个完整的人，需要这三者适当、和谐地结合，从而形成真正的教育经济学……

我认为真正的智力教育，只能来自合理的身体器官的锻炼与训练，例如，手、脚、眼睛、耳朵、鼻子等。换言之，灵活地运用身体器官，为孩子提供了一种最好、最快速的智力开发方法。但是，除非智力与身体的发展与精神的发展同步进行，否则会导致糟糕的不平衡状态。我所说的精神训练是指对心灵的教育。恰当的全方位的心智发展，只有当它与孩子的身体发育及精神能力同步推进时才能实现，它们构成了一个不可分割的整体。因此，根据这样一个理论，那些认为

它们可以相互分开或单独发展的观点是完全错误的。

《哈里真》，1937年5月8日，第104页

我说的教育是指，全方位地把孩子或人身上最好的方面开发出来，包括身体、智力及精神。读写能力既不是教育的目的，甚至也不是教育的起点。单纯的书本教育不能称之为教育。它只是男人与女人获得教育的工具之一。因此我会教孩子一种有用的手工艺以开启他的教育，并且使他在训练之初就能进行创作。这样每个学校都可以自力更生，只需要国家接收这些学校制造的产品。

我认为在这样的教育系统下，智力与精神可以得到最好的发展。这样每种手工艺都能得到教授，而不像现在所做的仅仅是机械化地传授。也就是说，孩子应当知道每个程序的原因及目的。我这样说并非妄言，这是有经验根据的。无论是在哪里，我们教授工人手摇纺纱时，都或多或少地采用这种方法。我自己也学会了制作凉鞋，甚至在纺织鞋带方面也取得了良好的效果。这种方法也可用于教授历史与地理知识。但是我认为一些概括性的知识最好通过口头传授教导。只有当一个小学生学会分辨小麦与稻谷之后，并且当他形成自己的某种品位之后，才能被教授字母表。这是一个革命性的提议，它节省了巨大的劳动力，并且使一个学生在一年内就能学到以前需要更长时间才能学到的东西，这意味着各方面的节约。当然，小学生在学习手工技艺的同时也要学数学。

《哈里真》，1937年7月31日，第197页

只要有适当的教师，我们的孩子就应被教导劳动的崇高，并且学会把它看作智力增长的一个组成部分及手段，进而认识到通过劳动回报他们受到的培训是一种爱国行为。我的建议的核心是，我们必须教授学生各种手工技艺，为了生产工作，也为了学生的智力发展。

《哈里真》，1937 年 9 月 11 日，第 256 页

一旦想起所有教育的首要目标是塑造学生的品格，那么一个有道德品格的教师就不应当灰心丧气。

《哈里真》，1933 年 12 月 1 日，第 3 页

在我提倡的学校里，男孩要学习在中学读书的男孩学到的所有东西，英语少一些，但会有更多的训练、音乐、美术，当然还有技能。

《哈里真》，1937 年 9 月 18 日，第 265 页

我是印度初级教育自由与义务原则的坚定支持者。我还认为，只有教授给学生有用的技能，并将它作为一种手段培育他们的体魄、智力与精神，这种教育才得以实现。我不希望有人认为这种把经济计算与教育联系起来的做法是一种卑贱或出格的行为。经济计算本质上没有任何卑贱可言。

《哈里真》，1937 年 10 月 9 日，第 292 页

如果我们要进行最满足村民需求的教育，就应当让学校①进乡村。我们要把乡村转变为一所培训学校，这样就可以根据村民的需求对教师进行实践培训。一所城市培训学校的老师不可能提供满足村民的需求的教育。你也不能使他们对农村的条件感兴趣。要让城市居民对农村产生兴趣，并且让他们住在乡村，这不是一件容易的事情。我在西格昂城的日常生活证明了这一点。即使我们在那里待了那么多年，也无法向你保证我们更了解农民，或者使我们因存在共同利益而成为他们中的一员。

　　另外，对于初级教育来说，我的看法是，以教授字母表、阅读、写作为起点的训练会妨碍他们智力的开发。我不会教授他们字母表，直到他们具有了最基本的历史、地理、心算及（所谓）手摇纺纱技艺的知识。通过教授这些知识，我会开发他们的智力。或许有人会问，通过纺锤②或纺车摇轮如何开发智力呢？如果它不采用机械化传授，就能无限地启发智力。当你告诉孩子每个步骤的道理，当你解释纺锤或摇轮的原理，当你告诉他棉花的历史及其与人类文明的关系，并带他去棉花田里，教他数他所纺的棉花球，以及纺线力气的平衡方法时，你就抓住了他的兴趣并同时锻炼了他的双手、眼睛及心智。我愿意花六个月的时间进行这种初步的训练。之后这个孩子可以学习读字母表了，当他能够快速地读字母表时，就可以准备学习简单的绘画了；当他学会画几何图形及鸟的图形等时，就能毫不含糊地书写字母了。我能回想起童年时期学习字母表的情形，因此我知道那是一件很吃力的事情，没有人关心我为什么会吃力。我认为写作是一门精致

---

① 原文为 Vidyapith，字面意思是学习的座位，指大学。——原注
② 原文为 Takli，用于纺纱的纺锤，通过手指使用而无需纺车摇轮。——原注

的艺术，但是当我们把字母表作为学习的起点强加给孩子时，会扼杀它。因此，当我们试图过早教小孩子字母表的时候，会粗暴扭曲写作的艺术，并阻碍孩子的成长。

《哈里真》，1937 年 6 月 5 日，第 130 页

　　在一所城市学校里，什么任务最适合教给小孩子？关于这个问题没有固定的、便捷的答案。但我的回答是清楚的，我想要复兴印度的农村。今天我们的村庄已经完全成为城市的附属。它们如同过去一样，被城市剥夺并依赖于城市的宽宏大量而存在，这是不正常的事情。只有当城市意识到有义务给予乡村足够的回报——因为他们的力量及生计都来自乡村——而不是自私地剥夺它们时，才会产生一种健康而道德的城乡关系。如果城市的孩子要参加这一场伟大而高尚的社会重建任务的话，他们要承担的工作应该是与村民的需求直接相关的，并可以通过工作受到教育。当我看到棉纺织制造业的各种工序——从轧棉和清理棉花到纺出棉线时，这个问题的答案就不言而喻了。即使是今天，棉花还是生长于农村，而在城市中被轧棉、纺线并被转变为布料。然而，从棉花进入轧机到最后的整个生产链条，造成了人力、物力及机械力量巨大浪费的悲剧。

　　我的计划是通过乡村手工艺，例如手摇纺纱及梳理毛线等方法实施初步教育，以此为起点开展一次静悄悄但可能影响深远的社会变革。它将为城市与乡村的关系提供健康而道德的基础，并开始持之以恒地清除危害当前社会安全的最糟糕的恶行，以及有害的阶级关系。它将审查我们乡村不断衰退的情况，并为建立更加正义的社会秩序

奠定基础。在这个社会秩序中，不存在"有产"与"无产"的人为划分，确保每个人都能得到一份生活工资，拥有自由的权利。这一切的实现并不需要一场血腥的阶级战争，或者一次巨大的资本支出，比如印度这么大的国家实现机械化所需的大笔资金。它也不需要无助地依赖外国进口的机器或技术，摒弃高度专业化，把大众的命运掌握在自己手中。但是，谁会挺身而出呢？城市居民会听我的吗？或者，我仍然要在旷野中呼喊？对这些类似问题的回答更多地取决于城市中热爱教育的人，而不是我。

《哈里真》，1937 年 10 月 9 日，第 293 页

我毫不怀疑把乡村手工艺的传授当作教育的重点与核心的必要性和价值。印度现行的教育制度在我看来不能称之为教育——也就是挖掘人身上最好的东西——应当称之为心智的堕落。一个重要的事实是，以乡村手工艺为智力训练方法从一开始就推动着人心智的真实与有序发展，最终使智力能量得以保存，进而使精神活力得以保存。

《哈里真》，1937 年 6 月 5 日，第 131 页

在我对事物的安排中，手首先是用于掌握工具的，其次才是绘画与摹写；眼睛是用于阅读字母及单词图形的，也用于认识生活中的其他事物；耳朵则用于捕捉事物及句子的名称与含义。整个训练将是很自然的，有积极反应的，也是世上最快速、最省钱的训练。因此，我的学校里的孩子读得比写得快。当他们书写的时候，不会像我现在这

样（这都是因为我的老师）涂鸦，而是摹写正确的字母，就像要摹写看到的一个物体图形一样。如果我对这些学校的构想能够实现，我敢说，就阅读甚至写作而言，它们很快就能与那些最先进的学校竞争，如果我们坚持正确的写作的话。

《哈里真》，1937 年 8 月 28 日，第 225 页

基础教育是为了把农村孩子转变为模范村民。这种教育主要是为他们而设计的，它的灵感来自乡村。那些想在印度自治的基础上建立自治体系的国大党人，绝不敢忽视儿童的作用。外国统治下的教育领域是从孩子开始的，尽管它肯定是无意识的结果。初级教育如果不考虑印度村庄的需求，甚至是城市的需求，那就是一场人为闹剧。基础教育把孩子——无论是城市的还是农村的——与印度所有最好的、永恒的东西联系在一起。它同时开发孩子的身体与心智，使这些孩子开始各自的学习生涯，坚持脚踏实地并展望美好未来。

《建设纲领》，1961 年，第 18 页

认为智力只能通过读书的方式得到发展是一个完全错误的观点，它应当被以下正确观点取代，即通过科学的方式学习工匠的工艺操作，可以使人的心智得到最快的发展。如果一个学徒每一步骤都被教导为什么需要这个特定的手工操作，或者为什么需要这个工具，真正的智力开发就开始了。那些失业问题也就迎刃而解了，只要他们愿意

成为一名普通工人。

《哈里真》，1937 年 1 月 9 日，第 386 页

目前为止，我们专注于向孩子灌输各种各样的信息，而从不考虑激发或培养他们。现在让我们停止这种做法，并开始专注于通过体力劳动恰当地教育孩子，这不是一种辅助性活动，而是智力训练的主要方式……

你必须通过某一项任务训练孩子。围绕着这项特定的任务，你可以训练他的心智、身体、写作、艺术感觉等。他将会牢牢掌握他所学的技艺。

《哈里真》，1937 年 9 月 18 日，第 261 页

要让学生认识到，没有勇气的学习就像一座蜡像，看起来很漂亮，但是任何一点发热物质的触碰都会使它熔化。

《青年印度》，1928 年 7 月 12 日，第 236 页

音乐应当成为初级教育课程的一部分，我热忱地支持这个提议。对声音的控制就像对手的训练一样，是必要的。体能训练、手工技艺、绘画及音乐应当同步进行，并且在对他们的指导中培养真正的

兴趣。

《哈里真》，1937 年 9 月 11 日，第 250 页

聪明的父母允许孩子犯错。对孩子们来说，让他们偶尔烫伤手指是有好处的。

《圣雄甘地：最后阶段》（第 1 卷），1956 年，第 44 页

我认为初级教育极其重要，在我看来，它跟大学入学考试（除了英语之外）一样重要。如果所有的大学生突然失去了知识记忆，那么这些大学生（假设是十万个）突然失去记忆导致的损失，与整个民族三亿多人利益的丧失相比，算不上什么。

《哈里真》，1937 年 7 月 31 日，第 197 页

如果这种教育得以实现，其直接结果就是实现自给自足。但是对它成功与否的检验，不在于它的自给自足特征，而在于它能否通过一种科学的态度进行手工教育，使它在整体上脱颖而出。事实上，我们不需要一个发誓在任何情况下都保持自给自足的教师。自给自足其实是每个学生学会运用各种能力的必然结果。如果一个男孩每天从事手工劳作三个小时，无疑就可以养活自己，那么一个为发展自己的心智

与灵魂而工作的男孩又将多得到多少东西啊！

《哈里真》，1938 年 6 月 11 日，第 143 页

英语现在是公认的世界语言，因此我会在大学课程而不是中学课程里赋予它可选修的第二语言的位置。它只是为特定的少数人而不是多数民众设立的……正是我们精神上的奴性使我们觉得离不开英语，我永远不赞同这个失败者的信条。

《哈里真》，1946 年 8 月 25 日，第 284 页

请不要认为我是在贬低英语或者其高尚文学。《哈里真》[①]里的专栏文章是我热爱英语的充分证据。但是，它的文学高尚性并不比温和的气候或美丽的英国风景更有益于印度民族。印度必须在自己的气候、景色及文学中获得繁荣，尽管这几方面与英国比起来并没有优势。我们及我们的孩子必须立足于自身的历史文化遗产。如果我们借助于他人，就会使自己的传统文化枯竭。我们永远无法依靠外国的"粮食"成长。为此，我希望我们的民族能够通过本国的语言，吸收这门语言[②]及世界上其他语言中包含的财富。我并不需要学习孟加拉语来欣赏拉宾德拉纳特无与伦比的著作的美，我可以通过出色的译本阅读它们。古吉拉特的孩子并不需要学习俄语欣赏托尔斯泰的短篇小说，他们也可以通过出色的译本学习它们。英国人认为，世界上最好

----

① 《哈里真》，甘地于 1933 年创办的一份周刊。

② 指英语。

的文学作品可以在出版后的一个星期之内通过简单的英语阅读，这是英国人的傲慢。我为什么需要学习英语来了解莎士比亚和弥尔顿的思想与著作呢？

《哈里真》，1938 年 7 月 9 日，第 177 页

我不认为国家应该参与或管理宗教教育。我相信宗教教育无疑是宗教团体关切的问题。不要把宗教与道德混淆。我认为基本的道德伦理是所有宗教共有的。对这些基本伦理道德的教导无疑是国家的一种职能。在此，我所说的宗教并不是指基本道德，而是被称为宗派主义的东西。我们在国家资助宗教或国家教会问题上经历了太多苦难。如果一个社会或一个群体的宗教生存部分或全部依靠国家扶持，那么它们就不值得存在，或者说，配不上"宗教"这个称谓。

《哈里真》，1947 年 3 月 23 日，第 76 页

"宗教教育能否成为国家批准的学校课程的一部分？你是否支持把不同教派的孩子分开，以便实施宗教教育？或者，是否应该把宗教教育交给私人团体进行？如果是这样的话，你认为国家对这些团体的资助是正当的吗？"

我不支持国教，即便整个共同体有一个共同的宗教。国家的干涉总是不受欢迎的。宗教是一种纯粹的私人事务。现实中，有多少种思想就有多少种宗教。每种思想都有一个与其他思想不同的关于信仰的观念。

我同时反对国家对宗教团体的资助，无论是部分的还是全部的。因为我知道，一个不为自己的宗教教育提供资金的机构与群体，与真正的宗教是分离的，这并不意味着公立学校不能提供道德教育。基本道德是所有宗教共有的。

《哈里真》，1947年3月16日，第63页

一门宗教指导课程除了学习自己的教义之外，还应学习其他各种宗教信仰的教义。为此，学生必须接受训练，培养一种以尊重和宽容的精神理解和欣赏世界各伟大宗教信条的习惯。这一点如果得到实现，它将帮助学生更确信、更欣赏自己的宗教信仰。但是，一个人在学习其他宗教过程中需要牢记在心的一个规则是，只能通过各种宗教享有名望的信仰者的著作来学习。

《青年印度》，1928年12月6日，第406页

真正的教育必须把要接受教育的男孩和女孩培养成最好的孩子。把不相关及不必要的信息强塞进孩子的头脑，是永远不可能实现真正的教育的。它反而会成为一个累赘，限制孩子的创造性，并把他们彻底变成自动机器。

《哈里真》，1933年12月1日，第3页

人们经常建议，为了实现义务教育，或者使每个男孩或女孩能

够获得自己梦寐以求的教育，我们的学校应该基本上（如果不是完全的话）是自力更生的，不是通过捐助或国家资助，或学生缴费，而是通过学生自己完成的酬劳性工作实现。这种建议只有通过使工业训练成为必修课才能实现。除了人们日益认识到的学生在文化训练的同时必须接受工业训练之外，在我们国家必须接受工业训练还有另一个目的，那就是使教育自力更生。这一点只有我们的学生开始认识到劳动的高贵，并形成不以劳动为耻的习俗时才能得到实现。美国是这个世界上最富裕的国家，因而它在教育上是最不需要自力更生的国家，学生靠自己支付部分或全部生活费用却是一件常见的事情……

如果连美国学校都促使学生赚取自己的教育费用，那么我们的学校就更有必要这样做了。我们为那些贫穷的学生找工作，不是比提供免费学位资助他们好得多吗？我们向印度青年灌输的，为生活与教育而进行体力劳动是不体面的错误观念，对他们造成了巨大的伤害。这种伤害是道德上的，也是物质上的，但更多的是道德上的。自由的学问就像一副担子，放在并且应当放在学生的道德良知之上，并且贯穿他的一生。没有人希望死后被这样想起——他为了自己的教育不得不依靠别人的施舍。而是希望人们这样回忆他——那个人在哪里呢？他那时候即使有很多钱也不骄傲，反而为了使自己身体、心智与精神受到教育，去一个木工或类似的店铺中工作。

《青年印度》，1928 年 8 月 2 日，第 259 页

大学教育的目的应当是培养真正的人民公仆，使他们愿意为国家的自由而生，为国家的自由而死。因此我认为，大学教育应当与基础

教育相协调并具有统一性。

《哈里真》，1946 年 8 月 25 日，第 283 页

我愿意改革大学教育，并把它与国家的需求联系在一起。它有各种机械与其他工程师的学位，这些学位应对应不同的制造行业，它们愿意为需要的毕业生支付培训费用。因此，人们期待塔塔公司成立一个学院，在国家的监督下培训工程师。各种制造业协会也可建立学院，培养他们需要的大学生。对于其他行业来说也是一样的。商业会有自己的学院，此外还有艺术、医药和农业。现在有好几个私人艺术学院是自给自足的。因此，国家应该停止建立自己的艺术学院。医学院应该依靠正规医院，由于它们在有钱人中很受欢迎，因此这些有钱人应当自愿地支持医学院的发展。农学院必须是自力更生的，才能配得上这个名称。一些农业大学毕业生曾让我痛心，他们知识浅薄，缺乏实际经验。但是，如果他们去那些因国家需要而建立的自主农场里当学徒，就不一定要拿到学位后再去获取经验，以免使他们的雇主利益受损。

《哈里真》，1937 年 7 月 31 日，第 197 页

在各省建立新大学就像一场狂热症。古吉拉特省想为古吉拉特人建一所大学，马哈拉施特拉省为马拉塔人，卡那提克省为卡纳德人，奥里萨省为奥利雅人，阿萨姆省为阿萨姆人及其他人建大学。我确实认为，如果这些富裕省份的语言及使用这种语言的民众想要充分提高

他们的文化水平，这些大学就是必要的。

但同时，我担心我们在实现这个目标时操之过急，以致损害自己的利益。第一步应该是各省份的语言与政治的重新分配。它们的行政机构的划分将自然而然地促使没有大学的省份建立大学……

新成立大学应当具备适当的背景条件。它们应当拥有需要招生的各种形式的学校或学院，这些学校应采用各省份语言进行教学。只有这样才具备适当的背景。大学处于最顶端，只有具备一个合理的基础，这个尊贵的顶端之位才能维持。

尽管我们在政治上是自由的，但几乎无法摆脱西方诡秘的支配。对于相信知识只能来自西方的那一派政客，我无话可说，但也不赞同西方没有产生什么好东西的观点。然而我确实担心，我们现在还没有能力在这个问题上做出正确的决定。我希望没有人为此争辩，因为我们看起来在政治上摆脱了外国的统治，就可以使我们摆脱外国语言和外国思想的影响。在我们着手建立新大学之前，应当首先停下来，让我们的肺部充满刚刚获得的自由空气，这样不是更有智慧吗？这难道不是国家要求的义务吗？一个大学永远不需要成堆的宏伟建筑与金钱。它最需要的是作为公共民意后盾的聪明智慧人才，它应当招募一大批教师作为储备，它的创办者要有长远眼光。

在我看来，一个民主国家不应为大学的建立而搜罗金钱。如果人们想要它们，自然会提供资金。这样建立的大学会为它们代表的国家增添光彩。在那些由外国势力掌控行政机构的地方，任何对人民的要求都来自政府顶层，因此他们变得越来越依赖政府。在那些具有广泛民意基础的地方，任何事情都是自下而上决定的，因此它得以维持。这看上去不错，并且增强了人民的力量。在这样一个民主体系中，用于提升教育水平的金钱投资会给民众十倍的回报，就像肥沃土地里的种子得到了丰盛的收获。在外国统治下建立的大学已经走向一条相反的道路，其结果可想而知。因此，种种理由要求我们建立新大学时谨慎小心，直到印度消化领会刚刚获得的自由。

《哈里真》，1947 年 11 月 2 日，第 392 页

我从不支持我们的学生出国。我的经历告诉我，他们回来之后，会发现他们就像一根方形钉子被钉在一个圆形的洞里一样不适应。源于本土的东西才是我们体验最丰富的，也最有助于我们的成长。

《哈里真》，1946 年 9 月 8 日，第 308 页

"三 R"的枯燥知识现在不是，永远也不可能成为村民生活中的一个持久的东西。必须传授给他们每天都要用的知识，但不能强加给他们，应使他们产生对知识的兴趣。他们今天学习的是一些他们不想要、也不喜欢的东西。我们要教给村民农村算术法、乡村地理学、乡村历史，以及他们每天都必须使用的知识，如阅读与撰写信件等。他们将珍惜这些知识并不断进步。对于他们来说，那些不能提供日常使用相关知识的书本是没用的。

《哈里真》，1940 年 6 月 22 日，第 173 页

76. 教育的媒介

我们错误的去印度化教育已经对民众造成持续、不断增加的伤害，对此我找到了日常生活中的证据……

我们似乎已经承认，一个人若是不懂英语，就不可能成为玻色教授那样的人。我无法想象还有比这个更迷信的事情。日本人不会像我们现在这样感到无助……①

应当立即更换教育过程中采用的语言，并且不惜一切代价赋予各省地方语言合法的地位。我宁愿忍受高等教育的短期混乱，也不要日益增加荒废各种语言的罪恶。

《哈里真》，1938 年 7 月 9 日，第 177 页

用外国语言实施的教育会伴随一定程度的压力，我们的孩子不得不为此付出高昂的代价。然后在很大程度上失去承担其他责任的能力，因为他们已经变成一群没用的人，他们身体柔弱，没有任何工作的热情并且只是一味模仿西方。他们几乎没有兴趣进行开创性研究或深度思考，缺乏勇气、坚定、大胆与无畏的品质。这就是为什么我们没办法制订出新的方案或执行计划解决我们的问题。即便我们制订出来，也没办法执行。一些确实很有前途的孩子却往往被贻误……

单靠我们这些接受过英语教育的人无法评估这个因素造成的损失。如果我们评估一下自己对人民大众的影响是何等渺小，就会明白

---

① 意为日本人也不懂英语，但并不像印度人那样离不开英语。

这种损失是多么巨大了。

学校必须成为家庭的延伸。一个孩子在家中和在学校中获得的教育氛围必须是一致的——如果我们要得到最好的教育效果的话。以一门陌生语言作为媒介的教育破坏了这种本来应该存在的一致性。那些破坏这种关系的人是人民的敌人，尽管他们的目的可能是正当的。成为这种教育体系的一个自愿牺牲者，实际上等同于背叛我们对母亲的义务。这种"外国式"教育造成的损害还不仅限于此，其损害还深远得多。它已经使受教育阶层和民众之间产生一条沟壑，人们把我们看作与他们差别很大的人。

《真正的教育》，1962 年，第 12—13 页

这就是我深思熟虑后的观点，即现有的英语教育方式已经使英语教育下的印度变得毫无生气，它已经给印度学生的精神施加了巨大压力，并且把我们塑造成模仿者。本土语言被取代的过程，已经成为印度与英国结合的最令人悲哀的一章。拉莫汉·拉伊 ① 本可以成为一个更伟大的改革者，罗卡曼尼亚·提拉克 ② 本来也可以成为一个更伟大的学者，如果他们一开始就没有这些语言障碍的话，即不得不用英语思考，并且主要通过英语传播他们的思想。尽管他们对自己的民众产

---

① 拉莫汉·拉伊（Rammohan Rai，1772—1833），出身婆罗门，是印度宗教、社会、教育改革家，被认为是"现代印度的缔造者"。

② 罗卡曼尼亚·提拉克（Lokmanya Tilak，1856—1920），出身婆罗门，有名的吠陀经学者，政治家，被认为是"极端主义者"的领袖，多次入狱。罗卡曼尼亚的意思是"人民敬爱的人"。

生了了不起的影响，但如果他们不是在一个这么扭曲的系统下成长起来，他们的影响还可以更大。他们无疑都从对英国文学宝贵财富的认识中获益良多，但这些他们本来可以通过本土语言获得。没有一个国家只靠培养模仿者而成为一个民族。

《青年印度》，1921 年 4 月 27 日，第 130 页

今天，人们之所以学习英语是因为它的商业价值及所谓的政治价值。我们的男孩认为，不懂英语他们就无法获得政府公职，在当前情况下他们的想法是正确的。女孩学习英语，只是把它作为婚姻的通行证。我知道几个这样的例子，这些女孩想学英语，这样她们就能跟英国人交谈。我知道很多丈夫为他们的妻子无法用英语跟他们及他们的朋友交谈而感到遗憾。在一些家庭中，英语已经成为母语。许许多多的青年人认为没有英语知识，印度的自由就是不可能实现的。这种像溃疡一样的弊病已经深深腐蚀了这个社会，以至于在许多情况下，教育的唯一含义就是掌握英语知识。对于我来说，所有这些都是我们被奴役与堕落的象征。我无法忍受本土语言现在这样因被压制而荒废。我无法容忍这种做法，即父母给孩子写信或丈夫给妻子写信，不用他们的本土语言而用英语。

《青年印度》，1921 年 6 月 1 日，第 177 页

外国语言媒介已经造成大脑疲劳，给我们孩子的神经施加了过大的压力，把他们变成了死记硬背者及模仿者，使他们不再适合创造性

工作及思考，并且使他们难以将所学的与家庭或大众联系起来。外国语言媒介实际上已经把我们的孩子变成自己国土上的外国人，这是现有教育体系的最大悲剧。外国语言媒介阻碍了我们本土语言的发展。如果我拥有一个专制君主的权力，今天就要停止用外国语言为我们的孩子提供教育，并且要求所有的教师立即做出改变，违者解雇。我不会等本国教科书准备好，它们会随变革而来，这是一种需要立刻纠正的罪恶行为。

《青年印度》，1921 年 9 月 1 日，第 277 页

在外国统治的所有罪恶中，把外国语言强加给一个国家的青年人将成为历史上最大的罪恶之一。它已经使民族的精力枯竭，使学生的学习生涯变短，使他们与大众疏离，使教育变得昂贵。如果这个过程还要持续，那么它很可能夺走这个民族的灵魂。因此，受过教育的印度人越早地将这个民族从外国语言的催眠咒语中解脱出来，对他们及人民就越好。

《青年印度》，1928 年 7 月 5 日，第 224 页

77. 致学生

品格是无法用灰泥与石头塑造的。它也不能借助他人之手，只能靠自己塑造。校长及教师都没办法单通过书本知识形成你的品格。品

格塑造来自真正的生活与真实的言谈，它必须发自你的内心。

《与甘地在锡兰》，1928年，第89—90页

把你所有的知识及学问放在天平的一边，把真理与纯洁放在天平的另一边，那么后者的重要性远远超过前者。今天，道德污染的毒气已经在我们的在校学生中蔓延开来，就像一场隐秘的流行疾病正在威胁他们。如果你不能把所有学问转变为生活实践的话，所有的学习都是白费工夫……

如果教师把世界上所有的知识都传授给学生，但是没有谆谆教导他们真理与纯洁，那么这些教师可能不但没有使他们得到提升，反而使他们走上一条毁灭之路。没有品德的知识只能是一种邪恶的力量，正如我们看到的那些天才盗贼及"绅士无赖"。

《青年印度》，1929年2月21日，第58页

就学生的假期而言，如果利用它来热情工作，无疑可以做很多事情。我把其中一些列举如下。

◇给那些全日制学校学生辅导一门短期课程，最好一直持续到假期结束。

◇去看望哈里真，跟他们住在一起并帮助他们打扫卫生，在他们愿意时给予协助。

◇带哈里真的孩子去短途旅行，带他们看村子附近的景色，教他们如何认识大自然，激发他们对身边环境的兴趣，并顺带教他们地理

及历史知识。

◇给他们读《罗摩衍那》及《摩柯婆罗多》①中简单的故事。

◇教他们简单的祈祷歌。

◇清洁哈里真小男孩身上的污垢，并且给成人及孩子开设卫生学课程。

◇对某个地区哈里真的生活状况进行一次详细的普查。

◇给予生病的哈里真医疗帮助。

这就是学生能为哈里真做的一些事情，这只是匆忙制订的一个列表，聪明的学生可以加上更多事项。

《哈里真》，1933 年 4 月 1 日，第 5 页

你们是未来的希望。当你们从学校毕业，将被号召进入公共管理领域并开始领导这个国家的贫苦民众。因此，我希望你们有一种责任感并以切实的态度承担自己的责任。一个显而易见的也可悲的事实是，绝大多数学生在学生时代都志向远大，但学生生涯结束后它们就消失了。

如果他们中绝大多数人只在乎大鱼大肉的享受，这里头肯定出了问题。其中一个原因是非常明显的。每一个教育家，每一个与学生相关的人，都已经意识到我们的教育体系是有缺陷的。它与我们国家的需求不一致，当然也就跟一个贫穷印度的需求格格不入。现有的教育

---

① 印度古代梵文叙事诗，意译为"伟大的婆罗多王后裔"，描写班度和俱卢两族争夺王位的斗争。与《罗摩衍那》并称为印度两大史诗。

与家庭、乡村生活之间并无联系。

《青年印度》，1927 年 9 月 8 日，第 297 页

这些并不是生活的必需品。有些人每天喝十杯咖啡，对于他们的健康来说这是必要的吗？对他们保持清醒以履行他们的责任来说是必要的吗？如果必须喝咖啡才能保持清醒，那么就应该去睡觉。我们不能成为这些东西的奴隶。但大多数喝咖啡的人却被它们奴役。雪茄及香烟，无论是外国的还是本土的，都要远离。

香烟像一种麻醉剂，而你抽的雪茄危害更大。

它们麻醉你的神经，从此你再也无法离开它们。一个学生怎么能够如此玷污他的嘴，把它变成一个烟囱？如果你们能改掉抽雪茄与香烟、喝咖啡的习惯，就会发现自己能够得到多大益处。

托尔斯泰在一部小说中描述了一个酒鬼，在他还没有抽雪茄之前一直在犹豫是否实施他的一个谋杀企图。但是在一阵吞云吐雾之后，他站了起来并微笑着说："我真是一个懦夫！"然后带上匕首实施了这场谋杀。托尔斯泰是根据经历来讲这个故事的。没有这种亲身经历，他写不出任何东西。并且，与酒相比，他更反对抽雪茄和香烟。但是千万不要错误地认为在酗酒与抽烟之间，酗酒是一种罪恶较轻的恶习。如果香烟是别西卜，那么酒就是撒旦。①

《青年印度》，1927 年 9 月 15 日，第 315 页

---

① 别西卜（Beelzebub）和撒旦都是魔鬼的称谓。在弥尔顿的《失乐园》中，别西卜是堕落天使之一，其魔法仅次于撒旦。

学生应该首先做到谦虚与行为端正……最伟大者必须成为最卑微者，才能保持其伟大。结合我对印度教信仰的知识来讲，一个学生的生活要像一个遁世修行者的生活，直到他学习结束。他必须遵守最严格的纪律，不能结婚，不能沉湎于挥霍放荡，不能酗酒，诸如此类。他的行为必须成为自我控制的典范。

《哈里真》，1947 年 9 月 7 日，第 314 页

第十二节　给那后来的

78. 给那后来的

我认同"给那后来的"这个短语包含的意义。阅读《给那后来的》这本书成了我人生的一个转折点。我们必须真正平等对待那后来的，正如我们要求这个世界对待我们一样。

《哈里真》，1946 年 11 月 17 日，第 404 页

我知道，我们更容易在造物主的最底层造物那里，而不是在高级的及有势力的造物那里找到造物主。我正在努力获得这样的底层地位。然而没有底层造物的帮助，我不可能做到这一点。我为那些被压迫阶级服务的渴望也无法实现。并且，不参加政治活动就无法提供这种服务，所以我参加了各种政治活动。因此，我不是主人，而是一个努力的、会犯错的、谦卑的印度仆人，并借此成为人类的仆人。

《哈里真》，1924 年 9 月 11 日，第 298 页

造物主有他的脚凳①，在那里生活着"谦卑的、最卑贱的及迷失的人"，因此，为这些人纺纱，就成为最伟大的祷告、最伟大的礼拜、最伟大的献祭。

《青年印度》，1925年9月24日，第331页

唯独造物主是伟大的。作为他的造物，我们不过是尘土。我们要谦卑，并承认作为他的最底层造物的地位。克里希纳不尊敬其他人，却敬重衣衫褴褛的苏达玛②。

《青年印度》，1924年12月26日，第423页

达里德拉纳拉延是人类用以认识神灵的无数称谓中的一个，他是人类理解能力无法形容也无法测度的神灵。这个词是指穷人的神灵，在穷人心中显现的神灵。

《青年印度》，1929年4月4日，第110页

在一次去德班的火车上，我读了拉斯金的《给那后来的》这本书，它一下子把我吸引住了。我非常清楚地意识到，如果人类要获得

---

① 基督教《圣经》把大地比喻为造物主的脚凳。
② 印度神话中，克里希纳是毗湿奴的第八个和主要的化身，经常被描绘成一个吹笛子的贵族年轻人。而苏达玛（Sudama）则出身于贫穷家庭，但是克里希纳却请他坐在尊贵的位置。

进步，并实现平等、友爱的理想，那么人们必须实行"给那后来的"原则。即便是对有言语障碍、瘸腿的人，人们也要遵从这个原则。

《哈里真》，1946 年 8 月 25 日，第 281 页

我一如既往地主张，社会正义——平等对待最弱小者——是不可能通过暴力实现的。我还认为，那些最底层民众能够通过特定的非暴力训练纠正他们受到的不公正。这就是非暴力不合作。

《哈里真》，1940 年 4 月 20 日，第 97 页

我正在为赢得司瓦拉吉而努力……为了那些劳苦大众及没有工作的人，他们每天食不果腹，甚至不得不以一小片腐肉、一小撮盐巴勉强糊口。

《青年印度》，1931 年 3 月 26 日，第 53 页

每一次拉动纺车摇轮上的细线时我都会想起印度的穷人。今天，印度的穷苦民众已经失去了信仰，中产阶级或富人更是如此。对于一个忍饥挨饿的人来说，他只想填饱肚子而不要别的东西。对他来说，任何一个给他面包的人都是他的主人。对这些四肢健全的人给予施舍，既贬低了他们，也贬低了施舍者。他们需要的是某种工作，而唯一能给予数百万民众的工作就是手摇纺纱……我曾经把手摇纺纱形容为一种苦修或圣礼。并且，我相信哪里有对穷人的纯洁与主动的

爱护，哪里就有真理。因此，我在纺车摇轮中的每根细线中看见了真理。

《青年印度》，1926 年 5 月 20 日，第 187 页

我要送你一件法宝。当你处于疑惑之中或太过自私时，请尝试以下权宜之计。

回想你见过的最穷苦及最无助的人的面容，然后问自己，如果换作是他，他能否因此获得任何的好处？他能否因此重新掌控自己的生活及命运？换言之，你的数百万饥饿的灵魂及饥渴的同胞能否因此获得司瓦拉吉或自治？

接着，你会发现你的疑惑及自私逐渐烟消云散。

《这就是甘地》，1959 年，第 46 页

79. 阿迪瓦希斯

阿迪瓦希斯（Adivasis）就是原住民，他们的经济状况也许并不比哈里真好，而且他们是这些长期被所谓高等阶级忽视的受害者。原住民应当在《建设纲领》中拥有独特的地位。方案没有提到这一点是一个疏漏……无论如何，任何希望在非暴力基础上建设司瓦拉吉的人，都不能忽视印度儿女中的最卑微者。在这群最卑微者中，原住民

是不计其数的。

《哈里真》，1942 年 1 月 18 日，第 5 页

阿迪瓦希斯是《建设纲领》中的第十四个项目，但是就重要性而言，他们并非最后一位。我们的国家如此辽阔，种族群体如此多样，以至于我们中境况最好的人付出所有努力也无法了解这些人及其生活境况。当一个人层层深入了解各种事物之后，他就会明白，作为一个国家的仆人，应该意识到要实现一个统一的民族有多困难，因为这需要每个个体具备与其他个体和谐统一的自觉意识。

《哈里真》，1942 年 2 月 15 日，第 38 页

80. 无地农民与哈里真

无论是无地劳工还是劳动经营者，都要优先考虑基山 ①。他是世上的盐，这个世界属于或应当属于他，而不是属于外居地主或柴明达尔。但是在非暴力运动中，劳动者不能粗暴地驱赶地主。他采用这种方式只能是为了使地主停止剥削他。

《圣雄》（第 6 卷），1953 年，第 364 页

---

① 基山（Kisan），印度农民。

世界上所有的宗教都把神灵描述为无朋友者的朋友、无助者的帮助，以及弱者的保护者。撇开世界其他国家不谈，在印度国内，还有谁比这四千万个被划分为"不可接触者"的印度教徒更缺少朋友，更无助、更弱小呢？因此，如果说哪群人能够被恰当地称为"哈里真"的话，那么一定是这些无助的、没有朋友并受轻视的人群。

《哈里真》，1933 年 2 月 11 日，第 7 页

对我来说，司瓦拉吉意味着我们同胞中最卑微者的自由。如果潘查摩 ① 的命运在我们共同承受苦难的情况下都无法得到改善，那么他们的处境在司瓦拉吉的迷醉之下也不会更好。

《青年印度》，1924 年 6 月 12 日，第 195 页

如果我们不保护弱者与无助者，或某个司瓦拉吉主义者伤害任何个体的感情，讨论司瓦拉吉就是没有意义的。司瓦拉吉意味着任何印度教徒或穆斯林都不可以有片刻的傲慢想法，认为他可以不受惩罚地欺压那些温顺的印度教徒或穆斯林。除非这个条件得到满足，否则我们获得司瓦拉吉之后不久就会失去它。我们必须清除对弱小同胞犯下的罪孽。

只要印度教徒固执地把不可接触制视为他们宗教的一部分，只要印度民众认为接触他们的某些同胞是一种罪孽，那么司瓦拉吉就是不

---

① 字面意思是属于第五种姓的人，印度四个种姓之外的人，或贱民。——原注

可能实现的。

《青年印度》，1921 年 5 月 4 日，第 143 页

不可接触制并不是一条宗教戒律，而是撒旦的一个诡计，魔鬼总是在引用圣典经文。但是这些经文不能僭越理智与真理，它们的目的只是净化理智并阐明真理。

《青年印度》，1921 年 1 月 19 日，第 22 页

一个人的羯摩①是他成为何种人的决定因素，他们这么说。但是我的羯摩并没有迫使我向一个罪人扔石头。信仰用于振奋人心，而不是把人压在羯摩的重担之下。

《青年印度》，1921 年 9 月 22 日，第 302 页

一种创立母牛崇拜的宗教，不可能支持或许可一种残忍的及非人道的人类排斥行为。并且，我宁愿被撕成碎片，也不愿意排挤被压迫的阶级。如果印度教徒允许其高贵的宗教保留不可接触制的污点而蒙受羞辱，他们就不配得到也得不到自由。并且，正因为我爱印度教胜过生命本身，这个污点对我来说已经成为一个不可承受的负担。愿我

---

① 羯摩，梵语为 Karma，行为，因缘、因果报应。——原注

们不要否认第五种姓在平等基础上与我们联合的权利。

《青年印度》，1921 年 1 月 6 日，第 319 页

在我们重建人与人之间真正的平等关系之后，就可以建立人与整个生物的平等关系。等那一天到来的时候，我们就会拥有世界和平及人类友爱。

《哈里真》，1936 年 3 月 28 日，第 51 页

清洁工至今一直在任劳任怨地工作，因此那些有种姓的人根本不在意他们数百年来已经为这个社会提供了多少服务。如果我们过去没有把这些社会的仆人当作"不可接触者"，就不会一直闭眼无视他们的工作。由于我们已经选择这样做，并且已经限定他们要去地狱，因此我们每天都要屈尊去这些叫作厕所的"地狱"，并且我们没有注意看我们的排泄物，也没有注意到这些地方到处散发的臭味。

《哈里真》，1933 年 3 月 18 日，第 4 页

在我的观念中，一个理想的清洁工应成为一个卓越超群的婆罗门，甚至可能超过他。我们可以设想一种存在清洁工而没有婆罗门的情况，但如果没有前者，后者就无法存在。因为正是清洁工使这个社会得以生存。一个清洁工为社会所做的事情就像一个母亲为孩子所做的事情。一个母亲要清洗孩子的污垢以保证他的健康，同样清洁工要

通过保持卫生而维护整个社会的健康。人类社会是通过许多种服务维持的，而清洁工为所有服务奠定基础。

然而，我们这个令人悲哀的社会已经给清洁工打上了社会贱民的烙印，把他定位为社会的最底层，认为他只配受踢打与辱骂，把他视为必须依靠有种姓人群的残羹剩饭而生存并居住在麦堆中的造物。他没有朋友，他的名字已经成为一个骂人之语，这真是骇人听闻。寻找其产生的原因与理由也许毫无意义。我当然也不知道这种非人道行为的起因，但我知道由于看不起清洁工，我们——印度教徒、穆斯林、基督徒甚至所有人，都应当受到全世界的羞辱。我们的许多村庄现在已经成为垃圾成堆、肮脏不堪的地方，并且村民的寿命也缩短了。只要我们给予清洁工一定的社会地位，并给予他们应有的尊重，使他们在事实上和道义上与婆罗门的地位平等，那么人们看到的村庄图景就会是一幅干净有序的画面。我们就会在很大程度上摆脱疾病的蹂躏，这些疾病是我们的不洁净及缺乏卫生习惯直接导致的。

因此，我将毫不犹豫地宣称，只有消除婆罗门与清洁工之间的不公正差别，我们的社会才能为我们带来健康、繁荣、和平及幸福。

《哈里真》，1936 年 11 月 28 日，第 336 页

译后记

　　《非暴力的呼声：演讲与箴言》翻译工作早在十多年前就已经开始，翻译完成后由于各种原因一直没有出版。这次出版也算是有一个了结。我对甘地著作的兴趣源于对下面问题的思考：在一个转型社会中，公民应当如何捍卫自己的权利，公民的维权行动应当秉持什么样的正义原则？在我看来，甘地的非暴力不合作原则为我们提供了一个非常值得考虑的选择。

　　然而在本书翻译的过程中，我意识到甘地非暴力思想的内涵远比我理解的更宽广，也更深刻。它不仅仅是一种政治上的行动策略与原则，更是一种对真理（甘地称之为"萨迪亚格拉哈"）的信仰。这种信仰贯穿政治、经济、文化领域，甚至包括夫妻关系。甘地认为"非暴力不合作"原则可以运用于人类社会所有领域。借用罗尔斯的概念，它是一种"完备性学说"，而不仅仅是一种政治哲学。我希望本书的出版能有助于国内学者更全面地理解甘地的非暴力思想。

　　本书的翻译与出版要感谢很多人。首先，非常感谢"梵澄译丛"主编闻中先生和广西师范大学出版社的多马老师和多加老师。正是在他们的支持与帮助下，本书才能够顺利出版。尤其要感谢闻中先生对译稿的耐心审阅，并提出了宝贵的意见。其次，感谢黄迎虹兄和尚劝余先生，两位学者都是印度及甘地思想研究专家，没有他们的帮助，我难以理解甘地对印度宗教、社会、政治等问题的论述，更不用说翻译了。

　　最后感谢我的妻子海风，没有她对家庭的悉心照料，我是不可能有时间完成本书的翻译的。

文明超

2024 年 8 月 15 日，广州

非暴力的呼声：演讲与箴言

FEI BAOLI DE HUSHENG：YANJIANG YU ZHENYAN

图书在版编目（CIP）数据

非暴力的呼声：演讲与箴言 / （印）莫罕达斯·卡拉姆昌德·甘地著；文明超译. -- 桂林：广西师范大学出版社，2025. 3. -- （梵澄译丛 / 闻中主编）. -- ISBN 978-7-5598-7889-2

Ⅰ. C53

中国国家版本馆 CIP 数据核字第 2025D55F61 号

广西师范大学出版社出版发行

广西桂林市五里店路 9 号　　邮政编码：541004

网址：http://www.bbtpress.com

出版人：黄轩庄

全国新华书店经销

北京博海升彩色印刷有限公司印刷

北京市通州区中关村科技园区通州园金桥科技产业基地环宇路 6 号

邮政编码：100076

开本：710 mm × 960 mm　　1/16

印张：31.25　　　字数：350 千

2025 年 3 月第 1 版　　2025 年 3 月第 1 次印刷

印数：0 001~5 000 册　　定价：82.00 元

如发现印装质量问题，影响阅读，请与出版社发行部门联系调换。